[ʊər]	ウア	[ʊ] のあとに [ər] を軽くそえる。
[eər]	エア	[e] のあとに [ər] を軽くそえる。
[eɪ]	エイ	「エ」を強く，ややのばす感じで「エーイ」と言う。
[ɔɪ]	オイ	日本語の「オ」より大きく丸く口を開け，「オーイ」とややのばす感じで言う。
[oʊ]	オウ	口を小さく丸め，「オ」を強く，ややのばす感じで「オーウ」と言う。

子音

[p]	プ	唇を閉じ，息だけ勢いよく出して「プッ」と言う。
[b]	ブ	唇を閉じ，のどの奥で声を出しながら息を出して「ブッ」と言う。
[t]	ト	上の歯ぐきに舌の先をあてて息だけを出す。
[d]	ド	上の歯ぐきに舌の先をあてて，のどの奥で声を出しながら息を出す。
[k]	ク	日本語の「ク」より強く激しく言う。
[g]	グ	[k] を言うときに，同時にのどの奥で声を出す。
[m]	ム	唇を閉じて，鼻の奥で「ム」と声を出す。
[n]	ヌ	上の歯ぐきに舌先をつけ，鼻の奥で「ン[illegible]
[ŋ]	ング	[k] や [g] の前の[illegible] [k] や [g] に続ける[illegible]
[l]	る	舌先を上の歯ぐき[illegible]
[r]	ル	舌先を軽く上げ，[illegible]
[f]	ふ	下唇に前歯の先をあ[illegible]，息だけそこから出す。
[v]	ヴ	下唇に前歯の先をあてて，声を出しながら息を出す。

[θ]	す	前歯の先に舌先を軽くつけて，そこから息だけを出す。
[ð]	ず	前歯の先に舌先を軽くつけて，声を出しながら息を出す。
[s]	ス	上の歯ぐきに舌先を近づけて，そこから息を出す。
[z]	ズ	上の歯ぐきに舌先を近づけて，声を出しながら息を出す。
[ʃ]	シュ	日本語で「静かに」と言うときの「シー」に近い感じ。息だけを出す。
[ʒ]	ジュ	上の [ʃ] の音を出すときに，のどの奥で声を出す。
[j]	イ	[ɪ] の口の形をして，あとに続く母音の発音へ移る。
[h]	フ	口を次に続く音の形にし，のどの奥から息だけを出す。
[w]	ウ	唇を丸めて突き出し，「ウ」と言う。
[tʃ]	チ	舌先を上の歯ぐきにつけて，そこから「チ」と息を出す。
[dʒ]	ヂ	舌先を上の歯ぐきにつけ，のどの奥で声を出しながら息を出す。
[ts]	ツ	舌は日本語の「ツ」の位置で，息だけを出す。
[dz]	ヅ	舌は日本語の「ヅ」の位置で，声を出す。

DataBase 3300

データベース

基本英単語・熟語

桐原書店編集部［編］

桐原書店

はじめに

「英文をすらすらと読めるようになりたい」「英語でもっと自由に会話をしたい」「インターネットで外国の人たちと交流したい」このように思っている人はたくさんいるはずです。そして皆さんは，こうした希望を現実のものとするため，英語を学んでいることでしょう。

英語力を身につけるにはどうすればよいか，という問いをよく受けます。これは難しい質問ですが，確実に言えることがひとつあります。それは，英語力には単語力が不可欠である，ということです。単語は，たとえて言うなら，将棋(しょうぎ)の駒(こま)のようなものです。駒がなければ将棋を指すことができないように，単語がなければ英語を使うことはできません。もっとも，駒の使い方を知ってはじめて将棋になるように，単語の使い方を知ってはじめて英語力と呼ぶことができます。

ところで，ひとくちに英語の単語と言っても，その数は膨大であり，学習のためにどの単語を選ぶべきかという問題が出てきます。最大級の英英辞典ですと，50万語を超える単語が掲載されています。しかし，英語の基盤を成すのは1,000語から2,000語程度の基本単語です。基本単語をどれだけきちんと身につけるかが肝心なのです。英語の基盤が弱ければ，その上にいくら単語を積み重ねても崩れ落ちてしまいます。そして，たとえば共通テストで高得点をとるためには，約3,000語～ 4,000語の語彙力が必要だと言われています。

データベースシリーズは，中学校や高校で実際に使用されている教科書と過去の入試問題などを分析した単語集として刊行され，今まで600万以上の人々に使用されてきました。本書は，最新のデータ分析から基本単語約1,600語と熟語約360語を最重要語として選び出し，収録しています。

本書の特色としては，①精選された単語と熟語を6つのレベルに割り振り，学習目標の設定を行いやすくしたこと，②大まかではあるが各レベル内で単語と熟語の意味的な分類をすることで，語同士を関連させながら学習できるようにしたこと，③すべての項目に適切な例文をつけることで，語の使い方が理屈抜きでわかるようにしたこと，の3点を挙げることができます。例文には，短く自然な表現を用いて，短時間で効率よく学習できるようにしました。また，役立つワンポイント・アドバイス，コラムを多数収録し，丸暗記だけに頼らずに単語や英文を理解できるようにしました。さらに，すべての見出し語と例文の音声を用意し，その音声を聞いて単語の正確な発音と意味，その使い方を身につける訓練をすることができるようにもしています。

単語の学習は根気のいるものです。皆さんが効率よく学習でき，かつ飽きずに取り組めるよう単語の配列にも配慮しました。本書が皆さんの英語力のさらなる向上につながることを願っています。

2022年秋
桐原書店編集部

「基本動詞を用例でつかもう」のページでは，『E ゲイト英和辞典』(ベネッセコーポレーション)を参考にしています。

本書の特長と使い方

① 精選された英単語・熟語

本書では，必ず身につけておきたい中学英単語・熟語から，大学入試も考慮に入れた高校での学習で必要となるものまで，基本英単語約 1,600 と熟語約 360 を見出し語として入念に選びました。語の選定は，中学・高校で使用されている主要な教科書から，そして近年の入試問題のデータも分析して行っています。

② 効率的なレベル別・テーマ別配列

本書全体をレベル別に 6 段階に分け，覚えやすいようにそれぞれのレベル内でテーマ別に単語・熟語を提示しています。

③ すべての見出し語（単語・熟語）に例文が完全対応，赤シート学習も可能

右ページに，すべての見出し語に対応する例文をつけました。左右に赤シートをずらすことにより，英→和，和→英の双方向でチェックができます。

④ ワンポイント・アドバイスやコラムで深まる単語の理解

ワンポイント・アドバイス（例文の下に掲載）や，コラム（ページ下方に掲載）には，単語学習にあたって知っておきたいことや，似たような意味をもつ単語のニュアンスの違い，また実際に使う上での注意点などがまとめられています。

⑤ 語彙力の定着を確認できる「レベル別長文」

各レベルの最後に，そのレベルで学習した語彙が約 20 入った長文が用意してあります。下線部の語句を意識しながら読み，語彙の定着を確認しましょう。レベル 6 の長文は，それまで学習したすべての単語・熟語を対象としています。また，実際に入試で出題された英文を使用（一部改変）していますので，本書を学習し終えてから取り組むことで，自分の語彙力の伸びを実感できることでしょう。

⑥ 入試準備にも有効な「共通テスト対策」

大学入学共通テストのリーディング問題・リスニング問題に取り組むにあたって，意味を押さえておきたい語句や表現をレベル 6 の最後にまとめてあります。注意すべきイギリス英語とアメリカ英語との違いも確認することができます。

⑦ さまざまな音声を活用して，耳から学習

見出し語と意味，例文，章末の長文や付録ページにいたるまで，すべての音声を聞くことができます。特に見出し語は「単語（熟語）→意味」「意味→単語（熟語）」「例文→例文意味」「例文意味→例文」「例文」「単語（熟語）→意味→例文」の 6 種類の音声を用意しました。どの音声にも QR コードから簡単にアクセス可能です。桐原書店ホームページからアクセス（ダウンロード）することも可能です。

www.kirihara.co.jp/-/qrcnts/db3300/index.html

自分の記憶の定着に応じて，印をつけたり，色を塗ったりして活用できるチェックボックス

中学を卒業した時点で，それぞれの単語がどの程度認識されているかという割合のめやす

- 80～100%
- 60～80%
- 40～60%
- 20～40%
- 0～20%

発：発音に注意すべき語
ア：アクセントに注意すべき語

見出し語（単語）には，すべて発音記号と読み方（カタカナ・ひらがな表記）付き

不規則変化動詞は〈　〉に活用変化を掲載

Level 2

生産的な活動をする

661 **build** 発 [bíld] ビるド — 動（建物など）を建てる〈build-built-built〉

662 **develop** ア [dɪvéləp] ディヴェろップ — 動 を発達させる，を開発する，発達する
➡ □ development 名 発達，開発

663 **improve** ア [ɪmprúːv] イムプルーヴ — 動 を改良する，を上達させる，上達する，よくなる
➡ □ improvement 名 改良，上達

増減・上下の動きをする

664 **rise** [ráɪz] ライズ — 動 ①（太陽や月が）のぼる　②上がる，立ち上がる〈rise-rose-risen〉 名 上昇

665 **raise** 発 [réɪz] レイズ — 動 ①をあげる　②を育てる，を養う（= □ bring up）

666 **climb** 発 [kláɪm] クらイム — 動（に）登る

667 **increase** 発 ア 動 [ɪnkríːs] インクリース 名 [ínkriːs] インクリース — 動 増える，を増やす
名 増加（⇔ □ decrease 動 減る，を減らす　名 減少）
➡ □ increasingly 副 ますます，だんだん

668 **drop** [drάːp] ドラップ — 動 ①落ちる，を落とす　②（液体が）したたる
名 しずく　➡ □ drop out 脱落する

669 **sink** [síŋk] スィンク — 動 沈む，を沈める〈sink-sank-sunk〉
名（台所の）流し

語根 duce（引いて導く）で覚える語

670 **introduce** ア [ìntrəd(j)úːs] イントロデュ[ドゥ]ース — 動 ①を紹介する　②を導入する
➡ □ introduce oneself 自己紹介する
□ introduction 名 ①紹介　②導入

671 **produce** 発 ア 動 [prəd(j)úːs] プロデュ[ドゥ]ース 名 [próud(j)uːs] プロウデュ[デゥ]ース — 動 を生産する，を製造する　名（農）産物
➡ □ product 名 製品，産物
□ production 名 生産，製造

672 **reduce** ア [rɪd(j)úːs] リデュ[ドゥ]ース — 動 を減らす，を縮小する

126

語のニュアンスや成り立ちをイメージしやすくなるイラストや図を掲載

見出し語の意味だけでなく，反意語（⇔），同意語（=），類義語・ほぼ同じ意味をもつ語や表現（≒），派生語・関連語（➡）なども数多く収録

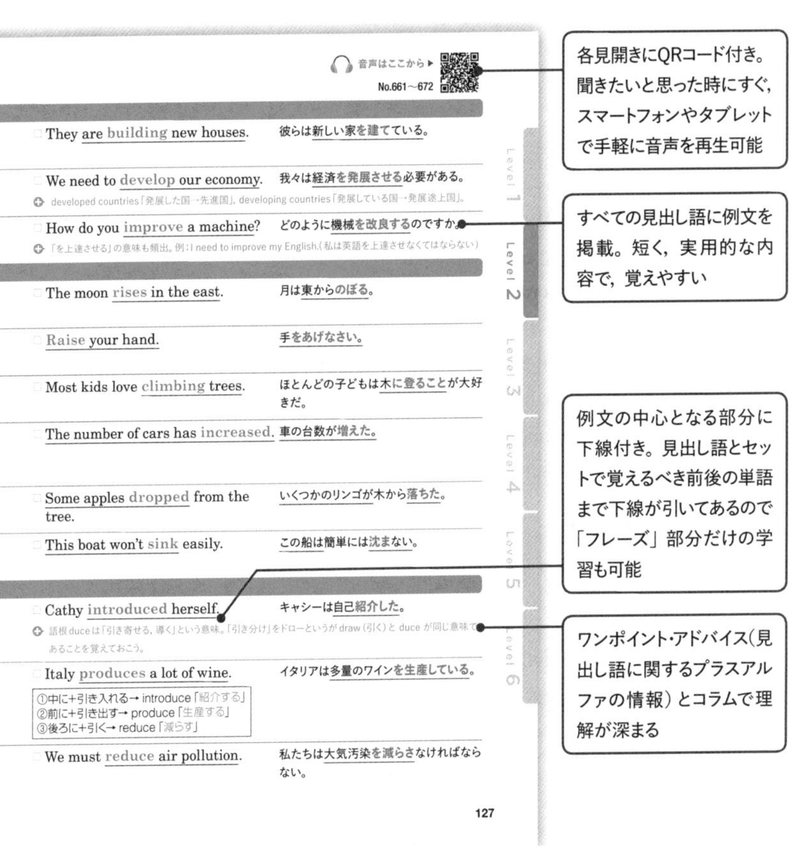
音声はここから▶ No.661〜672

They are building new houses. 彼らは新しい家を建てている。

We need to develop our economy. 我々は経済を発展させる必要がある。

developed countries「発展した国→先進国」, developing countries「発展している国→発展途上国」。

How do you improve a machine? どのように機械を改良するのですか。

「を上達させる」の意味も頻出。例：I need to improve my English.（私は英語を上達させなくてはならない）

The moon rises in the east. 月は東からのぼる。

Raise your hand. 手をあげなさい。

Most kids love climbing trees. ほとんどの子どもは木に登ることが大好きだ。

The number of cars has increased. 車の台数が増えた。

Some apples dropped from the tree. いくつかのリンゴが木から落ちた。

This boat won't sink easily. この船は簡単には沈まない。

Cathy introduced herself. キャシーは自己紹介した。

語根duceは「引き寄せる，導く」という意味。「引き分け」をドローというがdraw（引く）とduceが同じ意味であることを覚えておこう。

Italy produces a lot of wine. イタリアは多量のワインを生産している。

①中に+引き入れる→ introduce「紹介する」
②前に+引き出す→ produce「生産する」
③後ろに+引く→ reduce「減らす」

We must reduce air pollution. 私たちは大気汚染を減らさなければならない。

127

本書で使用しているその他の記号

[　]	置き換えが可能な語(句)	(複)	複数形
((米))	アメリカ英語	((英))	イギリス英語
参	参考にすべき情報	注	注意すべき事柄

もくじ

無料学習コンテンツ「きりはらの森」を使った学習法

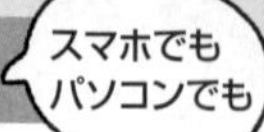

※詳しい内容についてはこちら

暗記カード

スキマ時間を使って，単語・熟語を覚えましょう。英語→日本語，日本語→英語，どちらも可能。また，わからなかったカードのみを選んで復習することもできます。

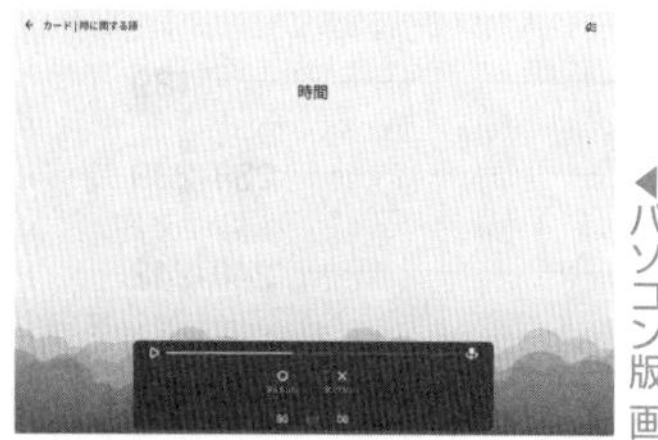

◀パソコン版 画面

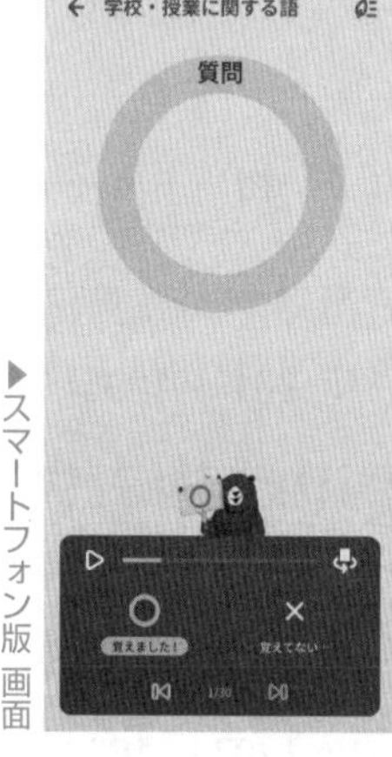

▶スマートフォン版 画面

即戦クイズ

選択式（英→日／日→英）の問題で繰り返し学習して，知識を定着。不正解だった問題のみやり直せます。

※本書の音声は桐原書店ホームページ上のストリーミング再生で聞くこともできます（音声ダウンロードも可能です）。

スマートフォン／タブレット／ PC

→「ストリーミング再生 /DL」

【ご案内・DL はこちらから】

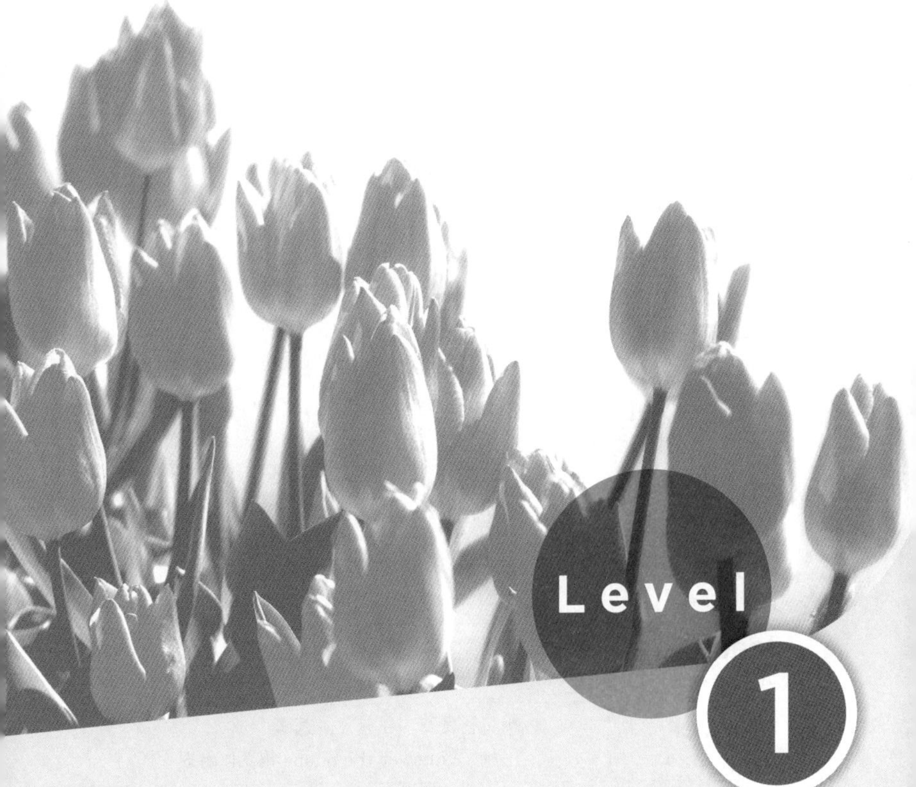

Level 1

Level 1には，おもに皆さんが中学校で学んできた基本単語が集められています。
各見出し語の左（通し番号の下）には，全国の学生が中学校を卒業した時点で
その単語をどの程度認識しているかという5段階のめやすをつけてあります。

Level 1の最後には，「体」「顔」「家族」に関する英語をまとめてあります。
日常英会話でも使われることが多い，身近な語彙を確認しておきましょう。

学校・授業に関する語

1 **class** [klǽs] クらぁス
名 ①クラス，授業　②等級，階級

2 **library** 発 [láɪbrèri] らイブレリ
名 図書館

3 **question** 発 [kwéstʃən] クウェスチョン
名 質問，問題
動 に質問する

4 **word** 発 [wə́ːrd] ワ～ド
名 単語，ことば
➡ □ language 名 言語，ことば

5 **science** 発 [sáɪəns] サイアンス
名 科学　➡ □ scientist 名 科学者
□ scientific 形 科学の，科学的な

6 **mathematics** ア [mæ̀θəmǽtɪks] マぁすマぁティクス
名 数学　参 略して《米》math，《英》maths とすることが多い。

7 **study** [stʌ́di] スタディ
動 (を)勉強する，研究する
名 勉強，研究

8 **learn** [lə́ːrn] ら～ン
動 を知る，を学ぶ，を覚える

9 **teach** [tíːtʃ] ティーチ
動 を教える〈teach-taught-taught〉

10 **answer** [ǽnsər] あンサ
動 に答える　名 答え，返事
➡ □ answer the phone 電話に出る

11 **read** [ríːd] リード
動 (を)読む，読書する，を読解する
〈read-read-read〉

12 **write** [ráɪt] ライト
動 を書く，《write to ... で》…に手紙を書く
〈write-wrote-written〉
➡ □ writer 名 作家，記者

一般動詞は「規則変化動詞」と「不規則変化動詞」に分かれます。規則変化動詞は原形に -ed をつけることで，過去形，過去分詞形を作ることができます。
※特別な規則変化動詞　①語尾が -e で終わる動詞：-d だけをつける。②〈子音字＋ y〉で終わる動詞：y を i に変えて-ed をつける。③〈1 母音字＋ 1 子音字〉で終わる動詞：最後の子

□ We're in the same art class. 私たちは美術で同じクラスだ。

➕ lessonも「授業」と訳すが，少人数や個人で習うこと（英会話やピアノのレッスンなど）を指すケースが多い。

□ Let's go to the library. 図書館に行こう。

□ Can I ask you a question? 質問していいですか。

□ What does this word mean? この単語はどういう意味ですか。

➕ 同じ「ことば」でも，languageは具体的な単語のことをいうのではなく日本語，英語といった「言語」を表す。

□ I'm interested in science. 私は科学に興味がある。

□ Bill is good at mathematics. ビルは数学が得意だ。

□ I study three hours at home. 私は家で3時間勉強する。

➕ studyは学んでいる「過程」を，learnは学んで「身につける」行為を表すという違いがある。

□ I learned he passed the interview. 私は彼が面接に受かったことを知った。

□ He taught me about the system. 彼はそのシステムについて教えてくれた。

➕ 道（～への行き方）を「教える」というような一般的な情報を知らせる場合はtellを用いる。

□ I didn't know the right answer. 私は正しい答えを知らなかった。

□ She read the novel again. 彼女は再びその小説を読んだ。

➕ readの過去形・過去分詞形は[réd]（レッド）と発音することにも注意。

□ I'm not good at writing letters. 私は手紙を書くことが得意でない。

音字を重ねて-edをつける。
一方，不規則変化動詞は，このページのteachやread，writeのように過去形·過去分詞形が不規則に変化します。この単語集では不規則変化動詞には活用を載せてありますので，必ず確認していくようにしましょう。

時に関する語

13 **noon** 発 [nú:n] ヌーン	名 正午，**真昼** ➡ □ at noon 正午に
14 **midnight** [mídnàɪt] ミッドナイト	名 真夜中，**夜の 12 時** ➡ □ at midnight 真夜中に
15 **time** [táɪm] タイム	名 ①時間，**時**　②〜回　③《通常は(複)で》〜倍
16 **date** [déɪt] デイト	名 ①日付　②デート
17 **week** [wí:k] ウィーク	名 週，**1 週間** ➡ □ weekend 名 週末 □ weekly 副 形 毎週(の)
18 **month** [mʌ́nθ] マンす	名 (暦のうえの)月，**1 か月** ➡ □ monthly 副 形 毎月(の)
19 **year** [jíər] イア	名 ①年，**1 年**　②《〜 year(s) old で》〜歳
20 **future** [fjú:tʃər] ふューチャ	名 将来，**未来** 形 **将来の，未来の**
21 **begin** [bɪgín] ビギン	動 を始める，**始まる** 〈begin-began-begun〉
22 **start** [stá:rt] スタート	動 ①始まる，**を始める**　②出発する
23 **open** [óupən] オウプン	動 ①を開ける　②開く 形 **開いている**
24 **keep** [kí:p] キープ	動 ①を持っている　②を取っておく　③を(ある状態)にしておく　④(約束・規則など)を守る 〈keep-kept-kept〉

「始まる」「始める」
begin は「始まる」「始める」の一般的な語（⇔ end）。書き言葉で多く使われる。
start は begin と同じ意味だが，特に止まっている状態から開始することを言う（⇔ stop）。話し言葉でも書き言葉でもよく使われる。

- □ Lunch will be at **noon**. 昼食は**正午**になります。
  - ✚ 昼の12時は，12:00 p.m.と表すこともできる。
- □ He called me at **midnight**. 彼は**真夜中**に電話してきた。
  - ✚ 夜の12時は，12:00 a.m.と表すこともできる。
- □ I had a good **time** today. 私は今日は楽しい**時間**を過ごした。
- □ What's the **date** today? 今日は何**日**ですか。
  - ✚ dayが「1日」「24時間」のことを言うのに対し，dateは「日付」を意味する。
- □ It has been a busy **week**. 忙しい**週**だった。
  - ✚ weekendは土・日曜日，long weekendは金または土曜日から3～4日にわたる休日を言う。
- □ We meet three times a **month**. 私たちは**月**に3度会っている。
- □ A **year** has twelve months. 1**年**には12か月ある。
- □ What's your dream for the **future**? **将来**の夢は何ですか。
- □ You can **begin** the test now. 試験**を始め**ていいですよ。
- □ Class will **start** in ten minutes. 10分後に授業が**始まる**。
- □ Would you mind **opening** the window? 窓**を開け**ていただけますか。
- □ She wanted to **keep** the money. 彼女はそのお金**を持っ**ていたかった。

生活に関する語

25	**life** [láɪf] らイふ	名 ①生活，人生　②生命，生物
26	**name** [néɪm] ネイム	名 名前 動 に名前をつける
27	**age** [éɪdʒ] エイヂ	名 ①年齢　②〜時代 ➡ □ at the age of ... …歳のときに
28	**live** 発 動 [lív] りヴ 副形 [láɪv] らイヴ	動 生きる，住む　副 実況・生で 形 ①生きている　②(放送などが)実況・生の ➡ □ living 形 生きている　名 生活，生計
29	**die** 発 [dáɪ] ダイ	動 死ぬ 〈die-died-died; dying〉 ➡ □ die of ...(病気など) で死ぬ
30	**play** [pléɪ] プれイ	動 ①遊ぶ　②(競技など)をする　③を演奏する，を演じる　➡ □ player 名(運動の) 選手，演奏家 名 ①遊び　②劇　③競技
31	**enjoy** [ɪndʒɔ́ɪ] インヂョイ	動 を楽しむ　➡ □ enjoy -ing …して楽しむ □ enjoy oneself 愉快に過ごす
32	**work** 発 [wə́ːrk] ワ〜ク	動 ①働く，勉強する　②(機械などが)動く 名 ①仕事，勉強　②作品　➡ □ worker 名 働く人
33	**try** [tráɪ] トライ	動 ①をやってみる　②をしようと努める　③試食する ➡ □ try to do …しようと(努力)する □ try -ing 試しに〜してみる
34	**drink** [dríŋk] ドリンク	動 を飲む 〈drink-drank-drunk〉
35	**eat** [íːt] イート	動 を食べる 〈eat-ate-eaten〉
36	**have** [hǽv] はぁヴ	動 ①を持っている　②を食べる，を飲む ③に〜してもらう，に〜させる 〈have-had-had〉

試す…トライする？チャレンジする？
try は一般的な語で，日常的ないろいろな場面で使われる。challenge は「(人に) 挑戦する」

□ My grandmother lived a full life. 祖母は充実した生活を送った。

□ Her name was Lisa. 彼女の名前はリサといった。

□ They are the same age. 彼らは同じ年齢だ。

□ We can't live without water. 私たちは水なしで生きられない。

□ His father died in 1992. 彼の父親は 1992 年に死んだ。

□ Kids, play outside! 子どもたち，外で遊びなさい。

□ He enjoys playing with his dogs. 彼はイヌと遊ぶのを楽しむ。

□ Where do you work? どこで働いているのですか。

□ He tried to open the window. 彼は窓を開けようとした。

□ I want something to drink. 何か飲むものがほしい。

➕「スープを飲む」という場合，お皿からスプーンを使って飲むなら“eat soup”と表現する。

□ I didn't eat breakfast. 私は朝食を食べなかった。

➕ 下線部は have breakfast でも置き換え可能。

□ She has two bikes. 彼女は 2 台の自転車を持っている。

という意味でよく使われ，「試す」という意味では「〜の能力を試す」「〜に…する気を促す」といった文脈で使われる。

状態を表す語

37 **different** ア
[dífərnt] ディふァレント

形 違った，いろいろな
➡ □ be different from ... …と異なっている
□ differ 動 異なる　□ differently 副(～と)違って

38 **absent** ア
[ǽbsənt] あブサント

形 欠席で，不在で(⇔ □ present)
➡ □ be absent from ... …を欠席している，…が(存在して)いない
□ absence 名 不在，欠席

39 **ready**
[rédi] レディ

形 用意・準備ができて

移動に関する動詞

40 **go**
[góu] ゴウ

動 ①(現在の位置から離れて)行く　②(道・ものが)至る　③(悪い状態)になる〈go-went-gone〉

41 **come**
[kʌ́m] カム

動 ①(自分の方に)来る　②(相手の方に)行く　③(ある状態に)なる〈come-came-come〉

42 **bring**
[bríŋ] ブリング

動 ①を持ってくる　②(ある状態)に導く　③をもたらす〈bring-brought-brought〉

43 **send**
[sénd] センド

動 を送る〈send-sent-sent〉

44 **walk**
[wɔ́:k] ウォーク

動 歩く
名 散歩

45 **run**
[rʌ́n] ラン

動 ①走る　②(川などが)流れる　③を経営する〈run-ran-run〉 ➡ □ runner 名 ランナー

46 **fly**
[flái] ふらイ

動 飛ぶ，を飛ばす〈fly-flew-flown〉
名 ハエ

47 **fall**
[fɔ́:l] ふォーる

動 ①落ちる　②倒れる　③(温度・値段などが)下がる〈fall-fell-fallen〉
名 ①((米)) 秋　②落ちること

48 **swim**
[swím] スウィム

動 泳ぐ〈swim-swam-swum〉

□ The place looks different now. その場所は今では違って見える。

□ He is absent from school today. 彼は今日学校を欠席している。

□ Aren't you ready yet? まだ用意できていないの？

□ Where are you going? どこへ行くのですか。

□ Come a little closer. もう少し近くに来て。

□ Did you bring an umbrella? 傘を持ってきましたか。

□ Send me your picture. 君の写真を送って。

□ I walked in the park yesterday. 私は昨日公園の中を歩いた。

□ She ran to the station. 彼女は駅まで走った。

□ What's that flying in the sky? 空を飛んでいるのは何？

⊕ 油で揚げる「フライ」は fry である。スペルと発音の違いにも注意しよう。

□ The cup fell from his hands. カップが彼の手から落ちた。

⊕ 秋を fall というのは主にアメリカ。イギリスでは autumn が一般的。

□ We will go swimming tomorrow. 私たちは明日泳ぎに行くだろう。

大きさ・高さなどを表す語

No.	単語	意味
49	**long** [lɔ́(ː)ŋ] ろ(ー)ング	形 長い(⇔ □ short) 副 長く ➡ □ length 名 長さ
50	**tall** [tɔ́ːl] トーる	形 背の高い(⇔ □ short)
51	**low** [lóu] ろウ	形 (位置が)低い 副 低く
52	**short** [ʃɔ́ːrt] ショート	形 ①短い，背の低い ②不足している 副 短く ➡ □ shortage 名 不足

衣食住に関する動詞

No.	単語	意味
53	**wear** 発 [wéər] ウェア	動 を着ている，を身につけている〈wear-wore-worn〉 名 衣類
54	**make** [méɪk] メイク	動 ①を作る ②にする ③(目的語に)～させる 〈make-made-made〉
55	**cook** [kúk] クック	動 (を)料理する，(を)作る 名 料理人，コック ➡ □ chef 名 シェフ，料理人
56	**cut** [kʌ́t] カット	動 を切る，を削減する，をやめる〈cut-cut-cut〉
57	**freeze** [fríːz] ふリーズ	動 凍る，を凍らせる，こごえる〈freeze-froze-frozen〉
58	**wash** [wɑ́ːʃ] ワッシュ	動 を洗う，を洗濯する
59	**put** [pút] プット	動 を置く，を記入する，にする〈put-put-put〉
60	**stay** [stéɪ] ステイ	動 とどまる，滞在する

long，tall，high にはそれぞれ「長い」「高い」のほかに，数値といっしょに使い，「長さが～で」「高さが～で」という重要な意味を表す用法がある。たとえば This bridge is long. は「この橋は長い」という意味だが，This bridge is twenty meters long. だと「この橋は長さが 20 メートルだ」という意味になる。

□ Have you been waiting long? 長く待ちましたか。

➕ 数値と一緒に使い，「長さが～で」という意味を表すこともできる（p.18 下のコラム欄参照）。

□ Billy is very tall. ビリーはとても背が高い。

➕ 「山が高い」「品質が高い」「数値が高い」というような場合の「高い」は high を使う。

□ Watch out for that low bridge. あの低い橋に気をつけて。

□ She has short hair. 彼女の髪は短い。

□ Don't wear a T-shirt at work. 職場で T シャツを着てはいけない。

➕ 「着ている」だけでなく，「(ぼうしを) かぶっている」場合も wear を使う（詳しくは下のコラム欄参照）。

□ He makes all his own clothes. 彼は自分の服は全部自分で作る。

□ He cooked dinner last night. 昨晩は彼が夕食を料理した。

□ I will cut the carrots. 私がニンジンを切ります。

□ The orange juice was frozen. オレンジジュースは凍っていた。

□ She washes her car every weekend. 彼女は毎週末，車を洗う。

□ Where did you put the newspaper? どこに新聞を置きましたか。

□ I have to stay at home. 私は家にとどまらなければならない。

何かを「着用」しているという場合，日本語では着用するものによって動詞が変わるが，英語ではすべて wear の一語で用が足りる（「着る」という動作の場合は put on / p.143）。
〈例〉 wear a jacket（着ている），wear shoes（はいている），wear a hat（かぶっている），wear a brooch（つけている），wear a tie（しめている），wear glasses（かけている）など。

感情を表す（含む）語

61 **happy** [hǽpi] ハぁピ
形 うれしい，幸福な ➡ □ happiness 名 幸福
□ happily 副 幸福に，運よく

62 **glad** [glǽd] グらぁド
形 うれしい，喜んで
➡ □ be glad to do …してうれしい

63 **sad** [sǽd] サぁド
形 悲しい ➡ □ sadness 名 悲しみ
□ sadly 副 悲しんで，悲しそうに

64 **sorry** [sɑ́:ri] サリ
形 すまなく思って，気の毒で
➡ □ be sorry for[about] ...
…をすまなく思う，…を気の毒に思う

65 **afraid** [əfréɪd] アふレイド
形 恐れて，心配して
➡ □ be afraid of ... …を恐れる

66 **laugh** 発 [lǽf] らぁふ
動 (声を出して)笑う 名 笑い
➡ □ laugh at ... …を笑う

67 **cry** [kráɪ] クライ
動 泣く，叫ぶ
名 泣き声，叫び声

68 **shout** [ʃáʊt] シャウト
動 叫ぶ 名 叫び声
➡ □ shout at ... …にどなる

69 **wish** [wíʃ] ウィッシュ
動 ①であればいいと思う ②(を)望む
名 望み，願い

70 **promise** 発 [prɑ́:məs] プラミス
動 (を)約束する 名 約束
➡ □ keep one's promise 約束を守る
□ break one's promise 約束を破る

71 **let** [lét] れット
動 ①《let ... 原形不定詞で》(望みどおりに)…に～させる，…に～させてあげる 〈let-let-let〉
②《let us / let's ... で》…しよう

72 **stand** [stǽnd] スタぁンド
動 ①立つ ②《疑問文・否定文で》をがまんする 〈stand-stood-stood〉

cry と shout の両語とも「叫ぶ」という意味がある。
cry はややフォーマルで文学的な語で，恐怖・痛み・興奮などのために大声を出すことを言う。

□ We're so happy to see you. 私たちはあなたに会えてとてもうれしい。

□ I'm glad that you called me. 私は君が電話をしてくれてうれしい。

happy も glad も人を主語にできるが, glad は人の前に使うことはできない。○ a happy man, × a glad man

□ I feel sad about the news. 私はそのニュースに悲しい気持ちになる。

□ I'm sorry about that. 私はそれをすまなく思っている。

□ Everybody was afraid of him. みんな彼を恐れていた。

□ She laughed during the movie. 彼女は映画の間じゅう笑っていた。

声を出さず, にっこり笑っているような場合は smile を使う。

□ Don't cry – it's OK. 泣かないで, 大丈夫だよ。

□ He shouted to me. 彼は私に向かって叫んだ。

□ I wish you were here. 私は君がここにいればいいと思う。

□ I promise that I'll come back. 私は戻ってくることを約束する。

□ Can you let me see that? それを私に見せてもらえますか。

□ Stand up, everyone. みんな, 立ち上がって。

shout は怒りや注意を喚起するために大声を出すことを言う。
他にも, scream (p.222) は恐怖などで甲高い金切り声を上げることを言う。

イラストで覚える前置詞①
― at, in, on, from, to

at
[ǽt] あット

①《場所の一点》〜で，**〜に**　②《時の一点》〜に
③《目標》〜に
参 基本的に，at は「**一点**」を表す。

73 □ Turn left **at** the next corner.	次のかどで左に曲がって。
74 □ The program starts **at** nine o'clock.	番組は９時に始まる。
75 □ She smiled **at** me.	彼女が私にほほえんだ。

in
[ín] イン

前 ①《場所の中》**〜の中に**　②《期間の中》〜に，**〜内に**
③《着用》**〜を着て**
副 ①**中に**
参 基本的に，in は「**中にある（いる）こと**」を表す。

76 □ There are some cookies **in** the jar.	びんの中にいくつかクッキーがある。
77 □ Jenny was born **in** 1992.	ジェニーは1992年に生まれた。
78 □ They were all dressed **in** uniforms.	彼らはみんな制服を着ていた。

on
[ɑ́:n] オーン

前 ①《接触》**〜の上に**　②《特定の時》〜に
副 **上に**
参 基本的に，on は「**接触していること**」を表す。

79 □ Look at the picture **on** the wall.	壁の絵を見てごらん。
□ Look at the spider **on** the ceiling.	天井についているクモを見なさい。
80 □ The party was held **on** May 22.	パーティーは5月22日に開かれた。

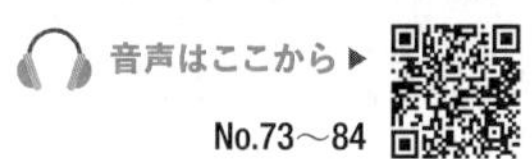

from ①《出発点》～から
[frʌ́m] ふラム ②《時・物事の起点》～から

81 I walked **from** the station. 私は駅から歩いた。
82 She works **from** nine. 彼女は9時から働く。

to ①《到達点》～に，～へ
[túː] トゥー ②《範囲・限界》～まで

83 I have to go **to** the bank. 私は銀行に行かなければならない。
84 Can you count **to** ten in Chinese? 中国語で10まで数えられますか。

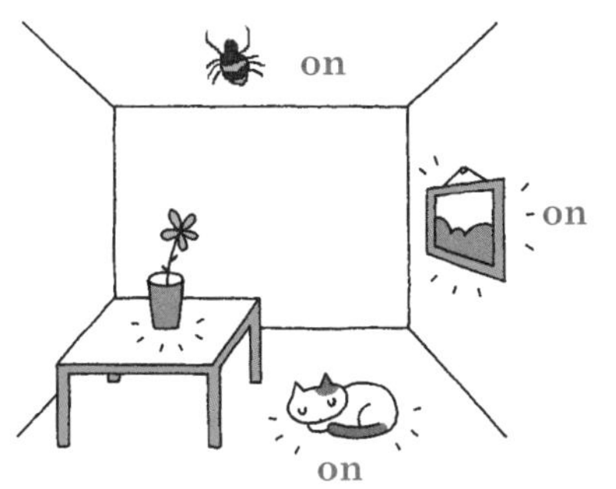

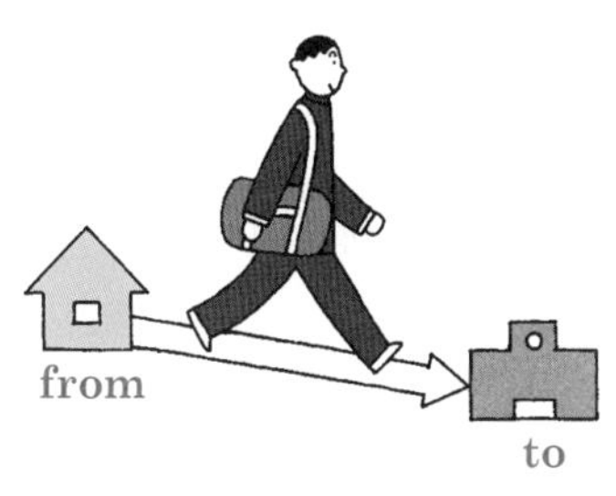

イラストで覚える前置詞②
― for, of, with, along, across

for [fɔ́ːr] ふぉー
①《方向》～に向かって，(乗り物が)～行きの
②《期間》～のあいだ　③《利益・目的》～のために

85□ What time does the train **for** Paris leave?	パリに向かう（行きの）電車は何時に出発しますか。
86□ I have known her **for** 10 years.	私は彼女を10年のあいだ知っている。
87□ I painted a picture **for** you.	あなたのために絵を描いたよ。

of [ʌ́v] オヴ
①《所属・所有》～の　②《部分》～のうちの
③《地点から離れて》～から

88□ A friend **of** mine bought a new mountain bike.	私の友人が新しいマウンテンバイクを買った。
89□ One **of** the players broke his leg.	選手のうちのひとりが足を骨折した。
90□ They live ten kilometers west **of** New York.	彼らはニューヨークから西へ10キロのところに住んでいる。

with [wíθ] ウィず
①《同伴》～といっしょに　②《所有》～のある，～をもって[もった]　③《材料・手段》～で
➡□without ～なしで

91□ I want to go **with** you.	君といっしょに行きたい。
92□ I'm looking for a house **with** a garage.	私は車庫のある家を探している。
93□ You can open the door **with** this key.	このかぎでドアを開けられるよ。

along
[əlɔ́(ː)ŋ] アろ(ー)ング

前 〜に沿って，（道路など）**を通って**
副 **沿って**，（止まらず）**前へ，先へ**

94 □ We walked **along** the river. | 私たちは川に沿って歩いた。

across
[əkrɔ́(ː)s]
アクロ(ー)ス

前 ①〜を横断して，**〜を横切って**
②〜の向こう側に，**〜の反対側に**
副 **横切って，向こう側に**

95 □ Can you swim **across** the river? | その川を泳いで渡る（横断する）ことができますか。

96 □ There is a bookstore **across** the road. | 通りの向こう側に本屋がある。

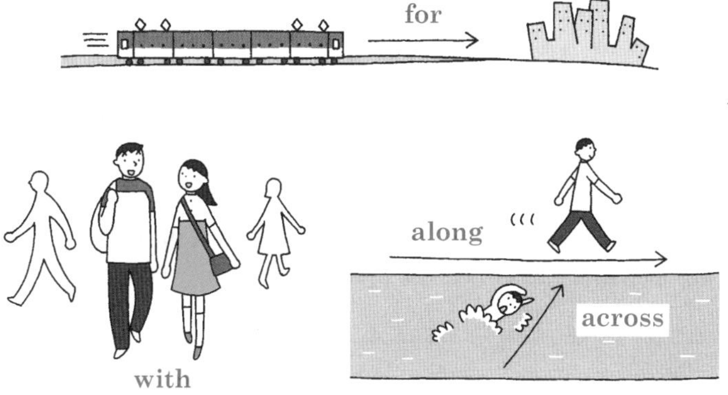

知覚する

No.	単語	意味
97	**see** [síː] スィー	動 ①(が)見える ②に会う ③(が)わかる 〈see-saw-seen〉
98	**look** [lúk] るック	動 ①《look at ... で》…を見る ②(人やものが)〜のように見える 名 様子, 顔つき, 見ること
99	**watch** [wáːtʃ] ワッチ	動 ①(を)よく見る, (を)見守る ②(に)注意する 名 腕時計
100	**hear** [híər] ヒア	動 が聞こえる, 耳が聞こえる 〈hear-heard-heard〉
101	**listen** 発 [lísən] りスン	動《listen to ... で》(注意して)…を聞く(聴く)
102	**feel** [fíːl] ふィーる	動 ①を感じる, と感じる ②にさわってみる 〈feel-felt-felt〉

位置を表す語

No.	単語	意味
103	**front** 発 [frʌ́nt] ふラント	名《通常 the 〜で》正面, 前部 形 正面の, 前面の(⇔ □ back)
104	**side** [sáɪd] サイド	名 側(面), 面 形 側面の
105	**back** [bǽk] バぁク	名 ①《通常 the 〜で》うしろ, 裏 ②背中 形 うしろの 副 うしろへ, 戻って 動 を後退させる, 後退する
106	**top** [táːp] タップ	名 ①《通常 the 〜で》頂上 ②(机などの)表面
107	**right** [ráɪt] ライト	形 ①右の ②正しい 副 ①右に ②適切に ③ちょうど 名 ①《通常 the 〜で》右 ②正しさ ③権利 ➡ □ on the[one's] right 右側に(ある)
108	**left** [léft] れふト	形 左の 副 左に 名《通常 the 〜で》左 ➡ □ on the[one's] left 左側に(ある)

「見る」の違い

see は「(見ようとしなくても) 自然に目に入ってくる」が本来の意味で, go to see ...「…を見に行く」の場合は「行った結果見える」というニュアンスがある。look は「見ようとして視線を

□ What did you see there? そこで何が見えましたか。

□ He turned to look at me. 彼は振り返って私を見た。

□ Watch me. I'll show you. 私をよく見て。やって見せるわ。

□ Debbie! Can you hear me? デビー。私の声が聞こえるかい。

□ Listen to me carefully. 注意して私の言うことを聞きなさい。

□ I feel lonely today. 今日，私は寂しく感じる。

□ He looked to the front. 彼は正面を見た。

□ Sit on the driver's side, please. 運転手席側に座ってください。

□ Stay in the back. うしろにいなさい。

□ When did they reach the top? 彼らはいつ頂上に到達しましたか。

□ She sat on my right side. 彼女は私の右側に座った。

➕ right は「正しい」が基本的な意味で，「正しさ」→「(正しさを主張する) 権利」と，意味が発展した。

□ He broke his left arm. 彼は左の腕を骨折した。

➕「左ききの」は left-handed と表現する (「右ききの」は right-handed)。

向ける」ことで，ふつう動かないものを見るときに使う。watch は「注意を集中して（じっと）見る」場合で，ふつう動くものを見るときに使う。聞く（hear，listen）も同様な違いがあり，hear は「(聞こうとしなくても) 聞こえてくる」，listen は「耳を傾ける」という意味。

手に入れる・与える

109	**get** [gét] ゲット	動 ①を得る，を受け取る　②を(ある状態)にする　③(ある状態)になる〈get-got-gotten〉
110	**take** [téɪk] テイク	動 ①を取る　②を持って(連れて)行く　③を必要とする　④を～と思う(みなす)〈take-took-taken〉
111	**give** [gív] ギヴ	動 を与える，を渡す〈give-gave-given〉

変化する

112	**turn** 発 [tə́ːrn] ターン	動 ①(振り)向く　②をひっくり返す　③(の)方向を変える，を曲がる　名 ①順番　②回転
113	**change** 発 [tʃéɪndʒ] チェインヂ	動 ①変わる，を変える　②を取り替える　名 ①変化　②つり銭
114	**become** [bɪkʌ́m] ビカム	動 ①になる　②に似合う〈become-became-become〉

数量を表す語

115	**many** [méni] メニ	形 (数が)多くの 名 多くの人・もの，たくさんの人・もの(⇔ □ few)
116	**much** [mʌ́tʃ] マッチ	形 (量が)たくさんの(⇔ □ little)　副 とても
117	**few** [fjúː] ふュー	形 (数が)ほとんどない　名 わずかな人・もの　➡ □ a few(数が)少しはある
118	**little** [lítəl] りトゥる	形 (量が)ほとんどない，小さい　名 わずかしかないもの　➡ □ a little(量が)少しはある
119	**some** [sə́m] サム	形 (数・量が)いくらかの　代 いくらか，いく人か
120	**any** [éni] エニ	形 ①《疑問文，if 節で》(数・量が)いくらかの　②《否定文で》少しの…も(ない)　代 ①《疑問文，if 節で》いくらか　②《否定文で》少しも(ない)，いくらも(ない)　③《肯定文で》どれでも，だれでも

□ She got the information from magazines. 彼女は雑誌から情報を得た。

□ Take the coins from the table. テーブルから小銭を取りなさい。

□ I gave him a hint. 私は彼にヒントを与えた。

□ He turned and looked at me. 彼は振り向いて私を見た。

名詞の場合，Whose turn is it now?（今度はだれの順番ですか）のように使われる。

□ Susan has changed a lot. スーザンはずいぶん変わった。

□ She became a teacher last year. 昨年，彼女は先生になった。

□ He took many pictures in London. 彼はロンドンで多くの写真を撮った。

数えられるものの数が「たくさん」のときは many，数えられないものの量が「たくさん」のときは much を使う。

□ I had much time to study. 私は勉強する時間がたくさんあった。

□ There are few places to park. 駐車できる場所がほとんどない。

ものが「少ない」というときは，数には few，量には little を使う。このとき，a ～で「少しある」，a をつけないと「ほとんどない」という意味になる。

□ We had little rain this summer. 今年の夏はほとんど雨が降らなかった。

「小さい」という意味で使われる場合，「かわいい」などの感情が含まれることが多い。単なるサイズのことをいう場合は small を使う。

□ I talked to some foreigners there. 私はそこで何人かの外国人と話した。

□ Do you have any Mozart CDs? モーツァルトのCDを何枚か持っていますか。

感情を含む語

121 **help** [hélp] へるプ

動 (を)手伝う，**を助ける**　名 **助け**

➡ □ help〈人〉with ...〈人〉の…を手伝う

□ help oneself to ... …を自由にとって食べる･飲む

122 **thank** [θǽŋk] さぁンク

動 に感謝する，**に礼を言う**

➡ □ thank〈人〉for ...〈人〉に…のことで感謝する

123 **welcome** [wélkəm] ウェるカム

動 を歓迎する　名 **歓迎**　形 **歓迎される**　間 **ようこそ**

➡ □ You're welcome. どういたしまして。

124 **worry** [wə́:ri] ワリ

動 心配する，**を心配させる**　名 **心配**

➡ □ worry about[over] ... …のことで心配する

□ be worried about[over] ... …のことで心配している

発話する

125 **say** [séɪ] セイ

動 言う，**話す**〈say-said-said〉

126 **tell** [tél] テる

動 ①(を)話す　②**に知らせる**〈tell-told-told〉

127 **talk** 発 [tɔ́:k] トーク

動 話す

➡ □ talk to ... …と話をする，…に話しかける

128 **speak** [spí:k] スピーク

動 話す〈speak-spoke-spoken〉

➡ □ speak to〈人〉〈人〉と話をする

□ speaker 名 話す人

人に関する語

129 **man** [mǽn] マぁン

名 ①男　②**人，人間**

(複) men

130 **woman** [wʊ́mən] ウマン

名 女

(複) women

131 **child** [tʃáɪld] チャイるド

名 子ども　(複) children

➡ □ childhood 名 子どものころ，幼年時代

132 **friend** 発 [frénd] ふレンド

名 ①友人　②**味方**　➡ □ friendship 名 友情

□ friendly 形 親しい，好意的な

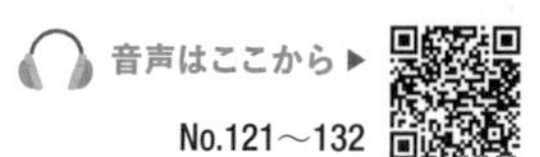

□ He helped me with my homework. 彼は私の宿題を手伝ってくれた。

□ She thanked him for coming. 彼女は彼が来てくれたことに感謝した。

□ I welcomed them at the door. 玄関で私は彼らを歓迎した。

➕「歓迎会」は welcome party，一方「送別会」は farewell party と表現される。

□ Stop worrying – you'll be fine. 心配するのはやめなよ――うまくいくから。

□ He said, "I'm from Canada." 彼は「私はカナダの出身です」と言った。

➕ say は伝える内容に重点が置かれ，話したことばを直接目的語にできる。

□ She didn't tell John about that. 彼女はジョンにそのことを話さなかった。

➕ tell は伝える内容と相手に重点が置かれ，人を目的語にとることができる。

□ I talked to him after class. 授業のあと，私は彼と話した。

□ Tom speaks Chinese very well. トムはとてもじょうずに中国語を話す。

➕ talk は「相手とことばでやりとりをする」，speak は「口から音を出して，(一方的に) 話す」イメージで押さえておく。

□ She saw a young man. 彼女は若い男性を見かけた。

□ Marie is a very successful woman. マリーは非常に成功した女性だ。

□ A child is crying somewhere. どこかで子どもが泣いている。

➕ kid(s) も子どもを意味するが，こちらは少しくだけた表現なので，改まった場では使わない。

□ He has a lot of friends. 彼にはたくさんの友人がいる。

美しい・かわいい

133	**beautiful** [bjúːtəfəl] ビューティふる	形 美しい(⇔ □ ugly みにくい) ➡ □ beauty 名 美しさ，美人
134	**pretty** [príti] プリティ	形 かわいい，**きれいな** 副 **かなり**
135	**cute** [kjúːt] キュート	形 かわいい

思考する・欲する

136	**think** [θíŋk] すィンク	動 (と)思う，**(と)考える** 〈think-thought-thought〉 ➡ □ think about[of] ... …について考える
137	**believe** ア [bɪlíːv] ビりーヴ	動 (を)信じる，**(と)強く思う** ➡ □ believe in ... …の存在を信じる □ belief 名 信念，信じること
138	**know** 発 [nóu] ノウ	動 (を)知っている 〈know-knew-known〉 ➡ □ know of ... …のことを(間接的に)知っている
139	**understand** ア [ʌndərstǽnd] アンダスタぁンド	動 がわかる，**を理解する** 〈understand-understood-understood〉
140	**like** [láɪk] らイク	動 を好む 前 **に似た，のような**
141	**want** [wʌ́nt] ワント	動 ①**《want to do で》**～したい　**②が欲しい**
142	**hope** [hóup] ホウプ	動 **《hope to do で》**～したいと思う，**～することを望む** 名 **希望，期待**
143	**need** [níːd] ニード	動 ①を必要とする **②《need to do で》～する必要がある** 名 **必要**
144	**long** [lɔ́(ː)ŋ] ろ(ー)ング	動 **《long for ... で》**…を切望する

希望や欲求を表す動詞

want to は「…したい」を表す一般的な語。hope to は，実現可能性があることを「望む」こと

□ Everyone says the mountain is beautiful. だれもがその山は美しいと言う。

□ Mary is so pretty. メアリーはとてもかわいい。

➕ ニュアンス的にはbeautifulに近い。人だけでなく景色などがきれいな場合にも使用できる。

□ She has a very cute cat. 彼女はとてもかわいいネコを飼っている。

➕ 動物や子どもなどによく使われるが，大人（男女問わず）にも使える。

□ I think you're right. そのとおりだと思う。

➕ What do you think about[of] ... ? で「…についてどう思うか」と意見を求める表現として使うことができる。

□ He didn't believe me. 彼は私を信じなかった。

□ She didn't know Martin was coming. 彼女はマーティンが来るのを知らなかった。

□ I'm sorry, I don't understand. すみませんが，わかりません。

□ I like their music. 私は彼らの音楽が好きだ。

□ He wants to meet you. 彼はあなたに会いたがっている。

□ I hope to see you again. またお会いしたいです。

□ Do you need any help? 何かお手伝いを必要としていますか。

□ Everyone longs for peace. だれもが平和を切望している。

を言う。wish toは，want to / would like to よりも丁寧な願望を表す。wishは，that 節が続くと，仮定法として実現不可能なことや可能性の低いことを望むことを意味する。

Level 1 Level 2 Level 3 Level 4 Level 5 Level 6

状態や性質などを表す語

□□□ 145 **popular** ア
[pάːpjələr] パピュら

形 人気のある，**大衆的な**
➡ □ be popular with[among] ... …に人気がある
□ popularity 名 人気，評判

□□□ 146 **favorite** 発 ア
[féɪvərət] ふェイヴァリット

形 お気に入りの，**大好きな**
名 **お気に入りのもの・人** 注 ((英)) favourite
➡ □ favor 名 好意，親切な行為 注 ((英)) favour

□□□ 147 **clean**
[klíːn] クリーン

形 きれいな，**清潔な**
動 **をきれいにする，をそうじする**

□□□ 148 **easy**
[íːzi] イーズィ

形 **(物事が)**簡単な，**やさしい**(⇔ □ difficult 難しい)
➡ □ easily 副 簡単に，楽に

□□□ 149 **true**
[trúː] トルー

形 本当の，**本物の，真実で**
➡ □ truth 名 真実　□ truly 副 本当に

□□□ 150 **sure**
[ʃʊ́ər] シュア

形 確信して，**確実な**
➡ □ Sure.《返事で》いいですよ。, もちろん。
□ be sure of[about] ... …を確信している
□ be sure to do きっと…する
□ surely 副 確かに，きっと

□□□ 151 **early** 発
[ə́ːrli] ア～り

形 早い，**初期の**
副 早く(⇔ □ late)

□□□ 152 **late**
[léɪt] れイト

形 遅い，**遅れて，最近の**
副 遅く，**遅れて**

□□□ 153 **great**
[gréɪt] グレイト

形 ①偉大な，**すばらしい**　②**(数量・規模の)大きな**
➡ □ greatly 副 大いに

人と関わる

□□□ 154 **meet**
[míːt] ミート

動 に会う，**(と)知り合いになる** 〈meet-met-met〉
➡ □ meeting 名 集会，会議

□□□ 155 **visit**
[vízət] ヴィズィト

動 **(人)**を訪問する，**(場所)を訪れる**　名 **訪問**
➡ □ visitor 名 訪問者，観光客

□□□ 156 **invite** ア
[ɪnváɪt] インヴァイト

動 を招待する
➡ □ invitation 名 招待(状)

□ This is a popular Spanish restaurant. これは人気のあるスペイン料理店です。

□ Please tell me your favorite movie. あなたのお気に入りの映画を教えてください。

✚ favoriteと同様に，color / colourなどもアメリカ英語とイギリス英語とでスペルの一部だけが異なる語。

□ Are your hands clean? 手はきれいですか。

□ This cake is easy to make. このケーキは作るのが簡単だ。

□ Is that a true story? それは本当の話ですか。

□ I'm sure you'll be all right. あなたは大丈夫だと私は確信している。

□ We'll have to get there early. 私たちは早くそこに着かなくては。

□ I had a late breakfast. 私は遅い朝食を食べた。

✚ How late are you open?（お店は何時まで開いていますか）といった表現も覚えておこう。

□ He is a great scientist. 彼は偉大な科学者だ。

□ I'll meet you outside the library. 図書館の外であなたにお会いしましょう。

✚ 「会う」意味を持つ語は他にもあるが，Nice to meet you.というように，初めて「会う」ときはmeetを使う。

□ He visited his cousins in Seattle. 彼はシアトルのいとこを訪問した。

□ Let's invite Jane to the party. パーティーにジェーンを招待しましょう。

重さ・明るさを表す語

	単語	意味
157	**heavy** [hévi] ヘヴィ	形 ①重い(⇔ □ light) ②激しい ➡ □ heavily 副 重く，激しく
158	**light** [láɪt] らイト	形 ①明るい ②(色が)薄い ③軽い 名 光，明かり
159	**bright** [bráɪt] ブライト	形 ①明るい，輝いている ②(色が)あざやかな ③頭のよい ➡ □ brightly 副 明るく，あざやかに
160	**dark** [dɑ́:rk] ダーク	形 ①暗い ②(色が)黒っぽい

手を使う動作

	単語	意味
161	**use** 発 動[jú:z] ユーズ 名[jú:s] ユース	動 を使う 名 使用 ➡ □ useful 形 役に立つ □ useless 形 役に立たない，むだな
162	**hold** [hóʊld] ホウるド	動 ①(手に)を持つ ②(会など)を催す 〈hold-held-held〉
163	**touch** 発 [tʌ́tʃ] タッチ	動 (に)触れる 名 触れること，感触
164	**push** [pʊ́ʃ] プッシュ	動 (を)押す 名 押すこと
165	**catch** [kǽtʃ] キぁッチ	動 ①をつかまえる，をとらえる ②(列車など)に間に合う 〈catch-caught-caught〉 名 つかまえること
166	**throw** [θróʊ] すロウ	動 (を)投げる 〈throw-threw-thrown〉 名 投げること
167	**brush** [brʌ́ʃ] ブラッシュ	動 (ブラシで)を磨く，にブラシをかける 名 ブラシ
168	**shake** [ʃéɪk] シェイク	動 を振る，揺れる，ふるえる 〈shake-shook-shaken〉 ➡ □ shake hands with ... …と握手をする 名 震動，振ること

つづりと発音の関係① 2 通りの母音の読み方を区別する，語末の「マジック e 」
漢字では，原則として〈送りがな〉があれば「訓読み」，なければ「音読み」となるように，英語では，〈語末に e 〉があれば前の母音が「アルファベット読み」に，なければ「ローマ字読み」に

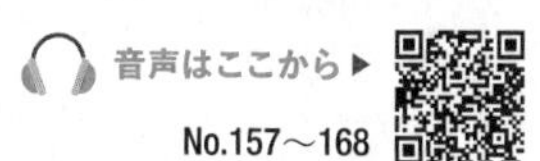

□ I can't carry this heavy box.　この重い箱は運べない。

□ My hair color is light brown.　私の髪の毛の色は明るい茶色です。

□ The moon is bright tonight.　今夜は月が明るい。

□ It was dark when we arrived.　私たちが到着したときは暗かった。

□ Can I use your phone?　電話を使ってもいいですか。

⊕ たとえばトイレを借りたい場合も，実際には「借りる」のではなく「使う」ことを望んでいるので use を使う。

□ Could you hold my bag?　かばんを持っていていただけますか。

□ Please don't touch the old piano.　その古いピアノに触れないでください。

□ Can you push number four, please?　4 番を押していただけますか。

□ I caught a lot of fish.　私はたくさんの魚をつかまえた。

□ Come on. Throw the ball.　ほら。ボールを投げて。

□ Brush your teeth after lunch.　昼食後には歯を磨いて。

□ Don't shake the bottle.　ボトルを振らないで。

⊕ 何かを振る場合だけでなく，地震で地面が揺れているような状況も shake で表現されることに注意。

なる。また,〈語末の e〉は発音されない。この e のことを「マジック e」と呼ぶ。（→ p.44 に続く）

イラストで覚える前置詞③　－ about, around, before, after, by, near, beside

about
[əbáut] アバウト

前 ①《周辺》～のあちこちに，～のあたりに (＝□around)
②《話題》～について
副 あちこちに，あたりに，おおよそ

169□ Hundreds of tourists are walking **about** the town.	何百人もの観光客がその町の**あちこちを**歩き回っている。
170□ What are you talking **about**?	何**について**話しているの。

around
[əráund]
アラウンド

前 ①《周囲》～のまわりを，(かどなど)を曲がって
②～のまわりに　③～のあちこちに，～のあたりに
副 まわりに，あちこちに，あたりに，おおよそ

171□ The bus stop is just **around** the corner.	バス停はちょうどかど**を曲がった**ところだ。
172□ We all sat **around** the teacher to listen to her story.	話を聞くために，私たちはみんな先生**のまわりに**座った。

before
[bɪfɔ́ːr] ビふォア

前 ①《時間・順序》～の前に，～の先に
②《位置》～の前に
副 以前に　接 ～よりも前に，～以前に

173□ She stood **before** the mirror and looked at herself.	彼女は鏡**の前に**立って，自分を見た。

after
[ǽftər] あふタ

前 ①《時間》～のあとで　②《順序》～のあとに
副 あとに　接 ～したあとで

174 □ Let's have the meeting **after** lunch. | 昼食のあとで会議をしましょう。
175 □ Please repeat **after** me. | 私のあとにくり返してください。

by
[báɪ] バイ

前 ①《近接》～のそばに　②《時間・期限》～までに
③《行為者》～によって　副 そばに

176 □ She is standing **by** the window. | 彼女は窓のそばに立っている。
177 □ Finish the work **by** tomorrow. | 明日までにその仕事を終えなさい。
178 □ This shirt was designed **by** an Italian designer. | このシャツはイタリア人のデザイナーによってデザインされた。

near [níər] ニア　前 ～の近くに　形 近い，近くの　副 近くに

179 □ He lives **near** the station. | 彼は駅の近くに住んでいる。

beside [bɪsáɪd] ビサイド　～のそばに，～のわきに

by，near，beside は，どれも近いことを表すが，それぞれ使いかたに違いがある。by は「左右に関係なく，隣接していること」を表す。near は近くとも「ある程度離れていること」を表し，beside は「左右にすぐ隣接していること」を表す。

180 □ A strange man sat **beside** her. | 奇妙な男が彼女のそばに座った。

イラストで覚える前置詞④ ― over, above, under, below, between, among, toward

over 　前 ①～の上に　②《動作》～を越えて　③《数量》～より多く（⇔□under）
[óuvər] オウヴァ　副 上に，向こうに，一面に，終わって

181□ They saw a UFO **over** their heads.	彼らは頭の上に UFO を見た。
182□ A cow cannot jump **over** a wall.	牛は壁をとび越えることはできない。
183□ It's **over** a kilometer to the beach.	海岸までは1キロよりも遠い。

above 　前 ①～の上に，上流に　②《程度》～より上で
[əbʌ́v] アバヴ　副 上に（⇔□below）

over と above はどちらも「～の上に」を意味するが，over は「**上の方を覆っている**」ニュアンスをもつ。また「**真上ではない上**」に対しては，above を使う。なお，above は「**基準や平均より上**」であることを表す。

184□ The sun rose **above** the horizon.	太陽が地平線の上に昇った。
185□ His test scores were **above** average.	彼のテストの点は平均より上だった。

under 　前 ①～の下に　②《数量・程度》～未満で
[ʌ́ndər] アンダ　副 下へ

186□ I saw the cat **under** the table.	私はテーブルの下にネコを見た。
187□ Anyone **under** sixteen can see it.	16歳未満の人は誰でもそれがわかる。

below 　前 ①～の下に，下流に　②《数量・程度》～より下で
[bɪlóu] ビろウ　副 下に

under と below はどちらも「～の下に」を意味するが，under は「**何かに覆われているようにして下にある**」というニュアンスをもつ。また「**真下ではない下**」に対しては below しか使えない。

188□ Don't write **below** this line.	この線の下に書いてはいけません。
189□ The temperature today is four degrees **below** zero.	今日の気温は零下4度だ。

between （2 者）～のあいだに・～のあいだで
[bɪtwíːn] ビトウィーン

190 □ I sat **between** Tim and Ken. | 私はティムとケンのあいだに座った。

among （3 者以上のもの）～のあいだに・～のあいだで，～の中に
[əmʌ́ŋ] アマング

191 □ This singer is popular **among** young girls. | この歌手は少女たちのあいだで人気がある。

toward 《方向》～のほうへ，～に向かって
[tɔ́ːrd] トード

toward は**方向**を指し，**目的地は指さない**。そのため，walk toward the castle は単に「城のほうへ歩く」ことを指し，目的地は城でなくても構わない。

192 □ He was walking **toward** the castle. | 彼は城のほうへ歩いていた。

接続詞

□□□ 193	**and** [ǽnd] あンド	接 ①そして ②《命令文のあとで》(～しなさい)そうすれば
□□□ 194	**but** [bʌ́t] バット	接 しかし 前 ～を除いて
□□□ 195	**or** [ɔ́ːr] オーア	接 ①～または… ②《命令文のあとで》(～しなさい)さもないと
□□□ 196	**because** 発 [bɪkʌ́z] ビコーズ	接 なぜなら～だから，～なので ➡ □ because of ... …のために，…のせいで
□□□ 197	**if** [íf] イふ	接 ①もしも～ならば　②～かどうか

金銭・取引に関する動詞

□□□ 198	**buy** 発 [báɪ] バイ	動 を買う〈buy-bought-bought〉
□□□ 199	**sell** [sél] セる	動 を売る，売れる〈sell-sold-sold〉 ➡ □ sale 名 販売，特売
□□□ 200	**spend** [spénd] スペンド	動 ①(時間)を費やす　②(お金)を使う 〈spend-spent-spent〉 ➡ □ spend ... on ～ …を～に費やす
□□□ 201	**waste** 発 [wéɪst] ウェイスト	動 をむだに使う・費やす 名 浪費，くず
□□□ 202	**exchange** ア [ɪkstʃéɪndʒ] イクスチェインヂ	動 を交換する，を両替する　名 交換，両替 ➡ □ exchange ... for ～ …を～と交換する·両替する
□□□ 203	**own** 発 [óʊn] オウン	動 を所有する　形 自分自身の ➡ □ owner 名 所有者
□□□ 204	**share** [ʃéər] シェア	動 を分け合う，を共有する　名 分け前，割り当て ➡ □ share ... with ～ …を～と分け合う

ifと時制

if の導く節が「もしも～ならば」といった〈条件〉を表す副詞節である場合，未来のことであっても現在形で表現する。

□ We just work **and** go home. 私たちは働き，**そして**家に帰るだけだ。

□ The movie was short **but** interesting. その映画は短かった**が**おもしろかった。

□ Would you like tea **or** coffee? 紅茶**または**コーヒーはいかがですか。

□ I'm angry **because** you're late. 君が遅れてきた**から**，僕は怒っているんだ。

⊕ because of の場合は of が前置詞なので，あとには名詞や名詞句が続くことになる。

□ We'll stay home **if** it rains. **もしも**雨が降るよう**ならば**，私たちは家にいるつもりです。

□ Where did you **buy** that dress? そのドレスはどこで**買った**の。

⊕ 特に口語では，buy の代わりに get（手に入れる）が使われることも多い。上の文でも置き換え可能。

□ She **sold** her car. 彼女は自分の車**を売った**。

□ I **spent** hours on my homework. 私は宿題に何時間も**費やした**。

□ Don't **waste** your time on games. ゲームに時間**を費やす**な。

□ We **exchanged** ideas with young people. 私たちは若者たちと意見**を交換した**。

□ Mr. Ford **owns** two horses. フォード氏は 2 頭の馬**を所有している**。

□ I **shared** the salad with her. 私は彼女とサラダ**を分け合った**。

一方で，「〜かどうか」と目的語となる名詞節である場合は，will などの未来を表す表現を用いる。

時・順序を表す語

205	**just** [dʒʌ́st] ヂャスト	副 ちょうど，たった今
206	**then** [ðén] ぜン	副 ①それから，そして，そのとき ②それなら
207	**ago** [əgóu] アゴウ	副 (今から)～前に
208	**last** [lǽst] らぁスト	形 ①最後の ②この前の 副 最後に 動 ①続く ②持ちこたえる
209	**later** [léitər] れイタ	副 あとで，のちほど 形 もっと遅い
210	**once** 発 [wʌ́ns] ワンス	副 一度，かつて

休む・眠る・起きる

211	**lie** 発 [lái] らイ	動 ①横たわる〈lie-lay-lain;lying〉 ②(ある位置・状態に)ある ③うそを言う〈lie-lied-lied ; lying〉 名 うそ
212	**lay** 発 [léi] れイ	動 ①を横たえる，を置く ②(卵)を産む〈lay-laid-laid ; laying〉
213	**rest** [rést] レスト	動 休む，を休ませる 名 ①休息 ②《the ～で》残り
214	**sleep** [slíːp] スリープ	動 眠る〈sleep-slept-slept〉 名 睡眠 ➡ □ sleepy 形 眠い，眠そうな
215	**wake** [wéik] ウェイク	動 目を覚ます，を目覚めさせる〈wake-woke-woken〉 ➡ □ wake up 目を覚ます(＝ □ awake)
216	**sit** [sít] スィット	動 座る〈sit-sat-sat〉 ➡ □ sit down 座る

つづりと発音の関係② 「マジック e」 の力

語末が「母音字＋子音字＋ e」 という場合でも「母音字＋ e」 という場合でも「マジック e」 の力

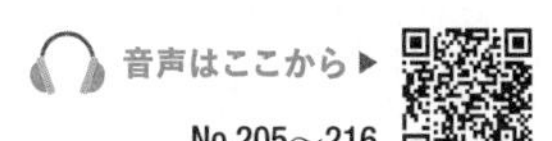

- □ I've just read your email message. ちょうどメールのメッセージを読んだところだ。
- □ What did he say then? それから彼は何て言ったの。
- □ We met two years ago. 私たちは 2 年前に出会った。
- □ I couldn't answer the last question. 私は最後の問題に答えられなかった。

➕ 動詞の場合, How long does the show last?（ショーはどれくらい続きますか）のように使われる。

- □ I'll tell you about it later. それについてはあとであなたに話すつもりです。
- □ Let's try it once again. もう一度それを試してみよう。

- □ The baby lay on the bed. 赤ちゃんはベッドの上に横たわっていた。

➕ You're lying.（君はうそをついている）, Don't lie to me.（うそを言わないで）などの表現も覚えておこう。

- □ She laid her baby there. 彼女はそこに赤ちゃんを横たえた。
- □ Let's rest here. ここで休もう。
- □ I couldn't sleep last night. 昨晩は眠れなかった。
- □ I woke up at seven. 私は 7 時に目を覚ました。
- □ They were sitting on the floor. 彼らは床に座っていた。

は変わらず，直前の母音字はやはり「アルファベット読み（長音）」となる。
〈例〉use [júːz] ユーズ ／ lie [láɪ] ライ

旅行・交通に関する語

217 **tour** 発
[túər] トゥア
名 (周遊・視察の)旅行
➡ □ tourist 名 観光客　□ tourism 名 観光事業

218 **travel**
[trǽvəl] トラぁヴる
名 (一般的な)旅行
動 ①旅行する　②(光や音が)進む
➡ □ traveler 名 旅行者　注 ((英)) traveller

219 **trip**
[tríp] トリップ
名 (小)旅行
➡ □ school trip 修学旅行　□ business trip 出張

220 **voyage** 発
[vɔ́ɪɪdʒ] ヴォイィヂ
名 船旅，航海，宇宙旅行
➡ □ journey (陸路を使った長期の)旅行

221 **course** 発
[kɔ́ːrs] コース
名 ①進路，コース　②(大学などの)課程

222 **flight** 発
[fláɪt] ふらイト
名 飛行(便)，フライト
➡ □ fly 動 飛ぶ

223 **drive**
[dráɪv] ドライヴ
動 (車を)運転する〈drive-drove-driven〉
名 ドライブ　➡ □ driver 名 運転手

224 **ride**
[ráɪd] ライド
動 (乗り物・馬に)乗る〈ride-rode-ridden〉

終わる・終える

225 **leave** 発
[líːv] りーヴ
動 ①(を)去る　②を置き忘れる
③を(ある状態の)ままにしておく〈leave-left-left〉

226 **end**
[énd] エンド
動 終わる，を終える
名 ①終わり　②端　③目的

227 **finish**
[fínɪʃ] ふィニッシュ
動 を終える，終わる

228 **stop**
[stáːp] スタップ
動 ①止まる，を止める　②をやめる
名 ①停止　②停留所
➡ □ stop -ing …するのをやめる
□ stop to do …するために立ち止まる

□ We made a tour of China. 私たちは中国旅行をした。

「周遊」に重きが置かれた語なので,「コンサートツアー」「キャンパスツアー」のように旅行以外でも使われる。

□ I'd like to travel abroad. 外国旅行したい。

travel は遠くへの「旅」を意味する一般的な語。trip は別の場所に移動し,ふつう元の場所に戻って来ることを言う。

□ They went on a school trip. 彼らは修学旅行に行った。

アメリカ英語では,往復のチケットのことを round-trip ticket と表現する(片道切符は one-way ticket)。

□ The voyage to India was exciting. インドへの船旅はとてもおもしろかった。

journey は遠く離れた場所に移動する旅を言い,片道の旅の場合もある。

□ The ship changed its course. 船は進路を変えた。

□ I reserved a flight to Fukuoka. 私は福岡行きの飛行便を予約した。

□ He drove from Osaka to Nagoya. 彼は大阪から名古屋まで運転した。

□ My son cannot ride a bike. 私の息子は自転車に乗れない。

□ She left Tokyo for Paris. 彼女は東京を去り,パリへ向かった。

□ How will this drama end? このドラマはどんなふうに終わるだろうか。

□ We must finish the work soon. 我々はすぐにその仕事を終えなくてはならない。

□ Stop at the red light. 赤信号では止まれ。

代名詞

229	**someone** [sʌ́mwʌ̀n] サムワン	代 だれか(= □ somebody)
230	**anyone** [éniwʌ̀n] エニワン	代 ①《疑問文・if 節で》だれか ②《否定文で》だれも(〜ない) ③《肯定文で》だれでも(= □ anybody)
231	**something** [sʌ́mθìŋ] サムスィング	代 何か
232	**anything** [éniθìŋ] エニスィング	代 ①《疑問文・if 節で》何か ②《否定文で》何も(〜ない) ③《肯定文で》何でも
233	**everyone** [évriwʌ̀n] エヴリワン	代 ①だれでも・みんな(= □ everybody) ②《否定文で》だれもが〜というわけではない
234	**everything** [évriθɪŋ] エヴリスィング	代 すべてのもの・こと 注 単数扱いで用いる。
235	**nobody** [nóubədi] ノウバディ	代 だれも〜ない(= □ no one) 注 単数扱いで用いる。
236	**nothing** [nʌ́θɪŋ] ナッスィング	代 何も〜ない 注 単数扱いで用いる。
237	**none** 発 [nʌ́n] ナン	代 だれも〜ない，ひとつも〜ない

ごみに関する語

238	**garbage** [gáːrbɪdʒ] ガービヂ	名 ごみ(= □ rubbish《英》) 注 台所から出るような生ごみ
239	**trash** [træʃ] トラぁッシュ	名 ごみ(= □ rubbish《英》) 注 一般的なごみ，紙くずなど
240	**plastic** [plǽstɪk] プらぁスティック	形 ビニール製の，プラスティック製の 名 ビニール，プラスティック

no は「ゼロ」

nobody の no は数字の「ゼロ」だと考えるとわかりやすい。
Nobody knows the truth. なら「ゼロ人の人が真実を知っている」→「だれも真実を知らない」ということ。

□ There's someone in my room. 私の部屋にだれかいる。

□ Did anyone call you yesterday? 昨日だれかあなたに電話してきましたか。

□ There's something in my eye. 目の中に何かがある。

□ Is there anything I can do? 私に何かできることはありますか。

□ Is everyone ready to go? みんな出かける準備はできているかい。

□ Everything on the table looks good. テーブルの上にあるすべてのものがおいしそうだ。

□ Nobody was home. 家にはだれもいなかった。

□ There's nothing in this box. この箱の中には何もない。

お礼に対する返答で，It was nothing.「たいしたことじゃない（どういたしまして）」もよく使われる。

□ None of them spoke Japanese. 彼らのだれも日本語を話さなかった。

none of your business という表現は「あなたには関係ない」「よけいなお世話」を意味するので注意しよう。

□ Take out the garbage, will you? ごみを出しておいてくれる?

□ Put the trash in that bag. その袋にごみを入れて。

□ Please don't bring plastic bags. ビニール袋を持ち込まないでください。

英語では，いわゆる（スーパーの）レジ袋は plastic bag，ペットボトルは plastic bottle と表現する。

感情を含む動詞

□□□ 241 **care** [kéər] ケア
動 気にする，気にかける
名 ①心配 ②世話

□□□ 242 **please** [plíːz] プリーズ
動 を喜ばせる 副 どうぞ
➡ □ be pleased with ... …が気に入っている

□□□ 243 **trouble** 発 [trʌ́bəl] トラブる
動 を悩ます
名 心配，迷惑，困難，もめごと

□□□ 244 **excuse** 発 ア
動 [ɪkskjúːz] イクスキューズ
名 [ɪkskjúːs] イクスキュース
動 を許す
➡ □ Excuse me. すみません。失礼します(しました)。
名 言いわけ

□□□ 245 **pardon** [pάːrdən] パードン
動 を許す 名 許し
➡ □ I beg your pardon? 何とおっしゃいましたか。

身体・健康に関する語

□□□ 246 **health** 発 [hélθ] へるす
名 健康，健康状態
➡ □ healthy 形 健康な

□□□ 247 **heart** 発 [hάːrt] ハート
名 ①心臓 ②心
➡ □ learn ... by heart …を暗記する

□□□ 248 **tooth** 発 [túːθ] トゥーす
名 歯 (複) teeth
➡ □ toothache 名 歯痛

□□□ 249 **cancer** [kǽnsər] キャンサ
名 がん

食事に関する語

□□□ 250 **hunger** [hʌ́ŋgər] ハンガ
名 飢え，空腹
➡ □ hungry 形 空腹の

□□□ 251 **thirsty** [θə́ːrsti] さ～スティ
形 のどが渇いた
➡ □ thirst 名 (のどの) 渇き

□□□ 252 **supper** [sʌ́pər] サパ
名 夕食 ➡ □ dinner 名 (一日の中の主要な) 食事，ディナー，夕食

つづりと発音の関係③「マジック e」と同じ働きをする「語末母音字」
語末の母音字も「マジック e」と同じ働きをする（＝前の母音を「アルファベット読み（長音）」に

☐ Who cares about that news? だれがそのニュースを気にするの？

☐ We're very pleased with that gift. 私たちはその贈り物をとても喜んでいる。

☐ His words trouble us. 彼のことばは私たちを悩ます。

☐ Please excuse me for my mistake. 私のまちがいを許してください。

“I'm sorry.”も「すみません」だが，謝罪ではなく他人に声をかける時の「すみません」は“Excuse me.”を使う。

☐ Please pardon me for coming late. 遅れて来たことを許してください。

“I beg your pardon?”は“Pardon?”と略して言うこともある。

☐ Smoking is bad for your health. 喫煙は健康に悪い。

☐ Yoga is good for the heart. ヨガは心臓によい。

☐ There is something between my teeth. 歯の間に何かある。

☐ My grandfather has cancer. 祖父ががんになった。

☐ Many people died of hunger. 多くの人が飢えで死んだ。

☐ We got thirsty after our walk. 私たちは歩いたあと，のどが渇いた。

☐ What's for supper? 夕食は何ですか。

dinnerは昼食に使われるケースもある（一日のメインの食事が昼だった場合）。

する）。「マジックe」の場合は「e」自体が発音されないところが「マジック」だったが，語末の母音字は発音される。〈例〉tomato [təméɪtou] トメイトウ

方角・場所を表す語

No.	単語	発音	意味
253	**east**	[íːst] イースト	名 ①《the east で》東　②《the East で》東洋 ➡ □ eastern 形 東の
254	**west**	[wést] ウェスト	名 ①《the west で》西　②《the West で》西洋 ➡ □ western 形 西の
255	**south**	[sáuθ] サウす	名《the south で》南 ➡ □ southern 形 南の
256	**north**	[nɔ́ːrθ] ノーす	名《the north で》北 ➡ □ northern 形 北の
257	**outside**	[àutsáid] アウトサイド	名《通常 the 〜で》外側，外部　形 外側の 副 外側に
258	**inside**	[ínsaid] インサイド	名《通常 the 〜で》内側，内部　形 内側の 副 内側に

状態や性質を表す語

No.	単語	発音	意味
259	**wrong** 発	[rɔ́(ː)ŋ] ロ(ー)ング	形 間違った，(道徳的に)悪い
260	**strange**	[stréindʒ] ストレインヂ	形 奇妙な，見知らぬ ➡ □ stranger 名 見知らぬ人
261	**tired**	[táiərd] タイアド	形 疲れた　➡ □ tire 動 を疲れさせる，疲れる □ be tired from ... …で疲れている □ be tired of ... …に飽きている
262	**dangerous** ア	[déindʒərəs] デインヂャラス	形 危険な ➡ □ danger 名 危険
263	**terrible**	[térəbəl] テリブる	形 恐ろしい，ひどい
264	**well**	[wél] ウェる	副 うまく　形 健康で 間 さて，おや，まあ

その他の方角の表し方

「東西南北」の組み合わせで，northeast「北東」，northwest「北西」，southeast「南東」，southwest「南西」と表現することができる。

□ The sun rises in the east. 太陽は東から昇る。

□ The sun sets in the west. 太陽は西に沈む。

□ The window faces the south. その窓は南に面している。

□ These birds came from the north. この鳥たちは北からやって来た。

□ Noises came from the outside. 外から雑音が入って来た。

□ The fruit's inside is very soft. その果物の内側はとても柔らかい。

□ Your answer is wrong. あなたの答えは間違っている。

□ He isn't home. That's strange. 彼は家にいない。それは奇妙だ。

□ You look tired. 疲れているようですね。

□ This river is dangerous. この川は危険だ。

□ It was a terrible war. それは恐ろしい戦争だった。

➕ 「恐怖」を表す語の一つである"terror"は，いわゆる「テロ」を意味する語でもある。関連語として覚えておこう。

□ He speaks English well. 彼は英語をうまく話す。

➕ goodは形容詞，wellはおもに副詞で使われる。上の文はHe speaks good English. とも言い換えられる。

副詞

265	**so** [sóu] ソウ	副 ①そのように ②それほど, そんなに ③とても 接 それで
266	**too** [tú:] トゥー	副 ①〜もまた ②〜すぎる
267	**strongly** [strɔ́(:)ŋli] ストロ(ー)ングリ	副 強く, 熱心に
268	**often** 発 [ɑ́:fən] オーふン	副 よく, しばしば

学習・知的活動をする

269	**ask** [æsk] あスク	動 ①(を)尋ねる ②(を)求める ➡ □ ask 〈人〉 to do 〈人〉に…するよう頼む □ ask 〈人〉 for ... 〈人〉に…を求める
270	**train** [tréɪn] トレイン	動 を訓練する, を養成する ➡ □ training 名 訓練 名 列車
271	**show** [ʃóu] ショウ	動 ①を見せる, 見える ②姿を現す ③を示す 〈show-showed-shown/showed〉 名 ショー, 展示会
272	**explain** ア [ɪkspléɪn] イクスプれイン	動 (を)説明する ➡ □ explanation 名 説明
273	**mean** 発 [mí:n] ミーン	動 を意味する, を意図する 〈mean-meant-meant〉 ➡ □ means 名 方法, 手段
274	**practice** [prǽktɪs] プラぁクティス	動 ①(を)練習する ②を実行する 名 ①練習 ②実行 ➡ □ practical 形 実際的な, 実用的な
275	**remember** ア [rɪmémbər] リメムバ	動 (を)覚えている, (を)思い出す ➡ □ remember -ing …したことを覚えている □ remember to do 忘れずに…する
276	**forget** ア [fərgét] ふァゲット	動 (を)忘れる 〈forget-forgot-forgotten/forgot〉 ➡ □ forget -ing …したことを忘れる □ forget to do …することを忘れる

□ "Will she come?" "I think so." 「彼女は来るかな?」「私はそう思う」

□ Jim is coming here, too. ジムもまたここに来ます。

「～もまた」を表す場合, tooは文の最後, also (p.108) は通例, 一般動詞の前かbe動詞のあとにくる。

□ She strongly agrees with him. 彼女は彼の意見に強く同意している。

□ I often go to the park. 私はよく公園に行く。

頻度を表す副詞を頻度の高い順に並べると, always > usually > often > sometimes > rarely, seldom（めったに～ない）> never（決して～ない）。

□ I asked him about his family. 私は彼に家族について尋ねた。

□ He trains monkeys for a show. 彼はショーのためにサルを訓練している。

trainingは, 競技会の準備のための体操などの「訓練」や, 仕事上の技術習得のための「研修」を指す。

□ Please show me your passport. あなたのパスポートを見せてください。

□ Could you explain the rules? ルールを説明していただけませんか。

□ What does this word mean? この語はどんな意味ですか。

□ You need to practice every day. 君は毎日練習する必要がある。

practiceは, 定期的に行う技術向上のための日常的「練習」のことを言う。

□ I can still remember that holiday. 私はまだその休暇のことを覚えている。

□ I forgot her name. 私は彼女の名前を忘れた。

芸術に関する語

277 **art** [ɑ́ːrt] アート
名 ①芸術 ②技(巧)
➡ □ artist 名 芸術家

278 **poem** [póuəm] ポウアム
名 (一編の)詩 ➡ □ poet 名 詩人
□ poetry 名(集合的に)詩

279 **story** [stɔ́ːri] ストーリ
名 ①話，物語
② (建物の)階(= □ floor)

280 **fiction** [fíkʃən] ふィクション
名 作り話，(架空の)小説，フィクション
(⇔ □ nonfiction)

281 **sound** [sáund] サウンド
名 音 動 ①鳴る ②(～のように)聞こえる
形 健全な

282 **sing** [síŋ] スィング
動 を歌う，(鳥などが)鳴く〈sing-sang-sung〉
➡ □ song 名 歌 □ singer 名 歌手

社会に関する語

283 **country** 発 [kʌ́ntri] カントリ
名 ①国，国家 ②《the ～で》いなか

284 **public** [pʌ́blɪk] パブリック
形 公共の(⇔ □ private) 名《the ～で》一般の人々
➡ □ publication 名 出版，公表

人に関する語

285 **person** [pə́ːrsən] パ～スン
名 人
➡ □ personal 形 個人の

286 **host** 発 [hóust] ホウスト
名 主人(役)，主催者
動 の主人公を務める，を主催する

287 **nurse** 発 [nə́ːrs] ナ～ス
名 看護師，看護人

288 **astronaut** 発 [ǽstrənɔ̀ːt] あストロノート
名 宇宙飛行士

つづりと発音の関係④ 3 人称単数現在の動詞の -es，名詞の複数形の -es に e がつく理由
動詞の 3 単現や名詞の複数形の語尾に「-s ではなく -es をつけなくてはならない」単語がある理由の 1 つは，「マジック e」との関係によるもの。「マジック e」の力で，語末母音の発音を「2

□ He is studying art in France. 彼はフランスで芸術を学んでいる。

□ Who wrote this beautiful poem? この美しい詩を書いたのはだれですか。

➕ いわゆる流行歌の「詞」のほうは，poem ではなく，lyrics と表現される。

□ She told me an interesting story. 彼女は私におもしろい話をした。

□ The story isn't true. It's fiction. この物語は真実ではない。作り話だよ。

➕ SF（小説）というのは，science fiction の略語である。

□ He heard a sound behind him. 彼は背後に物音を聞いた。

□ Let's sing the song again. もう一度その歌を歌いましょう。

□ He has visited lots of countries. 彼は数多くの国を訪れたことがある。

□ Let's keep public places clean. 公共の場所をきれいにしておこう。

□ She's a nice person. 彼女はよい人だ。

□ The host welcomed his guests. 主人が客を出迎えた。

□ I'm a nurse at this hospital. 私はこの病院の看護師だ。

□ He wants to be an astronaut. 彼は宇宙飛行士になりたいと思っている。

Level 1 Level 2 Level 3 Level 4 Level 5 Level 6

重母音（長音=アルファベット読み）」のままに固定しておくためである。
〈例〉potato [pətéɪtou] パテイトウ → ○ potatoes [pətéɪtouz]
× potatos [pətéɪtəz]

意義・状況を表す語

289 **important** ア
[ɪmpɔ́ːrtənt] イムポータント
形 重要な
➡ □ importance 名 重要性

290 **main**
[méɪn] メイン
形 おもな
➡ □ mainly 副 主として，おもに

291 **special**
[spéʃəl] スペシャる
形 特別の，専門の
(⇔ □ general 全体的な，一般的な)

292 **common**
[kɑ́ːmən] カマン
形 ①共通の　②ふつうの

293 **international** ア
[ìntərnǽʃənəl] インタナぁショヌる
形 国際的な

294 **foreign** 発
[fɑ́ːrən] ふァーリン
形 外国の
➡ □ foreigner 名 外国人

295 **native**
[néɪtɪv] ネイティヴ
形 ①生まれた土地・国の　②生まれたときからの
➡ □ native language 母語(= □ mother tongue)
名 ～生まれの人

時に関する語

296 **soon**
[súːn] スーン
副 すぐに，まもなく

297 **already** ア
[ɔːlrédi] オーるレディ
副《肯定文で》すでに，もう

298 **yet**
[jét] イエット
副 ①《否定文で》まだ(～ない)　②《疑問文で》もう

299 **still**
[stíl] スティる
副《肯定文・疑問文で》まだ
形 静止した

300 **suddenly** ア
[sʌ́dnli] サドンり
副 突然
➡ □ sudden 形 突然の

still は「継続」を表し，おもに肯定文で使う。
一方，yet は「完了」を表し，おもに否定文，疑問文で使う。

□ This plan is important for us.	この計画は私たちにとって重要だ。
□ His main interest is soccer.	彼のおもな興味はサッカーだ。
□ Here's something special for you!	あなたに特別なものですよ。
□ What is the common language here?	ここの共通語は何ですか。
□ An international meeting was held here.	ここで国際会議が開かれた。
□ Learning a foreign culture is fun.	外国文化を学ぶことは楽しい。

➕ foreignerという表現を失礼（「ガイジン」「よそ者」のようなニュアンス）と感じる人もいるので注意しよう。

□ Julia's native language is Italian.	ジュリアの母（国）語はイタリア語だ。

□ She will be back soon.	彼女はすぐに戻ります。

➕ soonは「すぐに」といってもそれほど急がないイメージ。急ぐような場合は，immediately（p.252）などを使う。

□ The movie has already started.	映画はすでに始まっている。
□ Dinner isn't ready yet.	夕食はまだ準備できていない。
□ It's still raining.	まだ雨が降っている。
□ The train suddenly stopped.	電車が突然止まった。

It is still raining.（まだ雨が降っている）は，雨が降り続けているという「継続」を表す。
I have not finished my homework yet.（まだ宿題を終えていない）は，宿題がまだ「完了していない」ということを表す。

Level 1 Level 2 Level 3 Level 4 Level 5 Level 6

助動詞

	単語	意味
301	**can** [kǽn] キャン	助 ①～できる ②～してもよい ③《Can you do ? で》～してくれますか ④～でありうる〈過去形 could〉
302	**may** [méɪ] メイ	助 ①～かもしれない ②～してもよい〈過去形 might〉
303	**must** [mʌ́st] マスト	助 ①～しなければならない ②～に違いない ③《否定文で》～してはいけない
304	**will** [wíl] ウィる	助 ①～だろう ②～するつもりだ ③《Will you do ? で》～してくれませんか
305	**shall** [ʃǽl] シャる	助 ①《Shall I do ? で》～しましょうか ②《Shall we do ? で》いっしょに～しましょうか
306	**would** [wʊ́d] ウド	助 ①よく～したものだった ②《Would you do ? で》～してくださいませんか ➡ □ would like to do ～したいと思う
307	**should** [ʃʊ́d] シュド	助 ①～すべきである ②～のはずである

問題・目的・活動

	単語	意味
308	**matter** [mǽtər] マぁタ	名 ①問題，事柄 ②物質 動 重要である
309	**problem** [prɑ́:bləm] プラブれム	名 問題 ➡ □ No problem. かまわないよ。（お礼の言葉に対する返事として）どういたしまして。
310	**purpose** 発 ア [pə́:rpəs] パ～パス	名 目的，意図，用途 ➡ □ on purpose 故意に
311	**plan** [plǽn] プらぁン	名 計画，案 動（を）計画する
312	**activity** [æktívɪti] あクティヴィティ	名 活動 ➡ □ active 形 活動的な

problem と question はともに「問題」という意味をもつ。しかし，同じ「問題を解く」でも，solve a problem，answer a question と，使う動詞は異なる。

□ I'm sure we can win. きっと勝つことができるよ。

□ His story may be true. 彼の話は本当かもしれない。

□ Everybody must bring their lunch. みんな昼食は持参しなければならない。

□ He will be late again. 彼はまた遅れるだろう。

□ Shall I help you? お手伝いしましょうか。

➕ "Shall we ～?" は "Let's ～" と同じように使えるが, "Let's ～" よりも丁寧な感じ。

□ I would dance a lot then. その頃はよく踊ったものだった。

□ You should see a doctor. 君は医者に診てもらうべきだ。

□ Let's discuss the matter. その問題について討論しよう。

➕ 動詞の例：It doesn't matter what you wear.（何を着るかは重要でない＝何を着てもかまわない）

□ There is one problem. 1つ問題がある。

➕ No problem. は謝罪（例：I'm sorry I'm late.「遅れてごめん」）への返事（「大丈夫だよ」）にも用いられる。

□ What's the purpose of your trip? 旅行の目的は何ですか。

□ Please don't change your plans. あなたの計画を変更しないでください。

□ What are some school activities? 学校での活動はどのようなものですか。

メディア・情報・通信

313 **book** [búk] ブック
名 本
動 (を)予約する

314 **magazine** [mǽgəzìːn] マぁガズィーン
名 雑誌

315 **telephone** ア [téləfòun] テれふォウン
名 電話(機) (= □ phone)

316 **list** [líst] リスト
名 名簿, 表, リスト

317 **message** 発 [mésɪdʒ] メスィヂ
名 伝言, メッセージ
➡ □ leave a message 伝言を残す
□ take a message 伝言を受ける

318 **mail** [méɪl] メイる
名 郵便(物)
動 郵送する(=□ post 注 ((英)))

319 **call** [kɔ́ːl] コーる
動 ①(に)電話をかける
②(を)呼ぶ, (人・物を)~と呼んでいる
名 ①呼び声 ②(電話の)通話

320 **letter** [létər] れタ
名 ①手紙 ②文字
word
m i l k
letter

321 **paper** [péɪpər] ペイパ
名 ①紙 ②新聞(= □ newspaper)

322 **news** 発 [n(j)úːz] ニュ[ニゥ]ーズ
名 知らせ, ニュース 注 不可算名詞

323 **program** ア [próugræm] プロウグラぁム
名 ①番組, プログラム ②予定, 計画

324 **schedule** 発 ア [skédʒuːl] スケヂューる
名 予定(表), スケジュール
➡ □ on schedule 予定どおりに

paper (紙) と news は数えられない名詞 (不可算名詞)。数える場合は, a piece[sheet] of paper, a piece[an item] of news。ただし, paper が「新聞」「試験用紙」などの意味の場合は数えることができる。

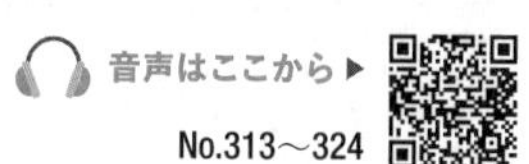

□ I'm looking for books on Brazil. ブラジルに関する本を探している。

動詞の場合, I booked a table for two.（2人用のテーブル席を予約した）のように使われる。

□ I want to buy this magazine. この雑誌を買いたい。

□ The telephone rang at midnight. 真夜中に電話が鳴った。

公衆電話（public telephone）や携帯電話（cell phone, mobile phone）などの表現も知っておきたい。

□ My name wasn't on the list. 名簿に私の名前はなかった。

□ I have a message for you. あなたへの伝言があります。

□ Was there any mail for me? 私あての郵便はありましたか。

□ I'll call you tomorrow. 明日あなたに電話をかけます。

□ Could you mail this letter? この手紙を郵送してもらえますか。

□ Use both sides of the paper. 紙の両面を使って。

□ I have good news for you. あなたにいい知らせがあるよ。

□ I watched a program about whales. クジラについての番組を見た。

□ We will arrive on schedule. 私たちは予定どおりに到着するはずだ。

イラストで覚える前置詞⑤　－ against, during, behind, until / till, through, into

against
[əgénst] アゲンスト
①～に反対して，～に逆らって
②～に寄り掛かって，～にぶつかって
③～を背景にして

325 □ My boss is **against** my idea.	上司は私の考えに反対している。
326 □ He leaned **against** the tree.	彼はその木に寄り掛かった。
327 □ I'll take your photo. Please stand **against** the wall.	君の写真を撮るよ。壁を背景にして立ってください。

during
[dɔ́ːrɪŋ] ダ～リング
①～のあいだずっと
②～のあいだに

328 □ He kept talking with Ann **during** the party.	パーティーのあいだずっと，彼はアンと話し続けた。
329 □ I visited my grandparents **during** the summer vacation.	私は夏休みのあいだに祖父母を訪ねた。

behind
[bɪháɪnd]
ビハインド
前 ①《場所》～のうしろに　②《時間・進歩》～に遅れて
副 うしろに，遅れて

330 □ The little boy hid **behind** his mother.	その小さな男の子は母親のうしろに隠れた。
331 □ The train arrived 20 minutes **behind** schedule.	列車は予定より20分遅れて着いた。

until / till
[əntíl]/[tíl]
アンティる／ティる
①～まで(ずっと)
②《否定文で》～まで(…しない)

332 □ I'll wait **until** four o'clock.	4時まで待とう。
333 □ This store doesn't open **till** eleven.	この店は11時まで開かない。

through 前①～を通り抜けて ②～のあいだずっと
[θrúː] スルー 副通り抜けて，ずっと

334 □ The train went **through** a tunnel.	電車はトンネルを通り抜けた。
335 □ I worked **through** the night.	私は夜のあいだずっと働いた。

into ～の中に
[íntə] イントゥ

336 □ We will go **into** a long tunnel soon.	すぐに長いトンネルの中に入るよ。

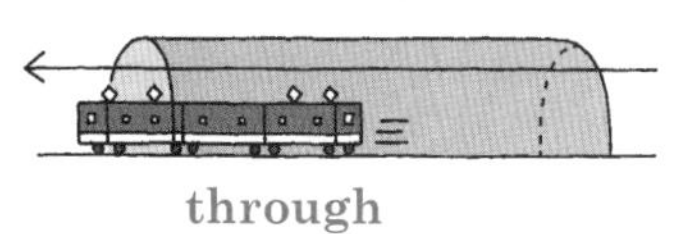

database reading 01／レベル別長文 01

Level 1

(180 words)

Emi ① **invited** 156 Mike to her house yesterday. She said, "My dad cooks every Saturday. He's a good cook. Let's eat dinner together."

Mike went to Emi's house at ② **noon** 13 and ③ **met** 154 her father. "Where do you come from, Mike?" Emi's father ④ **asked** 269.

"I'm from Canada."

"Canada? You are Emi's first ⑤ **friend** 132 from Canada. Our family ⑥ **welcomes** 123 you!"

"Thank you," Mike said, and asked, "Do you often cook, sir?"

Emi's father answered, "Yes, ⑦ **once** 210 a ⑧ **week** 17. I love cooking. I ⑨ **enjoy** 31 it very much. Well, Mike, are you in good ⑩ **health** 246?"

"Yes, I am," said Mike.

"Good! Usually, I cook only for my family. We like to eat very hot and spicy food. If you think it is too hot, please say so. Don't be ⑪ **afraid** 65, though. You will be OK, ⑫ **because** 196 you are in good health."

"Oh," said Mike. The fact was he couldn't eat very hot dishes. "I ⑬ **forgot** 276 to do my homework. I have to go home now." ⑭ **Then** 206 he ⑮ **tried** 33 to ⑯ **leave** 225.

"No, please stay." Emi ⑰ **caught** 165 Mike's arm and said, "Don't you want to have dessert?"

>>> 赤字の語句の意味を確認しよう

エミは昨日マイクを彼女の家に①招待した。彼女は言った,「私のお父さんは毎週土曜日に料理をするの。彼は料理が上手よ。いっしょに夕食を食べましょう」。

マイクは②正午にエミの家に行き，そして彼女の父に③会った。「君はどこの出身ですか，マイク」エミの父は④尋ねた。

「カナダ出身です」

「カナダですか。君はカナダから来た，エミの初めての⑤友だちだ。私たち家族は君を⑥歓迎するよ」

「ありがとうございます」とマイクは言い，尋ねた,「あなたはしばしば料理をなさるんですか」。

エミの父親は答えた,「ああ，⑧週に⑦一度ね。私は料理をすることが大好きなんだよ。それをとても⑨楽しんでいる。ところでマイク，君は⑩健康かい」。

「はい」とマイクは言った。

「いいね。たいてい私は家族のためだけに料理するんだ。私たちはとても辛くてスパイシーな料理を食べるのが好きでね。それ（私の夕食）が辛すぎると思うなら，そう言ってくれよ。でも⑪心配しないで。君は大丈夫だろう。⑫なぜなら君は健康だからね」

「おっと」とマイクは言った。事実，彼はあまり辛い料理は食べられなかった。「僕は宿題をするのを⑬忘れていました。もう，帰らなければなりません」⑭そして彼は⑯去ろうと⑮試みた。

「だめよ，ここにいて」。エミはマイクの腕を⑰つかまえて言った,「デザートは食べたくないの？」

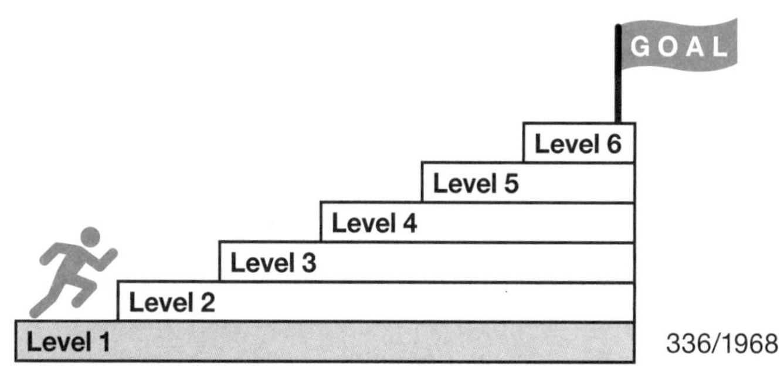

体：Body [bá(:)di] バディ

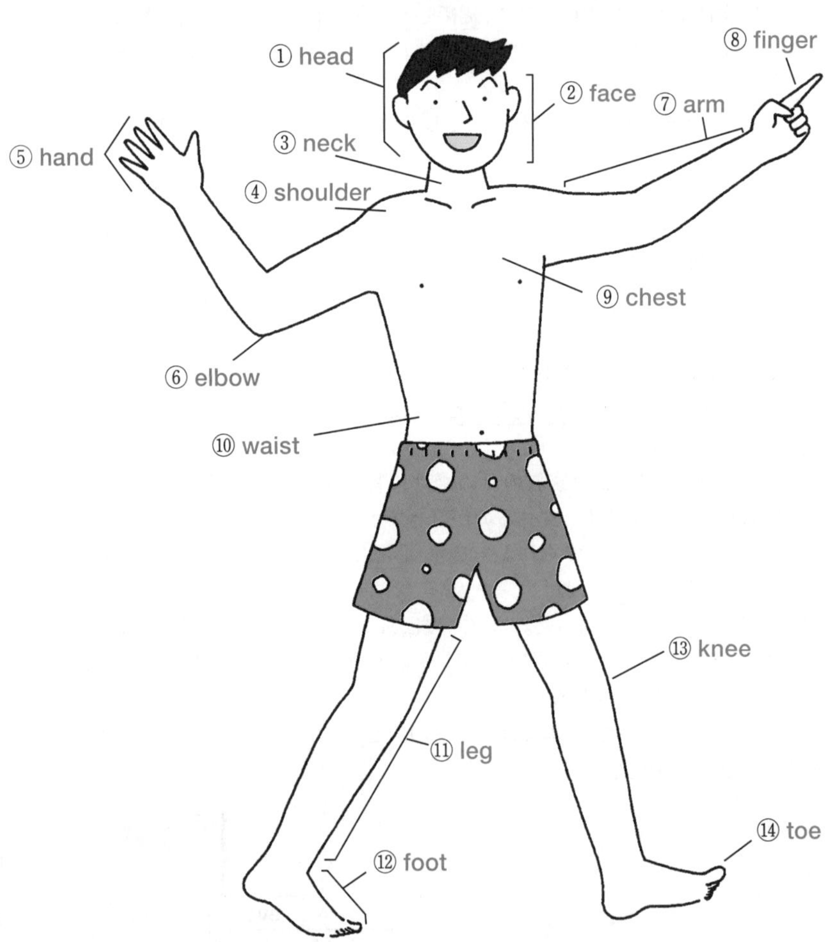

① [héd] ヘッド 頭　② [féɪs] ふェイス 顔　③ [nék] ネック 首
④ [ʃóʊldər] ショウるダ 肩　⑤ [hǽnd] ハぁンド 手　⑥ [élboʊ] エるボウ ひじ
⑦ [á:rm] アーム 腕　⑧ [fíŋgər] ふィンガ 指　⑨ [tʃést] チェスト 胸
⑩ [wéɪst] ウェイスト 腰　⑪ [lég] れッグ 脚　⑫ [fʊ́t] ふット 足

顔：Face [féɪs] ふェイス

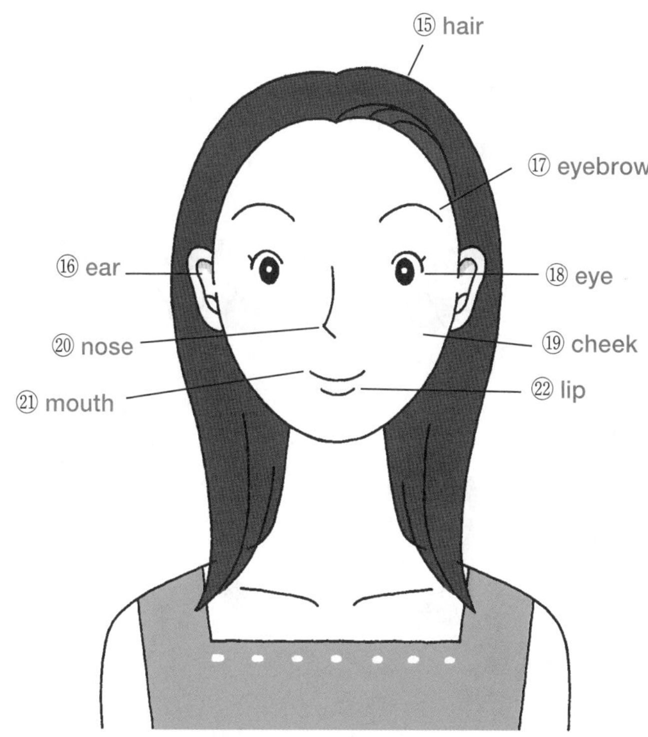

⑬ [níː] ニー ひざ　⑭ [tóʊ] トゥ つま先　⑮ [héər] ヘア 髪
⑯ [íər] イア 耳　⑰ [áɪbràʊ] アイブラウ まゆ　⑱ [áɪ] アイ 目
⑲ [tʃíːk] チーク ほお　⑳ [nóʊz] ノウズ 鼻　㉑ [máʊθ] マウす 口
㉒ [líp] りプ くちびる

家族：Family [fǽməli] ふぁムり

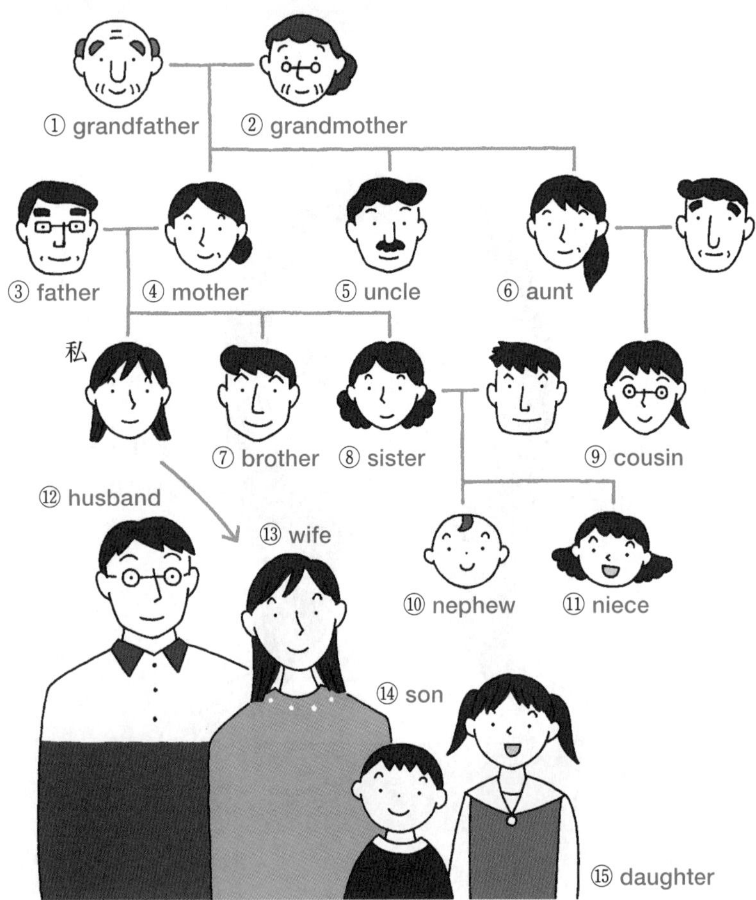

① [grǽnfɑ̀:ðər] グラぁンドふァーざ 祖父　② [grǽnmʌ̀ðər] グラぁンドマざ 祖母
③ [fɑ́:ðər] ふァーざ 父　④ [mʌ́ðər] マざ 母　⑤ [ʌ́ŋkəl] アンクる おじ
⑥ [ǽnt] あント おば　⑦ [brʌ́ðər] ブラざ 兄，弟　⑧ [sístər] シスタ 姉，妹
⑨ [kʌ́zən] カズン いとこ　⑩ [néfju:] ネふュー おい　⑪ [ní:s] ニース めい
⑫ [hʌ́zbənd] ハズバンド 夫　⑬ [wáif] ワイふ 妻
⑭ [sʌ́n] サン 息子　⑮ [dɔ́:tər] ドータ 娘

Level 2

Level 2でも引き続き，中学校で学んだ単語を中心に学習します。
よく使われる重要語ばかりなので，もし知らない単語が出てきたら
ひとつひとつしっかり意味を確認して，知識を確かなものにしていきましょう。

Level 2の最後には
「身につけるもの」「季節・月・曜日」「数」に関する英語をまとめてあります。

 音声はここから▶ 

すべて・一部を指す語

337 **all** [ɔ́:l] オーる
代 全部，全員
形 すべての

338 **each** [í:tʃ] イーチ
代 それぞれ　形 それぞれの
➡ □ each other お互い

339 **every** [évri] エヴリ
形 どの〜も，あらゆる

340 **both** 発 [bóʊθ] ボウす
代 (ふたつあるうちの)両方　形 両方の
➡ □ both A and B　A も B も両方とも

341 **either** 発 [í:ðər] イーざ
代 副 形 ①(ふたつあるうちの)どちらか一方(の)
②《否定文で》どちら(の〜)も(〜でない)
➡ □ either A or B　A か B のどちらか

342 **neither** 発 [ní:ðər] ニーざ
代 副 (ふたつあるうちの)どちらも〜ない
形 どちらの〜も…でない　➡ □ neither A nor B
A でもなく B でもない，A も B も〜ない

343 **another** 発 ア [ənʌ́ðər] アナざ
形 もうひとつ(ひとり)の　代 もうひとつ(ひとり)
➡ □ one another お互い

344 **other** 発 [ʌ́ðər] アざ
形 ①《the 〜で》(ふたつあるうちの)もう一方の
②(3 つ以上あるうちの)そのほかの
代 ①《the 〜で》(ふたつあるうちの)もう一方
②《通常 others で》ほかのもの

345 **such** [sʌ́tʃ] サッチ
形 そのような
代 そのようなもの・人

よい状態・性質を表す語

346 **careful** [kéərfəl] ケアふる
形 注意深い(⇔ □ careless 不注意な)
➡ □ be careful about[of] ... …に気をつける
□ carefully 副 注意深く

347 **safe** [séɪf] セイふ
形 ①安全な　②無事な　名 金庫
➡ □ safely 副 安全に　□ safety 名 安全，無事

348 **kind** 発 [káɪnd] カインド
形 親切な　名 種類　➡ □ kindly 副 親切に
□ kindness 名 親切，親切な行為

☐ I spent all of my money. 私は自分のお金を全部使った。

➕ 形容詞の場合, Who ate all the cake?（すべてのケーキを食べたのはだれ？）というように使う。

☐ We each have our own car. 私たちはそれぞれ自分の車を持っている。

➕ 形容詞の場合, I had a bag in each hand.（私はそれぞれの手（両手）に袋を持っていた）というように使う。

☐ Every student will take the test. どの生徒もテストを受けることになっている。

☐ I eat both fish and meat. 私は魚も肉も両方食べる。

➕ both A and B が主語の場合, 動詞は複数の主語として受ける。
例：Both Mary and Tom like dogs.（メアリーもトムも両方ともイヌが好きだ）

☐ Choose either rice or bread. ご飯かパンのどちらか一方を選びなさい。

➕ either A or B が主語の位置に置かれた場合, 動詞は B に一致させる。
例：Either he or I am right.（彼か私のどちらかが正しい）

☐ Neither Sue nor I could answer. スーも私も答えられなかった。

☐ I'll have another piece of cake. もうひとつケーキをいただきましょう。

☐ The other boy laughed at me. もう一方の少年が私を笑った。

➕ 代名詞の場合, This one is sweeter than the other.（こっちの方がもう一方より甘い）というように使う。

☐ You shouldn't believe such a story. そのような話を信じてはいけない。

☐ Be careful about your health. 健康に注意しなさい。

☐ The bridge didn't look safe. 橋は安全には見えなかった。

☐ They're very kind to me. 彼らは私にとても親切です。

勝負などに関する語

349 **win** [wín] ウィン
動 ①(に)勝つ ②を勝ち取る 〈win-won-won〉 (⇔ □ lose)

350 **lose** 発 [lú:z] るーズ
動 ①(に)負ける ②を失う 〈lose-lost-lost〉
➡ □ loss 名 損失，敗北 □ loose 形 ゆるい

351 **find** 発 [fáɪnd] ふァインド
動 ①を見つける ②〜だとわかる 〈find-found-found〉

352 **miss** [mís] ミス
動 ①をしそこなう ②に乗り遅れる ③(人)がいなくてさびしく思う
➡ □ missing 形 行方不明の，欠けている

353 **save** [séɪv] セイヴ
動 ①(金)を貯める ②を救う ③(労力・時間・出費など)を省く

354 **break** 発 [bréɪk] ブレイク
動 ①を壊す，壊れる ②を折る，折れる 〈break-broke-broken〉 名 休けい

産業・経済に関する語

355 **business** 発 [bíznɪs] ビズネス
名 仕事，職業，ビジネス
➡ □ on business 仕事で

356 **job** [dʒá:b] ヂャブ
名 仕事，勤め

357 **office** ア [á:fəs] アーふィス
名 事務所，会社

358 **factory** [fǽktəri] ふぁクトリ
名 工場

359 **machine** ア [məʃí:n] マシーン
名 機械

360 **coin** [kɔ́ɪn] コイン
名 硬貨
➡ □ bill 名 ((米)) 紙幣 □ note 名 ((英)) 紙幣

officeについて

officeは「仕事をする場所」を表し,「事務所」「会社」のほかに,「役所」「営業所」「研究室」など，いろいろな日本語に対応する。「父は会社員です」は，My father works in an office. /

□ Who will win the game? ゲームに勝つのはだれだろうか。

□ I'm sorry they lost the game. 彼らが試合に負けて私は残念だ。

lose と間違いやすい loose の方は [lúːs]（るース）と，発音も異なるので注意。

□ I can't find my room key. 部屋のかぎを見つけられない。

□ I missed the news this morning. 今朝のニュースを見逃した。

□ He must save money. 彼はお金を貯めなければならない。

□ Jack broke this computer. ジャックがこのコンピュータを壊した。

□ She went to London on business. 彼女は仕事でロンドンに行った。

□ Do you enjoy your job? 仕事を楽しんでいますか。

□ I'm in the office now. 今，私は事務所にいます。

下線部を in office にしてしまうと「私は役職に就いている」という異なる意味の文になるので注意しよう。

□ He works at a shoe factory. 彼は靴工場で働いている。

□ Can you start this machine? あなたはこの機械を始動できますか。

□ I had a few coins. 私は 2，3 枚の硬貨を持っていた。

money は数えられない名詞だが，それを具体化（形に）した coin，bill[note] は数えられる名詞である。

My father is an office worker. のように表現することができる。

"come" 基本動詞を用例でつかもう①

>>>基本的な使い方　come のさまざまな用法を読んで，イメージをつかもう

□ **Come** a little closer.	もう少し近くに来て。
□ **Come** here quick!	すぐこっちに来なさい。
□ A car **came** toward us.	車が私たちのほうに近づいて来た。
□ A huge truck is **coming** down the street.	巨大なトラックが通りをこちらへやって来る。

これらの **come** は日本語の「来る」に近い用法。**come** のあとに**方向を表す副詞や前置詞句を一緒に使う**ことが多い。

□ Sarah **came** late.	サラは遅れて到着した。
□ We **come** here every summer.	私たちは毎年夏にここを訪れます。
361 □ Here **comes** the bus at last.	やっとバスが来た。

これらの **come** は「**来る**」と訳したり，「**着く**」「**訪れる**」などと訳したりしてもよい。361 の例文のように，**here を文頭において倒置の形**で使うことも多い。

□ I've **come** here to apologize.	謝りに来ました。
□ **Come** and look at this.	こっちに来てこれを見てください。

これらは「**〜しに来る**」で使われている例。**come to do** や，**come and ＋動詞の原形**のように使われる。

362 □ "Dinner is ready." "I'm **coming**!"	「夕食ですよ」 「すぐ行くよ」
□ Can Billy **come** too?	ビリーも行ってもいいですか。

これらは日本語で「**行く**」と訳すような **come**。**come** は「**話している相手のほうへ向かう**」ことを意味する。相手を中心に考え，相手に向かうとき **come** を使う例。

□ Her dream has **come** true.	彼女の夢が実現した。
□ My necktie **came** loose.	僕のネクタイがゆるんだ。
□ The nurse **came** rushing in.	看護師があわてて飛び込んで来た。

come は**補語を伴って**,「**～になる**」という意味にもなる。補語には形容詞や過去分詞，現在分詞がくる。次の例文のように **come to do** で,「**…するようになる**」という意味にもなる。

363 □ I **came** *to* like sashimi. ┊ 私は刺身を好きになった。

⋙ come を使ったイディオム

「話題の中心への移動」というイメージを頭に描き，come を使った熟語を覚えよう

364 □ She **comes from** Texas. ┊ 彼女はテキサス州の出身だ。

365 □ I **came across** a strange man. ┊ 私は変な男に偶然出会った。

366 □ I **came across** this old coin on the beach. ┊ 私は浜辺でこの古いコインを見つけた。

367 □ The truth finally **came out**. ┊ ついに真相が明らかになった。

368 □ My cat **came out** *of* the box. ┊ 私のネコは箱から出てきた。

369 □ He was **coming down** the stairs. ┊ 彼は階段を降りてきていた。

370 □ May I **come in**? ┊ 入っていいですか。

371 □ **Come along with** us. ┊ 私たちといっしょに行こう。

372 □ She **came up with** an idea. ┊ 彼女はある考えを思いついた。

“go” 基本動詞を用例でつかもう②

>>>基本的な使い方 goのさまざまな用法を読んで，イメージをつかもう

□ Where are you **going**?	どこへ行くのですか。
□ Does this train **go** to Paris?	この電車はパリまで行きますか。

goは，**話し手から離れる方向に移動する動き**を表す。前のページの**come**との違いに注目。

□ They were **going** much too fast.	彼らはスピードを出しすぎていた。
□ The car was **going** along at 50 miles per hour.	車は時速50マイルで走っていた。

また，このように〈**移動**〉を表す。「**進む**」と訳してもいいだろう。

373 □ These apples **went** *bad*.	これらのリンゴは悪くなった。
□ The company **went** *bankrupt* last year.	その会社は去年破産した。
374 □ The ball **went** *flying*.	ボールは飛んでいった。
□ John **went** *rushing* down the corridor.	ジョンは廊下を急いで走っていった。

goのあとに形容詞がくる場合は，**よくないイメージ**のものがくることが多い。また，**現在分詞**を伴うこともあり，**どんなふうに移動**していったかを表す。

375 □ My purse is **gone**!	私の財布がない。
□ I don't know where all the money **goes**!	いったい金はどこに消えていくんだろう。
376 □ Has your headache **gone** away yet?	頭痛はもうよくなりましたか（頭痛はなくなりましたか）。

このように**何かがなくなってしまう**ときにも**go**を用いる。〈**消失・退出**〉を表すと考える。

377 □ Can I get this to **go**?	これを持ち帰りできますか。
□ I'll have a burger and fries to **go**, please.	持ち帰りで，ハンバーガーとフライドポテトをください。

音声はここから▶
No.373〜384

ファストフードのお店で使う表現。こちらで何も言わないと，For here or to **go**?「店内でお召し上がりですか，**お持ち帰り**ですか」と聞かれる。

Level 1
Level 2
Level 3
Level 4
Level 5
Level 6

≫ go を使ったイディオム

「遠ざかる」というイメージを頭に描きながら，go を使った熟語を覚えよう

378 □ Let's **go out** for lunch.	昼ごはんを食べに外へ出ましょう。
379 □ Let's **go back**.	戻りましょう。
380 □ A cheer **went up** from the stadium.	競技場から歓声が上がった。
381 □ The elevator is **going down** now.	エレベーターが今降りている。
382 □ They **went on** talk*ing* for hours.	彼らは何時間も話し続けた。
383 □ My clock didn't **go off**.	私の時計は鳴らなかった。
384 □ She **went through** many difficulties.	彼女は多くの困難を経験した。

性質・状態を表す語

385 **simple** [símpəl] スィムプる
形 ①単純な，簡単な　②質素な

386 **difficult** ア [dífɪkəlt] ディふィカるト
形 難しい
➡ □ difficulty 名 困難，難しさ

387 **free** [fríː] ふリー
形 ①自由な　②ひまな　③無料の　動 を自由にする
➡ □ freely 副 自由に

388 **soft** [sɔ́(ː)ft] ソ(ー)ふト
形 ①やわらかい　②おだやかな
➡ □ softly 副 やわらかに

389 **hard** [hɑ́ːrd] ハード
形 ①難しい　②かたい
副 一生懸命に，激しく

390 **rich** [rítʃ] リッチ
形 金持ちの，豊かな　➡ □ be rich in ... …に富む
□ richness 名 富裕，豊富

391 **poor** 発 [pʊ́ər] プア
形 ①貧しい ②へたな ③かわいそうな
➡ □ poverty 名 貧困，欠乏

392 **silent** 発 [sáɪlənt] サイれント
形 沈黙した，無言の，静かな
➡ □ silence 名 沈黙　□ silently 副 黙って

393 **quiet** [kwáɪət] クワイエット
形 静かな，おだやかな
➡ □ quietly 副 静かに

394 **wet** [wét] ウェット
形 ぬれた，湿った

与える・得る

395 **present** ア
動 [prɪzént] プリゼント
名形 [préznt] プレズント
動 を贈る　名 ①贈り物　②《the present で》現在
形 ①出席している
②《the present ... で》現在の…

396 **collect** ア [kəlékt] カれクト
動 を集める，を収集する　➡ □ collector 名 収集家
□ collection 名 収集(物)

つづりと発音の関係⑤語末の「長音母音＋マジック e」と同じ働きをする「2 重母音字 (a+i)」
語中の「2 重母音字」のうしろの文字は，「長音母音＋マジック e」のマジック e と同じ働きをする (a [ei] + i → ei)。この方法で，つづりは違うが同じ発音の語ができる。

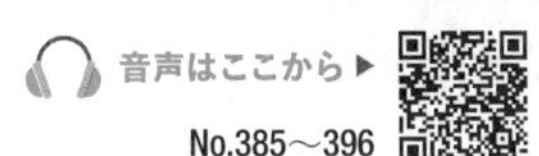

□ There is no simple answer. 単純な答えはない。

□ This book is too difficult. この本は難しすぎる。

□ I don't have any free time. 私には自由な時間がない。

□ My bed is very soft. 私のベッドはとてもやわらかい。

□ The math test was really hard. 数学のテストは本当に難しかった。

□ Her family is very rich. 彼女の家族はとても金持ちだ。

□ They were poor but happy. 彼らは貧しかったが，幸せだった。

□ All the students became silent. 学生全員が沈黙した。

silent はただ「静かな」だけでなく，「サイレントモード」という表現からもわかる通り，無音状態のイメージ。

□ This is a quiet place. ここは静かな場所だ。

quiet はまったく音がないわけではない「静かな」状態。また，「おだやかな」状態を意味することにも注意。

□ Your jacket is wet. あなたの上着はぬれている。

□ He was presented with a medal. 彼はメダルを贈られた。

□ My brother collects many things. 私の兄はいろいろなものを集めている。

〈例〉 made[méid]（make の過去形・過去分詞形）／maid[méid]（お手伝い）

動植物に関する語

397	**fish** [fíʃ] ふィッシュ	名 魚　注 複数形も通常は fish とする。 動 漁をする，釣りをする ➡ □ fishery 名 漁業，漁場
398	**plant** [plǽnt] プらぁント	名 ①植物　②工場 動 を植える
399	**fruit** 発 [frúːt] フルート	名 果物，実
400	**wood** 発 [wúd] ウド	名 ①(材質としての)木，木材　②《woods で》森，林 ➡ □ wooden 形 木(製)の
401	**leaf** [líːf] りーふ	名 ①葉　②(本などの紙の) 1 枚　(複) leaves
402	**flower** 発 [fláuər] ふらウア	名 ①花　②開花　動 花が咲く ➡ □ blossom 名 花(果樹など) □ bloom 名 花(観賞用)

学校の種類

403	**kindergarten** ア [kíndərgàːrtən] キンダガートン	名 幼稚園
404	**elementary school** [èləméntəri skúːl] エれメンタリ スクーる	名 小学校 (= □ primary school 注 ((英)))
405	**junior high school** [dʒúːnjər hái skúːl] ヂューニャ ハイ スクーる	名 中学校　参 単に junior high と呼ぶことが多い。
406	**senior high school** [síːnjər hái skúːl] スィーニャ ハイ スクーる	名 高校　参 単に high school, senior high と呼ぶことが多い。
407	**college** [káːlidʒ] カりヂ	名 (単科)大学 ➡ □ go to college 大学に行く 注 ((米))
408	**university** ア [jùːnəvə́ːrsəti] ユーニヴァ～スィティ	名 (総合)大学 ➡ □ go to university 大学に行く 注 ((英))

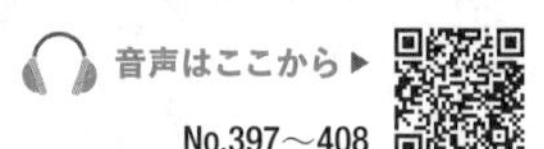

□ I don't eat fish. 私は魚を食べません。

fish や fruit は，たくさんあっても単数形を使うのがふつうだが，種類がたくさんある場合などは fishes, fruits とする。

□ I have plants in my room. 自分の部屋に植物がある。

□ Apples are my favorite fruit. リンゴは私の好きな果物です。

□ The floor is made of wood. 床は木でできています。

woods は比較的人里近く小動物などがいる小さな森（林），forest は人里離れた鳥獣などがいる大きな森。

□ The leaves have turned red. 葉が赤くなった。

□ Many flowers are in the garden. 庭に花がたくさんある。

□ My sister has just started kindergarten. 妹は幼稚園に通い始めたばかりだ。

□ They study English in elementary school. 彼らは小学校で英語を勉強する。

"elementary" は「基礎的な，初歩の」という意味の形容詞である。

□ I'm a junior high school student. 私は中学生です。

□ I am in senior high school. 私は高校生です。

□ After college, he became a teacher. 大学卒業後，彼は教師になった。

高専（高等専門学校）は，英語では "college of technology" と表現される。

□ She went to a famous university. 彼女は有名大学に行った。

"give" 基本動詞を用例でつかもう③

>>>基本的な使い方　give のさまざまな用法を読んで，イメージをつかもう

□ I **gave** him the map.	私は彼に地図を渡した。
□ What did Bob **give** you for your birthday?	誕生日にボブから何をもらったのですか。
□ They **gave** the waiter a big tip.	彼らはウエイターにたくさんのチップをあげた。
□ The ring was **given** to him by his mother.	その指輪は彼が母親からもらったものだった。
□ The money will be **given** to charity.	そのお金は慈善団体に寄付されます。

give の基本的な意味は，相手からの見返りを求めることなく**相手に何かを与える**こと。訳としては「**与える**」「**あげる**」になる。また，「**渡す**」としてもいいだろうし，「**寄付する**」と訳す場合もある。与えるものを中心に考える場合は，**ものを主語にして**，**受動態**にすることもある。

409 □ I **gave** the kids *a bath*.	私は子どもたちを風呂に入れた。
410 □ Paul **gave** Lynn *a kiss*.	ポールはリンにキスした。
411 □ Can you **give** the car *a cleaning*?	洗車してもらえますか。
412 □ I'll **give** you *a ride* there.	そこまで車で送りましょう。
413 □ He **gives** *money* to charity.	彼は慈善事業にお金を使う。
414 □ **Give** me *a break*.	かんべんして（ひと休みさせて）。

give の与える何かが「**行為**」の場合は，その**動作をする**と考える。「**風呂に入れる**」「**キスをする**」などと考える。

>>> **give を使ったイディオム**

「あるものや行為を相手に差し出す」イメージを頭に描き，give の熟語を覚えよう

415	□ My father gave up smoking.	私の父はタバコをやめた。
416	□ I'll give the book back later.	あとで本を返すよ。
417	□ She never gives in easily.	彼女は決して簡単に降参しない。
418	□ Please give me a call.	私に電話してください。
419	□ Mr. Sato will give a speech tomorrow.	佐藤先生が明日スピーチをする。
420	□ She gave birth to a boy.	彼女は男の子を産んだ。

"I'll **give** you this ticket."

"Thank you for **giving** me this ticket!"

"get" 基本動詞を用例でつかもう④

>>>基本的な使い方 getのさまざまな用法を読んで，イメージをつかもう

□ She **got** the information from the internet.	彼女はインターネットから情報を得た。
□ Where did you **get** those shoes?	その靴をどこで買ったのですか。
□ His father **got** him a job at the local factory.	彼は父親に地元の工場の仕事を見つけてもらった。
□ I need to **get** some money out of the bank.	銀行からお金を下ろさないと。
□ I wish I could **get** another job.	転職できる（別の仕事を見つけられる）といいんだけど。

getには「**意図して何かを手に入れる**」という意味がある。「**手に入れる**」「**得る**」と訳したり，文脈によって「**買う**」「**見つける**」という訳にしてもよいだろう。

□ I **got** the flu last year.	去年，インフルエンザにかかった。
□ Do you **get** much rain here?	ここはよく雨が降るんですか。
□ I **got** 100% on my test.	テストで満点を取った。
□ I **got** the feeling that she was unhappy.	彼女は幸せそうではない感じがした。
□ I don't **get** it.	わからないな。

getには「**意図せずして何かを手に入れる**」という意味もある。「（手紙や電話などを）**受け取る**」「（印象などを）**受ける**」「**理解する**」など，**相手が動いてくるようなイメージ**。

421 □ **Get** *back* to your seat.	自分の席に戻りなさい。
□ She **got** *off* at the last stop.	彼女は最後のバス停で降りた。
422 □ I **got** *to* the airport.	私は空港に着いた。
423 □ We **got** *home* at about midnight.	夜中の12時ごろに帰宅した。

getは〈変化〉も意味する。場所などを表す語とともに用いて**自分が動くイメージ**。**back, in, on, out, off, to**などの語といっしょに使われる。

424 □ She **got** *sick*. | 彼女は病気になった。

425 □ It's **getting** *late*. | 遅くなってきましたね。

426 □ They **got** *married* last year. | 彼らは去年結婚した。

427 □ It's **getting** *cold* outside. | 外は冷えてきている。

get は，補語を伴って，「**ある状態になること**」を意味する。be 動詞に比べると，**変化の動き**が感じられる。

≫ get を使ったイディオム

「主語や対象の動き」をイメージしながら，get を使った熟語を覚えよう

428 □ I usually **get up** at seven. | 私はたいてい7時に起きる。

429 □ The kids **got on** the school bus. | 子どもたちはスクールバスに乗った。

430 □ They **got out** *of* the car. | 彼らは車から降りた。

get on / get off は，train，bus，plane のような，中がかなり広い乗り物に対して使う。
get in / get out (of) は，car，taxi のような，中が狭い乗り物に対して使う。

431 □ They **got away** *from* the police. | 彼らは警察から逃げた。

432 □ I'm **getting along** *with* Judy. | 私はジュディとうまくやっている。

変化する・継続する

433	**grow** [gróu] グロウ	動 ①成長する ②を栽培する，を育てる ③になる 〈grow-grew-grown〉 ➡ □ growth 名 成長
434	**happen** [hǽpən] ハぁプン	動 (偶然に)起こる ➡ □ happen to do 偶然(たまたま)…する
435	**appear** 発 ア [əpíər] アピア	動 ①現れる，姿を現す ②(テレビなどに)出る ③～のように見える ➡ □ appear (to be) ... …のように見える
436	**disappear** 発 ア [dìsəpíər] ディサピア	動 見えなくなる，姿を消す
437	**continue** ア [kəntínju:] カンティニュー	動 (を)続ける，続く ➡ □ continue to do …し続ける
438	**follow** ア [fá:lou] ふァろウ	動 ①(に)ついていく(くる)，(に)続く ②(指示や忠告に)従う

余暇に関する語

439	**holiday** ア [há:lədèɪ] ハりデイ	名 休日，《通常(複)で》休暇 注 ((英))
440	**fun** 発 [fʌ́n] ふァン	名 楽しみ，おもしろいもの
441	**hobby** [há:bi] ハビ	名 趣味
442	**party** [pá:rti] パーティ	名 ①パーティー ②政党 ③(人の)一行
443	**movie** [mú:vi] ムーヴィ	名《おもに((米))》映画 ➡ □ go to the movies / go to see a movie 映画を見に行く
444	**camp** [kǽmp] キぁムプ	名 キャンプ，キャンプ場 動 キャンプする

hobby の例として collecting stamps「切手収集」, gardening「園芸」, playing the piano「ピアノを弾くこと」などがある。hobby は仕事を離れて楽しんで行う活動だが，技術や研究など

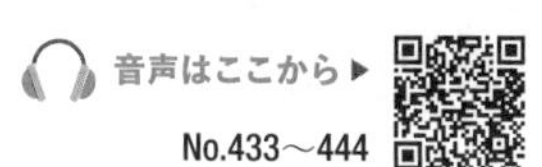

□ You've really grown.	君は本当に成長した。
□ It happened on Thursday.	それは木曜日に起こった。
□ She smiled when the man appeared.	その男が現れたとき，彼女はほほえんだ。
□ The sun disappeared behind a cloud.	太陽は雲に隠れて見えなくなった。
□ Oil prices continued to rise.	原油価格は上がり続けた。
□ They followed us in their car.	彼らは私たちのあとを車でついてきた。

□ Today is a national holiday.	今日は国民の休日です。

➕「休暇」という場合，アメリカではholidaysよりもvacationという方が一般的。

□ I hope everyone's having fun.	みんなが楽しんでいることを願う。

➕ アイドルなどの「ファン」はfunではなくfanで，fanatic（熱狂者，狂信者）という語に由来する。

□ What are your hobbies?	どんな趣味をお持ちですか。
□ I've been invited to a party.	私はパーティーに招待されています。
□ I love watching old Hollywood movies.	古いハリウッド映画を見るのが大好きだ。
□ Let's go to the camp now.	さあ，キャンプに行こう。

を要する，自分から本格的に取り組むものを指すことに注意。そのため listening to music「音楽鑑賞」，reading books「読書」などは，ふつうは hobby には含まれない。

建築物・場所に関する語

445	**home** [hóum] ホウム	名 家庭，自宅 ➡ □ at home 家で 副 わが家へ(に)
446	**floor** [flɔ́:r] ふろーア	名 ①床 ②(建物の)階
447	**roof** [rú:f] ルーふ	名 屋根
448	**hall** [hɔ́:l] ホーる	名 ①廊下，玄関(の広間) ②ホール，会館
449	**step** [stép] ステップ	名 ①歩み，一歩 ②《(複)で》階段 動 歩を進める
450	**stair** [stéər] ステア	名《(複)で》階段，(階段の) 1 段
451	**yard** [já:rd] ヤード	名 ①庭 ②ヤード《長さの単位。1 ヤードは約 91.4 cm》
452	**place** [pléɪs] プれイス	名 場所 動 を置く，を配置する
453	**site** [sáɪt] サイト	名 ①場所，用地 ②敷地 ③遺跡
454	**corner** [kɔ́:rnər] コーナ	名 ①かど，曲がりかど ②すみ
455	**block** [blá:k] ブらック	名 ①ブロック(＝街区) ②かたまり，(建築用の)ブロック 動 (道など)をふさぐ
456	**way** [wéɪ] ウェイ	名 ①道 ②方法

yard は家の周囲の空き地部分を指し，アメリカでは芝生になっていることが多い。
garden も「庭」を意味するが，これは花を植えたり野菜を栽培したりする土地を指す。

□ I watched TV at home yesterday. 昨日は家でテレビを見ました。

□ I was sleeping on the floor. 私は床の上で眠っていた。

➕ イギリス英語では「1階」を the ground floor,「2階」を the first floorと表現する。

□ Don't climb on the roof. 屋根の上にのぼらないで。

□ Someone was coming down the hall. だれかが廊下をこちらへとやって来た。

➕ イギリス英語では「廊下」はcorridorと言うことが多い。

□ He took a step forward. 彼は一歩前に出た。

□ She walked up the stairs. 彼女は階段を上っていった。

□ They are playing in the yard. 彼らは庭で遊んでいます。

□ We found a place to stay. 私たちは滞在する場所を見つけた。

□ He works on a building site. 彼は建築現場で働いている。

□ There's a café on the corner. そのかどにカフェがあります。

□ Walk three blocks from here. ここから3ブロック歩きなさい。

➕ block「ブロック（＝街区）」は四方を道路で囲まれた1区画を指す。

□ Bill showed me the way there. ビルはそこへの道を私に教えてくれた。

"take" 基本動詞を用例でつかもう⑤

>>>基本的な使い方 take のさまざまな用法を読んで，イメージをつかもう

□ He **took** the apple from the plate and ate it.	彼はお皿からリンゴを取って，それを食べた。
□ She **took** me by the hand and started walking.	彼女は私の手を取り，歩き始めた。
□ Can you **take** some of these books from me?	本を何冊か持ってもらえませんか。
□ He **took** a mouthful of water from the bottle.	彼はびんから水を一口飲んだ。

このように take の基本的なイメージに，何かに「**手を伸ばして，自分のところに取り込む，自分のものにする**」というものがある。「**飲む**」ことや「**食べる**」ことも含む。

457 □ I want to **take** *a shower*.	私はシャワーを浴びたいです。
458 □ Let's **take** *a break*.	休憩を取りましょう。
459 □ I **take** *a walk* every day.	私は毎日散歩をします。
460 □ Could you **take** *a picture* of us?	写真を撮っていただけませんか。

このように実際に手に入れる「もの」ではないが，「**行為を自分のところに取り込んでいる**」とイメージしよう。

□ The whole process **takes** two hours.	すべての工程に2時間かかります。
□ It **takes** me about 20 minutes to get to work.	通勤には20分ほどかかります。

take は，「**取り込む**」から「**必要とする**」というイメージが発生し，「**(時間が) かかる**」という意味も持つ。

□ He needs someone to **take** him to the hospital.	彼はだれかに病院に連れていってもらう必要がある。
□ Her mother has already **taken** her home.	すでに母親が彼女を家に連れて帰っている。

take は，移動先を表す語と一緒に使うと，「**持っていく**」「**連れていく**」という意味になる。

□ Take an umbrella in case it rains. | 雨が降るといけないから，傘を持っていきなさい。

雨が降るときは本人(命令される人)は別の場所にいると考えられる。

>>> take を使ったイディオム
「あるものを手に取る，取り込む」イメージで，take を使った熟語を覚えよう

461 □ Mike **took** her **out** to dinner. | マイクは彼女を夕食に連れ出した。
462 □ The police **took** his car **away**. | 警察が彼の車を運び去った。
463 □ Please **take off** your shoes. | 靴を脱いでください。
464 □ I **took** him **for** a teacher. | 私は彼を先生だと思った。
465 □ I **took care of** his dogs. | 私は彼のイヌの世話をした。
466 □ She **took part in** the contest. | 彼女はそのコンテストに参加した。
467 □ The meeting will **take place** here. | 会議はここで行われる予定だ。
468 □ **Take a look at** this picture. | この写真を見てみなさい。

take[have] a look at ... の名詞 look の前に形容詞をつけると，どのように見るかを表現できる。たとえば，take a close[good] look at ... だと「…をよく見る」となる。

"have" 基本動詞を用例でつかもう⑥

>>>基本的な使い方 have のさまざまな用法を読んで，イメージをつかもう

□ We **have** two cars.	私たちは車を2台持っています。
□ I didn't **have** my passport with me.	パスポートを持っていなかった。
□ Do you **have** any money on you?	いくらかお金を持っているかい。
□ Can I **have** the car tonight, Mom?	お母さん，今晩車を使ってもいいですか。
□ Japan **has** a population of over 120 million people.	日本には1億2,000万以上の人口がいる。
□ The rice **has** a nutty flavor.	そのライスにはナッツの風味がある。

have には「**持つ**」という意味があるが，実際持っているというよりも，対象を**所有**しているといったイメージ。今，実際に持っているとはっきりさせたい場合は，**with me** や **on you** をつける。また，主語にものがくる場合もある。「持つ」の意味では**進行形にならない**ことにも注意。

469 □ Let's **have** another *drink*.	もう1杯飲もう。
470 □ She's **had** *lots of phone calls*.	彼女に電話がたくさんかかってきた。
471 □ Please **have** *a seat*.	おかけになってください。
472 □ I'm **having** *lunch* now.	私は今ランチを食べています。

これらの例文の **have** は「**持っている**」のイメージからさらに進んで，「**自分のものにする**」という動きを表す。目的語によって，「**飲む**」「**食べる**」「**(電話などを) 受ける**」などと訳すことができる。この用法では**進行形にできる**ので注意しよう。

□ I'll **have** *the bellboy take* up your bags.	ベルボーイに（部屋まで）お荷物を運ばせます。
□ She **had** *us all speaking* French by the end of the year.	彼女はみんなを学年末にはフランス語が話せるようにした。
□ We'll soon **have** *the job finished*.	すぐに仕事を片づけます。
□ I'll **have** *the report on your desk* by the end of the day.	今日中にレポートは机の上に置いておくようにします。

haveの「**持っている**」イメージから，**ある状況を手に入れる**というイメージが派生する。**使役動詞**のhaveは〈**have＋目的語＋原形不定詞**〉で「**～させる**」の意味。haveのあとに続く目的語に**分詞**や**前置詞句**を続けると，「(目的語を) **そういう状況にする**」という意味になる。

≫ haveを使ったイディオム

「ある状況を持っている」というイメージを頭に描いて，haveの熟語を覚えよう

473	□ My son is **having a bath**.	私の息子は風呂に入っている。
474	□ Shall we **have a break**?	ひと休みしませんか。
475	□ He **had a cold** last week.	彼は先週かぜをひいていた。
476	□ I **had a good time** yesterday.	私は昨日楽しい時を過ごした。
477	□ I'm sorry, I **have no idea**.	申し訳ないですが，わかりません。
478	□ The book **has something to do with** war.	その本は戦争と関係がある。
479	□ She **had nothing to do with** the accident.	彼女はその事故と何の関係もなかった。
480	□ You **have only to** study hard.	君は一生懸命勉強しさえすればよい。

"I **have** a lot of money."

集団・社会に関する語

481	**village** 発 ア [vílɪdʒ] ヴィりヂ	名 村 ➡ □ villager 名 村人
482	**neighbor** 発 [néɪbər] ネイバ	名 となりの人，近所の人，近所，近所の人々 ➡ □ neighborhood 名 近所，近所の人々 注 ((英)) neighbourhood
483	**address** [ǽdres] アドレス	名 ①住所 ②演説 動 演説する
484	**history** ア [hístəri] ヒストリ	名 ①歴史 ②(人の)経歴
485	**peace** [píːs] ピース	名 平和，やすらぎ ➡ □ peaceful 形 平和な，おだやかな
486	**culture** [kʌ́ltʃər] カるチャ	名 ①文化 ②教養 ➡ □ cultural 形 文化的な
487	**custom** [kʌ́stəm] カスタム	名 ①(社会・集団の)慣習，(個人の)習慣 ②《(複)で》関税

移動する

488	**move** 発 [múːv] ムーヴ	動 ①動く，を動かす ②引っ越す ③を感動させる ➡ □ movement 名 動き
489	**arrive** ア [əráɪv] アライヴ	動 着く，到着する ➡ □ arrival 名 到着
490	**pass** [pǽs] パぁス	動 ①通る，(を)通り過ぎる ②(時間が)過ぎる ③(に)合格する ④を手渡す 名 通行(入場)許可証
491	**cross** [krɔ́(ː)s] クロ(ー)ス	動 (を)横切る，(を)渡る，を交差させる，交差する 名 十字(形)，十字架
492	**enter** [éntər] エンタ	動 (に)入る，に加わる ➡ □ entry 名 参加，登録 □ entrance 名 入り口，入場，入学

つづりと発音の関係⑥「マジック e」と同じ働きをする「語末半母音字 y，w」

子音字 y, w は，それぞれ母音とみなせる [j]（i の強い音），[w]（u の強い音）の発音となるため，この 2 つの子音字の発音は「半母音」と呼ばれる。母音字のすぐあとにこの y, w が続く場合，

□ He visited the small **village**.	彼は小さな**村**を訪れた。
□ She gave her **neighbor** a cake.	彼女は**となりの人**にケーキをあげた。
□ What's your **address**?	あなたの**住所**は？

➕ 英語で住所を書く場合，日本と逆の順番（建物名→番地→市区町村→都道府県）になることも知っておこう。

□ I want to study Chinese **history**.	私は中国の**歴史**を学びたい。
□ We want **peace**, not war.	私たちは戦争ではなく，**平和**を望んでいる。
□ They learned about French **culture**.	彼らはフランスの**文化**について学んだ。
□ I got used to their **customs**.	私は彼らの**慣習**に慣れた。

➕ カタカナ語の「カスタマイズ」（好みに合わせて設定などを変えること）はcustomの派生語customizeである。

□ The train started to **move**.	列車が**動き**だした。
□ They will **arrive** at noon.	正午に**着く**予定です。
□ A car **passed** behind me.	車が私の後ろを**通った**。
□ **Cross** the street over there.	あそこの通り**を横切って**ください。
□ It's hard to **enter** that college.	その大学**に入る**のは大変だ。

「マジックe」と同じように，直前の母音をアルファベット読み（長音）にする。
〈例〉May[méi]（[ei＋j] → [ei]）メイ／know[nóu]（[ou＋w] → [ou]）ノウ

自然・天文に関する語

493 **air** [éər] エア
名 ①空気 ②《the ～で》空中

494 **land** [lǽnd] らぁンド
名 ①土地 ②(海に対して)陸，陸地
動 上陸(着陸)する，を上陸(着陸)させる

495 **island** 発 ア [áɪlənd] アイらンド
名 島

496 **earth** [ə́ːrθ] ア～す
名 ①《通常 the ～で》地球 ②大地，土

497 **sun** [sʌ́n] サン
名 太陽
➡ □ sunny 形 日が明るく照る □ sunrise 名 日の出
□ sunset 名 日没 □ sunshine 名 日光

498 **planet** [plǽnət] プらぁニット
名 惑星

言語・思考に関する語

499 **sentence** ア [séntns] センテンス
名 ①文 ②判決

500 **note** [nóʊt] ノウト
名 ①メモ，覚え書き ➡ □ notebook 名 ノート，帳面
②((英)) 紙幣(＝ □ bill 注 ((米)))
動 ①を書き留める ②に注意(注目)する

501 **subject** [sʌ́bdʒekt] サブヂェクト
名 ①学科 ②主題

思考する・判断する

502 **seem** [síːm] スィーム
動 (～のように)見える，思われる

503 **guess** 発 [gés] ゲス
動 を推測する，だと思う
名 推測

504 **decide** ア [dɪsáɪd] ディサイド
動 を決める
➡ □ decision 名 決定，決心

□ The air here is not clean. ここの空気はきれいではない。

日本語の「空気を読む」の「空気」を英語で表すなら，air でなく atmosphere (p.150) の方が意味が伝わる。

□ The price of land is high. 土地の価格が高い。

□ Japan is an island country. 日本は島国です。

日本とは逆に，海ではなく陸地に囲まれている国（内陸国）は，landlocked country という。

□ The earth is getting warmer. 地球は暖かくなっている。

□ The earth goes around the sun. 地球は太陽の周りを回っている。

□ What is the biggest planet? 一番大きな惑星は何ですか。

□ I didn't understand that sentence. 私はその文を理解できなかった。

□ He gave his speech without notes. 彼はメモなしでスピーチをした。

□ What is your favorite subject? あなたの一番好きな学科は何ですか。

□ Katie seems happy at the news. ケイティはその知らせに喜んでいるように見える。

□ Try to guess what it is. それが何かを推測してみて。

□ I decided to study in Canada. 私はカナダに留学することを決めた。

"keep" 基本動詞を用例でつかもう⑦

>>>基本的な使い方　keepのさまざまな用法を読んで，イメージをつかもう

□ We sat around the fire to **keep** *warm*.	暖かさを保つよう私たちは火の周りに座った。
□ Try to **keep** your bedroom *clean*.	自分の寝室はきれいにしておくようにしなさい。
□ They **kept** us *waiting* for more than an hour.	彼らは私たちを1時間以上も待たせたままにした。

これらの例文にあるとおり，**keep**には，「**ある状態を保つ**」というイメージがある。また，注意を払ったりしないと，その状態のバランスを維持するのが比較的難しいという意味合いがある。

□ We decided to **keep** our old car.	私たちは古い車を手放さないことにした。
□ Will you **keep** the seat for me?	席を取っておいてもらえますか。
505 □ Can you **keep** *a secret*?	あなたは秘密を守れますか。
506 □ I **keep** *a diary*.	私は日記をつけている。
507 □ The police arrived to **keep** *order*.	秩序維持のために警察が到着した。
□ We **keep** chickens and a couple of pigs.	私たちはニワトリとブタ2，3頭を飼っている。
508 □ **Keep** the money in a safe place.	お金は安全な場所にしまっておきなさい。

keepは「**ものごとを長い間保つ**」というイメージがある。それも，保つことが比較的難しいものというイメージ。また，期間にかかわらず，「**しまっておく**」という意味もある。

≫ keep を使ったイディオム
「状態を保つ」というイメージを頭に描いて，keep を使った熟語を覚えよう

509 □	She kept on writ*ing* stories.	彼女は物語を書き続けた。
510 □	Keep away from that dog.	あのイヌに近づかないで。
511 □	He kept me from watch*ing* TV.	彼は私にテレビを見させなかった。
512 □	The fine weather kept up for two days.	いい天気が2日間続いた。
513 □	Keep up with world news.	世界のニュースに遅れずについていきなさい。
514 □	I'll keep in touch with you.	君と連絡を保つよ。
515 □	I'll keep your words in mind.	私はあなたの言葉を心に留めておきます。
516 □	Keep an eye on your suitcase.	自分のスーツケースから目を離すな。

“make” 基本動詞を用例でつかもう⑧

>>>基本的な使い方　make のさまざまな用法を読んで，イメージをつかもう

□ She **makes** all her own clothes.	彼女は自分の服を全部自分で作っている。
□ He **made** a model plane for his son.	彼は息子のために模型飛行機を作った。
□ The walls are **made** of brick.	壁はれんがでできている。

makeの基本イメージは，ずばり「**作る**」。上は具体的なものを作る場合の例。〈**make＋人＋もの**〉は〈**make＋もの＋for＋人**〉に書きかえられる。受動態の用法もよく使われる。

517 □ Can I **make** *a suggestion*?	提案をしてもよろしいでしょうか。
518 □ We **made** *a few changes* to the speech.	スピーチに少し変更を加えた。

makeが「作る」ものは，具体的なものだけでなく，「提案」や「変更」など「**抽象的なものを作る**」イメージもある。

□ Hurry up — you're going to **make** *me late* for work.	急いで，君のせいで仕事に遅れてしまいそうだ(君は僕を仕事に遅れさせる)。
□ The movie **made** *him a star*.	その映画は彼をスターにした。

makeは「**(あるものを) そういう状況に作り上げる**」という意味がある。〈**make＋目的語＋補語**〉で「(目的語を) **〜にする**」という意味になる。

□ I like him because he **makes** *me laugh*.	彼は私を笑わせてくれるから好きだ。
519 □ We *were* **made** *to* leave there.	我々はそこで帰らされた。

〈**make＋目的語＋原形不定詞**〉で，「(目的語に) **〜させる**」〈**強制**〉を意味する。これも，**make**の「**ある状況を作り出す**」というイメージで連想できるだろう。**受動態**になる場合は，〈**be made＋to不定詞**〉となるので注意。

□ She's going to **make** an excellent doctor.	彼女は優秀な医師になるだろう。

520 □ I made *it*! | （何か成功したときに）やったぞ。

少し変わった用法だが，「…**になる**」を意味する用法もある。これも「…**という状況を作り上げる**」と考えると理解できるだろう。520 は何かに成功したときや，時間に間に合ったときなど，ある状態を作り上げたときによく使われる表現。

>>> make を使ったイディオム

ものごとや状況を「作る」「作り上げる」というイメージで，make の熟語を覚えよう

521 □	I made a careless mistake.	私は不注意な間違いをした。
522	The cat made a strange noise.	そのネコは妙な音をたてた。
523	We have to make a decision soon.	私たちはすぐに決定する必要がある。
524	I made an effort to pass the exam.	私は試験に合格するために努力した。
525 □	Make sure of the date.	日付を確かめなさい。
526 □	She made friends with them quickly.	彼女はすぐに彼らと親しくなった。
527 □	I can't make up my mind.	私は決心することができない。
528 □	Don't make fun of your brother.	弟（兄）をからかうな。

生活に関する語

529 **store** [stɔ́ːr] ストーア
名 ①《おもに((米))で》店　②たくわえ　動 をたくわえる
➡ □ shop 名《おもに((英))で》店
□ storage 名 保管(場所)，物置

530 **hospital** ア [hɑ́ːspɪtəl] ハスピトる
名 (総合)病院
➡ □ be in (the) hospital 入院している

531 **clothes** 発 [klóuz] クろウズ
名 衣服
➡ □ cloth 名 布　□ clothing 名 衣類

532 **bath** [bǽθ] バぁす
名 入浴　➡ □ take[have] a bath 入浴する
□ bathe 動 入浴する，を入浴させる
□ bathroom 名 浴室，トイレ

533 **comb** 発 [kóum] コウム
名 くし
動 をくしでとかす

534 **film** [fílәm] ふィるム
名 ①《おもに((英))で》映画　②フィルム
➡ □ a roll of film フィルム1本

535 **gift** [gíft] ギふト
名 ①贈り物
②(生まれつきの)才能

536 **flag** [flǽg] ふらぁグ
名 旗

537 **paint** [péɪnt] ペイント
名 ペンキ　動 ペンキを塗る，(絵など)を描く
➡ □ painter 名 画家　□ painting 名 絵画

接続詞

538 **since** [síns] スィンス
接 ①～して以来　②～だから
前 ～以来

539 **while** [wáɪl] ワイる
接 ①～するあいだに　②～ではあるが

540 **though** 発 [ðóu] ぞウ
接 ～だけれども(= □ although)

病院を表す語
アメリカ英語では hospital は「公共の，規模の大きな総合病院」を指すことが多い。外来患者

□ What time does this store open?	何時にこの店は開きますか。
□ His wife is in the hospital.	彼の妻は病院にいる（入院している）。
□ I must buy some new clothes.	新しい服をいくつか買わなければならない。
□ She takes a bath every day.	彼女は毎日入浴する。
□ Can I use your comb?	あなたのくしを使ってもいいですか。
□ I saw a good film yesterday.	昨日いい映画を見た。
□ This is a gift from her.	これは彼女からの贈り物です。
□ Our flag has only two colors.	私たちの旗には 2 色しかない。

➕「国旗」は national flag と表現する。

□ I got paint on my pants.	ズボンにペンキがついてしまった。

□ What has changed since he died?	彼が亡くなって以来，何が変わったのか。

➕ since は過去のある時点から現在までを表し，現在完了形とともに使われることが多い。

□ They arrived while we were sleeping.	眠っているあいだに彼らが到着した。
□ Though he tried hard, he failed.	彼はがんばったけれども，失敗した。

用の「病院」や「専門医院」には clinic という語を使う。

時に関する語

	単語	意味
541	**second** [sékənd] セカンド	名 ①秒　②《the ～で》第2(2番目)のもの 形《the ～で》第2(2番目)の
542	**hour** [áuər] アウア	名1時間，時刻
543	**century** [séntʃəri] センチュリ	名 世紀，100年

方向を表す語

	単語	意味
544	**out** [áut] アウト	副 ①外へ(で)　②現れて　③なくなって ➡ □ come out 出てくる，現れる
545	**off** [ɔ́(:)f] オ(ー)ふ	副 ①(空間・時間的に)離れて　②はずれて ③(電気などが)切れて 前 ①～から離れて　②～からはずれて
546	**away** [əwéɪ] アウェイ	副 ①(位置的に)離れて　②(方向が)むこうへ ③不在で　➡ □ be away 留守にしている
547	**far** [fáːr] ふァー	副 ①遠くに(で)　②(程度が)はるかに
548	**up** [ʌ́p] アプ	副 上の方に，上がって 前 ～を上がって
549	**down** [dáun] ダウン	副 下の方に，下がって 前 ～を下って
550	**forward** ア [fɔ́ːrwərd] ふォーワド	副 前方に 形 前方の
551	**straight** 発 [stréɪt] ストレイト	副 まっすぐに 形 まっすぐな，直立した
552	**abroad** 発 ア [əbrɔ́ːd] アブロード	副 外国に，外国で ➡ □ go abroad 外国に行く

つづりと発音の関係⑦「マジックe(母音字)」に代わって子音字が続けばローマ字読み(短音)
2重子音字は「マジックe」の効力を消し去る。たとえば，meanは，子音字nの前の母音字aが「マジックe」と同じ働きをして，eはアルファベット読み[míːn](ミーン)になる。しかし，

□ Can you wait ten seconds? — 10 秒待てますか。

□ An hour later, she came back. — 1 時間後，彼女は戻ってきた。

□ He lived in the 19th century. — 彼は 19 世紀に生きた。

□ Let's go out and play soccer. — 外へ出て，サッカーをしようよ。

➕ この go out という表現は「デートする」という意味でも使われる。

□ Keep off the grass. — 芝生から離れていなさい（芝生に入らないで）。

➕ 事件の現場などに「入るな」（＝立入禁止）という場合は keep off ではなく keep out を使うのが一般的。

□ The town is 25 kilometers away. — その町は 25 キロメートル離れている。

□ The school is far from here. — その学校はここから遠い。

□ We climbed up to the top. — 私たちは頂上に登った。

□ OK, put your pencils down. — はい，鉛筆を下に置いて。

□ Take two steps forward. — 2 歩前に出なさい。

□ Go straight on this street. — この通りをまっすぐに行って。

□ Do you like living abroad? — 外国に住むことは好きですか。

meant のように子音字が連続すると，a の（「マジック e」と同じ）力は効かなくなり，ローマ字読み [mént]（メント）になる。

数を限定する語

553	**only** [óʊnli] オウンり	副 ただ〜だけ，〜しか 形 ただひとつ(ひとり)の
554	**alone** ア [əlóʊn] アろウン	副 ひとりで
555	**also** [ɔ́ːlsoʊ] オーるソウ	副 〜もまた
556	**else** [éls] エるス	副 そのほかに
557	**even** 発 [íːvən] イーヴン	副 ①〜でさえ ②さらに 形 (表面などが)平らな

生活に関する動詞

558	**set** [sét] セット	動 ①を置く ②を整える ③を(〜の状態)にする ④(太陽・月が)沈む 〈set-set-set〉 名 ひと組
559	**fix** [fíks] ふィクス	動 ①を固定する ②(日程など)を決定する ③を修理する
560	**draw** [drɔ́ː] ドロー	動 ①(線で絵や図を)描く，(線を)引く ②を引く，を引き出す 〈draw-drew-drawn〉 名(競技の)引き分け
561	**carry** [kǽri] キャり	動 を運ぶ，を持っていく
562	**join** [dʒɔ́ɪn] ヂョイン	動 ①(に)参加する ②をつなぐ
563	**wait** [wéɪt] ウェイト	動 待つ ➡ □ wait for ... …を待つ
564	**celebrate** ア [séləbrèɪt] セらブレイト	動 (を)祝う ➡ □ celebration 名 祝い

「絵を描く」と言う場合，英語では使う道具によって動詞が変わる。鉛筆，ペン，クレヨンなどで描くときは draw，絵の具などで描くときは paint である。

□ We only have two days left. 我々には2日だけ残されている。

➕「ひとりっ子」を英語で表現するとonly child。

□ I like working alone. 私はひとりで仕事をするのが好きだ。

➕ aloneに孤独感が含まれることもあるが，lonelyと違って必ずしもさびしいことを意味しないことに注意。

□ Oliver is also from Australia. オリバーもまたオーストラリア出身だ。

➕「～もまた」を表す場合，alsoはふつう一般動詞の前かbe動詞のあとにきて，tooは文の最後にくる。

□ Don't tell anyone else. ほかのだれにも話すなよ。

□ The boys swim even in winter. その男の子たちは冬でさえ泳ぐ。

□ Set the cup on the table. テーブルの上にカップを置きなさい。

□ Fix the light to the desk. 机に照明を固定しなさい。

□ He drew a picture of trees. 彼は木々の絵を描いた。

□ I'll carry the bags. 私がかばんを運びます。

□ Why don't you join the club? クラブに参加しませんか。

□ Please wait here. ここで待ってください。

□ We celebrated John's birthday. 私たちはジョンの誕生日を祝った。

天候に関する語

☐ 565 **weather** 発
[wéðər] ウェざ
名《しばしば the ～で》(特定の日の)天気，天候
➡ ☐ climate 名(年間を通しての)気候

☐ 566 **cloud** 発
[kláud] クらウド
名 雲
➡ ☐ cloudy 形 くもっている

☐ 567 **rain**
[réɪn] レイン
名 雨　動 雨が降る
➡ ☐ rainy 形 雨降りの，雨の多い

☐ 568 **snow**
[snóu] スノウ
名 雪　動 雪が降る
➡ ☐ snowy 形 雪の降る，雪の多い

☐ 569 **fine**
[fáɪn] ふァイン
形 ①元気な
②すばらしい，洗練された
③晴れている

数量・割合を表す語

☐ 570 **half** 発
[hǽf] ハぁふ
形 半分の 副 半分だけ
➡ ☐ half an hour 30 分間

☐ 571 **enough** 発
[ɪnʌ́f] イナふ
形 十分な 副 十分に

☐ 572 **more**
[mɔ́ːr] モーア
《many / much の比較級》(⇔ ☐ less)
形 もっと多くの，それ以上の　名 それ以上のもの
副 もっと，それ以上

☐ 573 **most**
[móust] モウスト
《many / much の最上級》(⇔ ☐ least)
形 大部分の，もっとも多くの　名 ①大部分，ほとんど
②《the ～で》もっとも多くのもの　副 もっとも
➡ ☐ mostly 副 たいていは

時に関する語

☐ 574 **someday**
[sʌ́mdèɪ] サムデイ
副 (未来の)いつか
➡ ☐ one day (過去／未来の) ある日

☐ 575 **ever**
[évər] エヴァ
副 ①《疑問文で》これまでに，かつて
②《否定文で》いまだかつて(～ない)

☐ 576 **forever**
[fərévər] ふォレヴァ
副 永久に，いつまでも

□ What's the weather like today? 今日の天気はどうですか。

上の質問に「晴れ」と返す場合 sunny も fine も使えるが，fine は雲が多い（太陽が照っていない）日も使える。

□ The sky is full of clouds. 空には雲がいっぱいだ。

□ We have little rain here. ここでは雨はほとんど降らない。

□ It's snowing in the mountains. 山では雪が降っている。

粉雪は powder snow，吹雪は snowstorm，暴風雪は blizzard と表現される。

□ "How are you doing?"
"Fine, thanks."
「ごきげんいかが？」
「元気よ，ありがとう」

ここでの答えとしては，I'm OK.（元気だよ）や，Not bad. / So-so.（まあまあだね）なども使える。

□ Only half the guests have arrived. 招待客の半分しか到着していない。

□ I don't have enough time. 十分な時間がない。

□ I need more time to sleep. もっと多くの睡眠時間が必要だ。

□ Most students like their school. 大部分の学生が自分の学校が好きだ。

□ Someday I'll tell you a story. いつかあなたに話をしましょう。

□ Have you ever tried surfing? これまでにサーフィンに挑戦したことがありますか。

□ I'd like to stay here forever. ここに永久に滞在したい。

学校に関する語

577 **classmate** ア
[klǽsmèɪt] クらぁスメイト
名 同級生

578 **lesson**
[lésən] れスン
名 ①授業 ②(教科書などの)課 ③教訓

579 **examination** ア
[ɪgzæ̀mənéɪʃən] イグザぁミネイション
名 ①試験 注 exam と略すことが多い。
②調査 ➡ □ examine 動 を調べる, に試験をする

580 **graduation** ア
[grædʒuéɪʃən] グラぁヂュエイション
名 卒業
➡ □ graduate 動 卒業する 名 卒業生

食事に関する語

581 **meal**
[míːl] ミーる
名 食事

582 **dessert** 発 ア
[dɪzə́ːrt] ディザ〜ト
名 デザート
➡ □ desert 名 砂漠 注 発音は [dézərt] デザト

583 **recipe**
[résəpi] レシピ
名 調理法

584 **restaurant** 発 ア
[réstərɑ̀nt] レスタラント
名 レストラン

585 **smell**
[smél] スメる
動 〜のにおいがする, (〜の)においをかぐ
名 におい

586 **taste**
[téɪst] テイスト
動 ①〜な味がする ②を味わう
名 味

587 **delicious**
[dɪlíʃəs] ディりシャス
形 とてもおいしい

588 **bitter**
[bítər] ビタ
形 ①苦い ②つらい

試験に関する表現
- take an exam (試験を受ける)
- pass an exam (試験に受かる)
- fail an exam (試験に落ちる)
- cheating (カンニング)

□ He is one of my **classmates**.	彼は私の**同級生**のひとりです。
□ He started taking German **lessons**.	彼はドイツ語の**授業**を受け始めた。
□ We have a math **examination** today.	今日は数学の**試験**がある。
□ I will live alone after **graduation**.	**卒業**後はひとり暮らしをするつもりだ。

➕ 卒業生のことを日本ではOB・OGと表現することがあるが，これは和製英語なので注意しよう。

□ I usually have coffee after **meals**.	私はふつう**食事**のあとにコーヒーを飲む。
□ Would you like some **dessert**?	**デザート**はいかがですか。
□ I know the **recipe** for this.	私はこの（料理の）**調理法**を知っている。
□ We had lunch in a **restaurant**.	私たちは**レストラン**で昼食をとった。
□ These flowers **smell** sweet.	これらの花は甘い**においがする**。
□ This soup **tastes** salty.	このスープは塩からい**味がする**。

➕ からしのように「からい」ならsaltyではなくhotを使う。spicyは香辛料がきいている感じのとき使う。

□ These cookies are **delicious**.	このクッキーは**とてもおいしい**です。

➕ 「おいしい」と言う場合，It's delicious.のほか，This tastes good.なども用いることができる。

□ The medicine tasted **bitter**.	その薬は**苦い**味がした。

ひろがり・速さを表す語

589 **wide** [wáɪd] ワイド
形 ①幅が広い　②(範囲・面積などが)広い
➡ □ widely 副 広く　□ width 名 幅

590 **deep** [díːp] ディープ
形 深い(⇔ □ shallow 浅い)
➡ □ deeply 副 深く　□ depth 名 深さ

591 **slow** [slóu] スろウ
形 ゆっくりした，遅い
➡ □ slowly 副 ゆっくりと

592 **fast** [fǽst] ふぁスト
形 速い
副 ①速く　②しっかりと

593 **quick** [kwík] クウィック
形 はやい，すばやい
➡ □ quickly 副 速く，急いで

生活に関する動詞

594 **act** [ǽkt] あクト
動 ①行動する　②(を)演じる　名(1回の)行い，行為
➡ □ action 名 行動，行い

595 **perform** ア [pərfɔ́ːrm] パふォーム
動 ①(を)演じる，(を)演奏する　②を行う
➡ □ performance 名 公演，演技，演奏

596 **hurry** [hə́ːri] ハ～リ
動 急ぐ，を急がせる　名 急ぐこと
➡ □ hurry up 急ぐ　□ in a hurry 急いで

597 **return** [rɪtə́ːrn] リタ～ン
動 戻る，を戻す
名 戻ること

598 **notice** [nóutəs] ノウティス
動 ①(に)気がつく　②(に)注意する
名 ①注意　②通知

599 **bear** 発 [béər] ベア
動 ①(子)を産む 〈bear-bore-borne/born〉
②(苦痛など)に耐える ③(重さなど)を支える ➡ □ be born 生まれる

600 **slide** [sláɪd] スらイド
動 すべる，をすべらせる 〈slide-slid-slid〉
名 ①すべること　②スライド(フィルム)

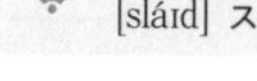

「はやい」の英語

fast, quick, early はどれも「はやい」と訳すが，使い分けに注意。一般的に fast は「速度が速い」，quick は「行動などがすばやい」ことを言う。一方，early は「時刻が早い」という意味。

□ The river is very wide. その川はとても幅が広い。

□ The sea here is very deep. ここの海はとても深い。

□ Slow and steady wins the race. ゆっくり着実(な者)がレースに勝つ。

上の文は，ことわざ「急がば回れ」である。

□ He's the fastest runner in Japan. 彼は日本でもっとも速いランナーだ。

□ She is a quick learner. 彼女はもの覚えがはやい。

□ He acted to save the child. 彼は子どもを救うために行動した。

□ We will perform "Romeo and Juliet." 我々は「ロミオとジュリエット」を演じる。

□ They hurried to the station. 彼らは駅へと急いだ。

□ He didn't return until late. 彼は遅くなるまで戻らなかった。

□ Did you notice her new haircut? 彼女の新しい髪型に気づきましたか。

□ He was born in this village. この村で彼は生まれた。

②の意味では，I can't bear this hot weather.（私はこの暑い天気に耐えられない）のように使う。

□ They were sliding on the ice. 彼らは氷の上をすべっていた。

Level 1 Level 2 Level 3 Level 4 Level 5 Level 6

イベントに関する語

601	**ceremony** ア [sérəmòuni] セレモウニ	名 儀式，式典
602	**contest** ア [kɑ́:ntest] カンテスト	名 競技(会)，コンテスト
603	**prize** [práɪz] プライズ	名 賞，賞品，賞金
604	**role** [róul] ロウる	名 (劇などの)役，役割

形・部分などを表す語

605	**size** [sáɪz] サイズ	名 大きさ，(服などの)サイズ
606	**form** [fɔ́:rm] ふォーム	名 姿・形，形態 動 ①を形作る，形を成す　②を結成する
607	**type** [táɪp] タイプ	名 型，タイプ，種類 動 (キーボードなど)で打つ
608	**style** [stáɪl] スタイる	名 (生活・行動・芸術などの)様式，(服や髪の)スタイル
609	**part** [pɑ́:rt] パート	名 ①部分，一部　②役目　動 を分ける，分かれる ➡ □ take part in ... …に参加する □ partly 副 部分的には
610	**point** [pɔ́ɪnt] ポイント	名 ①点　②先端　③得点　④《通常 the ～で》要点 動 (を)指し示す
611	**line** [láɪn] らイン	名 ①線　②列，(文章の)行
612	**hole** [hóul] ホウる	名 穴

つづりと発音の関係⑧動詞語尾に -ing, -ed, -en をつけるときに子音字が重なる理由

④ (p.56) で，ある動詞や名詞に -s をつける際，e を加えて-es をつける理由が，語末の 2 重母音 (=長音) をそのままにするためであることを確認した。

□ Their graduation **ceremony** was held yesterday.	彼らの卒業**式**は昨日行われた。
□ Who won the dance **contest**?	だれがダンス**競技会**で優勝しましたか。
□ He received the Nobel Peace **Prize**.	彼はノーベル平和**賞**を受けた。
□ John acted the **role** of Hamlet.	ジョンはハムレットの**役**を演じた。

□ Do you have another **size**?	別の**大きさ**がありますか。

➕ 上の文は，たとえば服などを試着してサイズが合わないときに使える表現。

□ A swan has a beautiful **form**.	白鳥は美しい**姿**をしている。
□ What's your blood **type**?	あなたの血液**型**は何ですか。
□ Mary changed her **style** of living.	メアリーは生活**様式**を変えた。

➕ 日本語では体型の美しさを「スタイルがいい」と表現するが，英語の nice style は服装などをほめる表現。

□ The film has two **parts**.	その映画は 2 **部**(構成)になっている。
□ We agreed on all the **points**.	私たちはすべての**点**で合意した。
□ First, draw two **lines**.	最初に 2 本の**線**を引きなさい。
□ My jeans have many **holes**.	私のジーンズにはたくさんの**穴**がある。

ここでは，動詞に -ing，-ed，-en をつける際に，⑦（p.106）で見た「2 重子音字の力（＝ローマ字読み強制力）」が適用されることを確かめてみよう。
〈例〉 writ**e**[rait]（マジック e） → wri**t**ing[raitiŋ]（母音字 i） → wri**tt**en[ritn]（2 重子音字）

交通機関に関する語

613 **airplane** ア
[éərplèɪn] エアプれイン
名 飛行機(＝ □ plane □ aeroplane 注((英)))

614 **airport** ア
[éərpɔ̀ːrt] エアポート
名 空港

615 **seat**
[síːt] スィート
名 座席
動 を着席させる

616 **engine**
[éndʒən] エンヂン
名 エンジン

617 **sail**
[séɪl] セイる
名 ①帆　②帆船(団)
動 を航行する

想像する・認知する

618 **imagine** ア
[ɪmǽdʒɪn] イマぁヂン
動 (を)想像する　➡ □ image 名 印象，イメージ
□ imagination 名 想像(力)

619 **realize** ア
[ríːəlàɪz] リアらイズ
動 ①に気づく，をさとる　②を実現する
注((英)) realise

よくないイメージをもつ名詞

620 **death**
[déθ] デす
名 死　➡ □ die 動 死ぬ
□ dead 形 死んだ

621 **accident** ア
[ǽksədənt] あクスィデント
名 ①事故　②偶然
➡ □ by accident 偶然に

622 **damage** 発 ア
[dǽmɪdʒ] ダぁミヂ
名 損害
動 に損害を与える

623 **bomb** 発
[bɑ́ːm] バム
名 爆弾
動 (を)爆撃する

624 **pain**
[péɪn] ペイン
名 痛み，(肉体的・精神的)苦痛
➡ □ painful 形 痛い，苦しい

「(人に) けがをさせる」という意味では damage は使わず，injure か hurt を使う。
〈例〉 She was injured in the traffic accident.(彼女は交通事故でけがをした)

□ The airplane will arrive soon. 飛行機はまもなく到着するだろう。

「飛行機はまもなく出発するだろう」という場合は，will departという表現を用いる。

□ I'll see you at the airport. 空港で会いましょう。

空港関連で，ターミナル（terminal），国際線（international），国内線（domestic）といった語も知っておこう。

□ Please take a seat. どうぞ席にお座りください。

□ The engine won't start. エンジンがどうしてもかからない。

□ The ship's sails were white. 船の帆は白かった。

□ I can't imagine life without computers. 私はコンピュータのない生活を想像できない。

□ I realized I made a mistake. 私は自分が間違えたことに気づいた。

□ She lived there until her death. 彼女は死ぬまでそこで暮らした。

□ He was in a traffic accident. 彼は交通事故にあった。

□ Was there damage to the building? 建物への被害はありましたか。

□ The plane was carrying bombs. 飛行機は爆弾を運んでいた。

□ I didn't feel any pain. 私はまったく痛みを感じなかった。

painlessは「痛みのない，苦しみのない」という意味の形容詞。

コミュニケーションに関する語

625 **conversation** ア
[kɑ̀ːnvərséɪʃən] カンヴァセイション
名 会話

626 **interview** ア
[íntərvjùː] インタヴュー
名 会見，面接　動 と会見(面接)する
➡ □ have an interview with ... …と会見(面接)する

627 **discussion** ア
[dɪskʌ́ʃən] ディスカション
名 討論，話し合い　➡ □ discuss 動 について討論する，話し合う　□ discuss ... with ～ …について～と話し合う

628 **opinion** ア
[əpínjən] オピニョン
名 意見

629 **advice** 発 ア
[ədváɪs] アドヴァイス
名 忠告，助言
➡ □ advise 動 (に)忠告する，(に)助言する

630 **expression** ア
[ɪkspréʃən] イクスプレション
名 ①表現　②表情
➡ □ express 動 を表現する

631 **attention** ア
[əténʃən] アテンション
名 注意
➡ □ pay[give] attention to ... …に注意を払う

知的活動をする

632 **judge** 発
[dʒʌ́dʒ] ヂャッヂ
動 ①(を)判断する　②(を)裁判する　名 裁判官
➡ □ judgment 名 判断，判決，裁判
注 ((英)) judgement

633 **check**
[tʃék] チェック
動 ①(を)点検する，(を)調べる　②(を)阻止する
名 ①点検　②小切手

634 **include** ア
[ɪnklúːd] インクるード
動 を含む，を含める(⇔ □ exclude を除外する)
➡ □ including 前 ～を含めて

635 **solve**
[sɑ́ːlv] サるヴ
動 (困難)を解決する，(設問)を解く

636 **report**
[rɪpɔ́ːrt] リポート
動 (を)報告する，(を)報道する
名 報告(書)，レポート

英単語の分解〈接頭辞＋語根＋接尾辞〉
expression は〈ex ＋ press ＋ ion〉と分解できる。接頭辞 ex は語の意味を変化させ，語根

- □ We enjoyed the **conversation** yesterday. 私たちは昨日**会話**を楽しんだ。
- □ I had an **interview** with him. 私は彼と**会見**した。

⊕ 日本語（カタカナ語）の「インタビュー」は「取材」のイメージだが，英語では会見や入社などの面接も意味する。

- □ The **discussion** is still going on. **討論**はまだ続いている。

⊕ discussは「あらゆる角度から論じる」，argue（p.308）は「考えを主張するために議論する」ことを表す。

- □ What's your **opinion** of her work? 彼女の作品に対するあなたの**意見**は？
- □ Thanks for your **advice**. **忠告**をありがとう。

⊕ adviceは不可算名詞。数える（複数形にする）場合，pieceを用いる（a piece of advice, two pieces of ...）。

- □ It's an **expression** of friendship. それは友情の**表現**だ。
- □ She paid **attention** to his words. 彼女は彼の言葉に**注意**を払った。

- □ You shouldn't **judge** others. 他人を**判断す**べきでない。
- □ Have you **checked** your spelling? スペルを**点検し**ましたか。
- □ This price **includes** breakfast. この値段には朝食**が含まれている**。
- □ These problems are easy to **solve**. これらの問題**を解決する**のは簡単だ。
- □ She **reported** the news this morning. 彼女は今朝そのニュース**を報告した**。

pressは意味の中心となり，接尾辞ionは品詞を変化させる役割がある。ex（外に）＋press（押しつける）＋ion（こと）で「（心の中のものを）外に押しつけること」→「表現」になる。

Level 1 Level 2 Level 3 Level 4 Level 5 Level 6

人に働きかける・受け入れる

637 **communicate** ア
[kəmjúːnəkèɪt] カミューニケイト
動 意思を伝え合う，を伝える，連絡をとる
➡ □ communicate with ...
…と意思の疎通をはかる，…と連絡をとり合う
□ communication 名 伝達，通信，意思の疎通

638 **contact** ア
[kɑ́ːntækt] カンタぁクト
動 に連絡する，接触する，を接触させる
名 連絡，接触

639 **impress** ア
[ɪmprés] イムプレス
動 に感銘を与える，に印象を与える
➡ □ impression 名 印象，感銘
□ impressive 形 印象的な

640 **express** ア
[ɪksprés] イクスプレス
動 (考え・感情など)を表現する
➡ □ expression 名 表現
名 急行(列車)，速達 注 ((英))　形 急行の

641 **appeal** 発 ア
[əpíːl] アピーる
動 (世論・武力などに)訴える，求める　名 訴え
➡ □ appeal to 〈人〉 for ... 〈人〉に…を求める

642 **whisper**
[wíspər] ウィスパ
動 (を)ささやく
名 ささやき

643 **respond** ア
[rɪspɑ́ːnd] リスパンド
動 (に)答える，(に)応答する
➡ □ response 名 返事，応答

644 **nod**
[nɑ́ːd] ナド
動 (肯定の気持ちで)うなずく
名 うなずき

645 **agree** ア
[əgríː] アグリー
動 ①《agree with〈人〉で》〈人〉に賛成する，〈人〉と意見が一致する ②《agree to ... で》(案などに)同意する
(⇔ □ disagree 意見が合わない，一致しない)
➡ □ agreement 名 同意

646 **support** ア
[səpɔ́ːrt] サポート
動 ①を支える　②を支持する
名 ①支え　②支持

647 **trust**
[trʌ́st] トラスト
動 を信頼する，を信用する
名 信頼，信用

648 **gather**
[gǽðər] ギぁざ
動 集まる，を集める

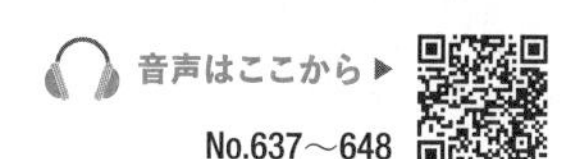

□ They can communicate in Japanese.	彼らは日本語で意思を伝え合うことができる。
□ Contact the police right away.	すぐに警察に連絡して。

➕ 上の文のthe policeは集合体（組織）としての警察を表す語。1人の警官を表す場合はa police officerなど。

□ Her songs impressed me.	彼女の歌は私に感銘を与えた。

➕ impressを「分解」してみると，接頭辞im(=in)（中に）＋語根press（押しつける）で「印象を与える」。名詞impressionはそれに「＋接尾辞ion（こと）」，形容詞impressiveは「＋接尾辞ive（性質を持つ）」である。

□ I couldn't express my feelings.	私は自分の気持ちを表現できなかった。
□ His speech appealed to young people.	彼の演説は若い人々（の心）に訴えかけた。
□ She whispered the secret to him.	彼女は彼に秘密をささやいた。
□ I responded to her question.	私は彼女の質問に答えた。

➕ answerも「答える」と訳すが，respondは「（問いかけや依頼に対して）反応する」意味合いをもつ点が異なる。

□ He nodded at the teacher.	彼は先生にうなずいた。
□ I agree with you.	私はあなたに賛成する。
□ The wall has to be supported.	この壁は支えられなければならない。
□ I have never trusted him.	私は彼を信頼したことはない。
□ The fans of the singer gathered.	その歌手のファンが集まった。

Level 1 Level 2 Level 3 Level 4 Level 5 Level 6

状態・性質を表す語

649	**alive** 発 ア [əláɪv] アらイヴ	形 生きている(⇔ □ dead 死んだ), いきいきして
650	**asleep** ア [əslíːp] アスリープ	形 眠って(⇔ □ awake 目が覚めて) ➡ □ fall asleep 寝入る
651	**wild** 発 [wáɪld] ワイるド	形 野生の, 乱暴な, 荒れた
652	**calm** 発 [kάːm] カーム	形 ①(天候などが)おだやかな ②(態度・心などが)落ち着いた 動 を落ち着かせる ➡ □ calmly 副 おだやかに, 冷静に
653	**mild** [máɪld] マイるド	形 (態度・天候などが)おだやかな
654	**mysterious** ア [mɪstíəriəs] ミスティリアス	形 不思議な, 神秘的な ➡ □ mystery 名 なぞ, 不思議なこと
655	**sacred** [séɪkrəd] セイクリド	形 神聖な, 聖なる, (神などを)祭った ➡ □ sacred writings 聖書, 聖典

よいイメージをもつ名詞

656	**energy** 発 ア [énərdʒi] エナヂ	名 エネルギー, 精力 ➡ □ energetic 形 精力的な
657	**skill** [skíl] スキる	名 ①熟練 ②技能 ➡ □ skillful 形 熟練した 注 ((英)) skilful
658	**courage** 発 ア [kə́ːrɪdʒ] カ〜リヂ	名 勇気
659	**chance** [tʃǽns] チぁンス	名 ①機会, チャンス ②偶然 ③見込み ➡ □ by chance 偶然に
660	**goal** [góʊl] ゴウる	名 ①目標, ゴール ②決勝点

alive と asleep

alive や asleep には, be 動詞などのあとにくる補語としての用法しかない。そのため, The cat

□ No one was found alive. 生きている人はだれもいなかった。

□ All the children fell asleep. 子どもたち全員が寝入った。

□ I saw the wild animals there. 私はそこで野生の動物を見た。

□ We watched the calm sea. 私たちはおだやかな海を眺めた。

□ The weather is very mild today. 今日は天候がとてもおだやかだ。

□ She had a mysterious smile. 彼女は不思議なほほえみを浮かべていた。

□ This is a sacred mountain. これは神聖な山だ。

「聖地」を英語にするならsacred place, holy groundなどと表せるが，実際は文脈で考える必要がある。

□ It's important to save energy. エネルギーを節約することが大切だ。

energeticが，日本語（カタカナ語）でいう「エネルギッシュ」にあたる語。

□ It takes a lot of skill. それはかなりの熟練を必要とする。

□ The men fought with courage. 男たちは勇気をもって戦った。

□ I had a chance to ski. 私はスキーをする機会があった。

□ We have a common goal. 私たちは共通の目標がある。

is alive. は正しいが，（×）an alive cat のような〈形容詞＋名詞〉の形は不可。正しくは，a living cat。

生産的な活動をする

661 **build** 発
[bíld] ビるド
動 (建物など)を建てる 〈build-built-built〉

662 **develop** ア
[dɪvéləp] ディヴェろップ
動 を発達させる，を開発する，発達する
➡ □ development 名 発達，開発

663 **improve** ア
[ɪmprú:v] イムプルーヴ
動 を改良する，を上達させる，上達する，よくなる
➡ □ improvement 名 改良，上達

増減・上下の動きをする

664 **rise**
[ráɪz] ライズ
動 ①(太陽や月が)のぼる　②上がる，立ち上がる
〈rise-rose-risen〉　名 上昇

665 **raise** 発
[réɪz] レイズ
動 ①をあげる　②を育てる，
を養う(＝ □ bring up)

666 **climb** 発
[kláɪm] クらイム
動 (に)登る

667 **increase** 発 ア
動 [ɪnkrí:s] インクリース
名 [ínkri:s] インクリース
動 増える，を増やす
名 増加(⇔ □ decrease 動 減る，を減らす　名 減少)
➡ □ increasingly 副 ますます，だんだん

668 **drop**
[drɑ́:p] ドラップ
動 ①落ちる，を落とす　②(液体が)したたる
名 しずく　➡ □ drop out 脱落する

669 **sink**
[síŋk] スィンク
動 沈む，を沈める 〈sink-sank-sunk〉
名 (台所の)流し

語根 duce (引いて導く) で覚える語

670 **introduce** ア
[ìntrəd(j)ú:s] イントロデュ[ドゥ]ース
動 ①を紹介する　②を導入する
➡ □ introduce oneself 自己紹介する
□ introduction 名 ①紹介　②導入

671 **produce** 発 ア
動 [prəd(j)ú:s] プロデュ[ドゥ]ース
名 [próʊd(j)u:s] プロウデュ[デゥ]ース
動 を生産する，を製造する　名 (農)産物
➡ □ product 名 製品，産物
□ production
名 生産，製造

接頭辞		語根
①中に intro		
②前に pro	→	duce
③後ろに re		引く

672 **reduce** ア
[rɪd(j)ú:s] リデュ［ドゥ］ース
動 を減らす，
を縮小する

□ They are building new houses. 彼らは新しい家を建てている。

□ We need to develop our economy. 我々は経済を発展させる必要がある。

developed countries「発展した国→先進国」, developing countries「発展している国→発展途上国」。

□ How do you improve a machine? どのように機械を改良するのですか。

「を上達させる」の意味も頻出。例：I need to improve my English.（私は英語を上達させなくてはならない）

□ The moon rises in the east. 月は東からのぼる。

□ Raise your hand. 手をあげなさい。

□ Most kids love climbing trees. ほとんどの子どもは木に登ることが大好きだ。

□ The number of cars has increased. 車の台数が増えた。

□ Some apples dropped from the tree. いくつかのリンゴが木から落ちた。

□ This boat won't sink easily. この船は簡単には沈まない。

□ Cathy introduced herself. キャシーは自己紹介した。

語根duceは「引き寄せる，導く」という意味。「引き分け」をドローというがdraw（引く）とduceが同じ意味であることを覚えておこう。

□ Italy produces a lot of wine. イタリアは多量のワインを生産している。

①中に＋引き入れる→ introduce「紹介する」
②前に＋引き出す→ produce「生産する」
③後ろに＋引く→ reduce「減らす」

□ We must reduce air pollution. 私たちは大気汚染を減らさなければならない。

Level 2

(213 words)

Emi and Mike are members of the drama club. Last Sunday, they ① **performed** 595 "Harry Potter" at the city ② **hall** 448. Emi played the ③ **role** 604 of Hermione. Mike ④ **acted** 594 the ⑤ **part** 609 of Ron. They had to go to school at 9 a.m. to ⑥ **get on** 429 the bus. But Mike was late. Ms. Takagi, their teacher, asked Emi, "Where is Mike? What ⑦ **happened** 434 to him?"

Emi said, "My family invited him to dinner last night. He ate more than ⑧ **enough** 571 and left my house late. I ⑨ **guess** 503 he couldn't wake up early. But I believe he will come soon."

"It's already 9 o'clock. We can't change the schedule today."

"I'll ⑩ **wait** 563 for him here. We'll come later," said Emi.

After a few minutes, Mike ⑪ **appeared** 435. He shouted, "Oh, I ⑫ **missed** 352 the bus!"

Emi said, "Don't worry about it, Mike. But we need to ⑬ **hurry** 596."

They arrived at the hall and performed in front of many people. Emi ⑭ **whispered** 642 to their teacher, "Mike went to the ⑮ **hospital** 530 this morning. He ate too much at my house last night. Ms. Takagi, please be ⑯ **kind** 348 to Mike!"

Ms. Takagi said, "OK, I will excuse you this time." She ⑰ **continued** 437, "But Mike, be ⑱ **careful** 346. You shouldn't eat too much at someone's house." Mike ⑲ **nodded** 644. After that, he ⑳ **followed** 438 her ㉑ **advice** 629.

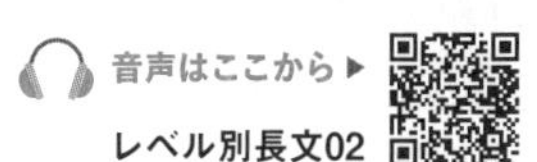

>>> 赤字の語句の意味を確認しよう

エミとマイクは演劇部のメンバーだ。先週の日曜日，彼らは市の②ホールで『ハリー・ポッター』を①演じた。エミはハーマイオニーの③役を演じた。マイクはロンの⑤役を④演じた。彼らはバスに⑥乗るために午前9時に学校へ行かなければならなかった。しかしマイクが遅れた。彼らの先生，高木先生はエミに尋ねた，「マイクはどこにいるの。彼に何が⑦起こったのかしら（彼はどうしたのかしら）」。

エミは言った，「私の家族が昨夜，彼を夕食に招待しました。彼は⑧十分以上に食べ，遅くに私の家を出ました。彼は早く目覚めることができなかったのだと私は⑨思います。だけどまもなく彼は来ると思います」。

「もう9時だわ。私たちは今日は予定を変えることができないのです」

「私がここで彼を⑩待ちましょう。あとで行きます」とエミは言った。

数分後，マイクが⑪現れた。彼は叫んだ，「ああ，バスに⑫乗り遅れた」。

エミは言った，「それについて心配しないで，マイク。だけど⑬急がなきゃ」。

彼らはホールに着いて，多くの人の前で演じた。エミは先生に⑭ささやいた，「マイクは今朝⑮病院に行ったのです。昨夜，私の家で彼は食べ過ぎました。マイクに⑯親切にしてあげてください，高木先生」。

高木先生は言った，「わかりました，今回はあなたを許します」。彼女は⑰続けた，「でもマイク，⑱注意しなさい。だれかの家で食べ過ぎてはいけないわよ」。マイクは⑲うなずいた。そのあと，彼は彼女の㉑忠告に⑳従った。

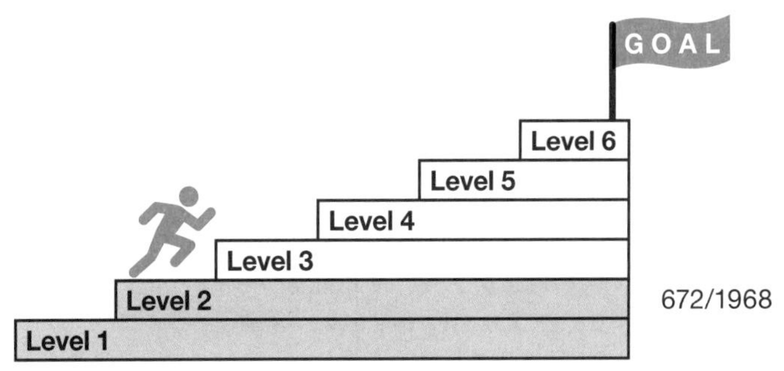

身につけるもの：Clothing [klóuðɪŋ] クろウずィング

① [glǽsɪz] グらぁシズ めがね　② [skɑ́ːrf] スカーふ スカーフ
③ [hǽŋkərtʃɪf] ハぁンカチふ ハンカチ　④ [dʒǽkɪt] ヂぁキット ジャケット
⑤ [bʌ́tən] バトン ボタン　⑥ [bélt] べるト ベルト
⑦ [drés] ドレス ドレス（ワンピース）　⑧ [kǽp] キぁップ（ふちのない）ぼうし
⑨ [tíːʃə̀ːrt] ティーシャ～ト Tシャツ　⑩ [pɑ́ːkət] パーキット ポケット
⑪ [dʒíːnz] ヂーンズ ジーンズ　⑫ [sɑ́ks] サックス 靴下
⑬ [sníːkərz] スニーカズ スニーカー

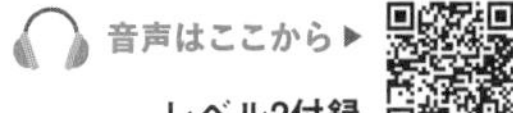

⑳ hat
㉑ sleeve
㉒ shirt
㉓ tie
⑮ sweater
⑭ collar
⑯ gloves
⑰ backpack
㉔ pants
⑱ skirt
㉕ coat
⑲ boots
㉖ shoes

⑭ [kɑ́:lər] カーら えり　⑮ [swétər] スウェタ セーター　⑯ [glʌ́vz] グらヴズ 手袋
⑰ [bǽkpæ̀k] バぁクパぁク バックパック　⑱ [skə́:rt] スカ～ト スカート
⑲ [bú:ts] ブーツ ブーツ　⑳ [hǽt] ハぁット （ふちのある）ぼうし
㉑ [slí:v] スりーヴ そで　㉒ [ʃə́:rt] シャ～ト シャツ　㉓ [tái] タイ ネクタイ
㉔ [pǽnts] パぁンツ ズボン　㉕ [kóut] コウト コート　㉖ [ʃú:z] シューズ 靴

季節：Seasons [síːzənz] シーズンズ

spring [spríŋ] スプリング 春

summer [sʌ́mər] サマ 夏

autumn [ɔ́ːtəm] オータム 秋
《米》fall [fɔ́ːl] ふォーる

winter [wíntər] ウィンタ 冬

月：Months [mʌ́nθs] マンすス

January	[dʒǽnjuèri]	ヂぁニュエリ	1月
February	[fébjuèri]	ふェビュエリ	2月
March	[máːrtʃ]	マーチ	3月
April	[éɪprəl]	エイプルる	4月
May	[méɪ]	メイ	5月
June	[dʒúːn]	ヂューン	6月
July	[dʒuláɪ]	ヂュらイ	7月
August	[ɔ́ːgəst]	オーガスト	8月
September	[septémbər]	セプテムバ	9月
October	[ɑːktóʊbər]	アークトウバ	10月
November	[noʊvémbər]	ノウヴェムバ	11月
December	[dɪsémbər]	ディセムバ	12月

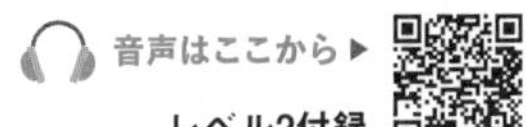

曜日：Days [déɪz] デイズ

Sunday	[sʌ́ndeɪ]	サンデイ	日曜日
Monday	[mʌ́ndeɪ]	マンデイ	月曜日
Tuesday	[t(j)úːzdeɪ]	トューズデイ	火曜日
Wednesday	[wénzdeɪ]	ウェンズデイ	水曜日
Thursday	[θə́ːrzdeɪ]	すァ〜ズデイ	木曜日
Friday	[fráɪdeɪ]	ふライデイ	金曜日
Saturday	[sǽtərdeɪ]	スぁタデイ	土曜日

数：Numbers [nʌ́mbərz] ナムバズ

1	one	[wʌ́n] ワン	1(の)	14	fourteen	[fɔ̀ːrtíːn] ふォーティーン	14(の)
2	two	[túː] トゥー	2(の)	15	fifteen	[fìftíːn] ふィふティーン	15(の)
3	three	[θríː] すリー	3(の)	16	sixteen	[sìkstíːn] シクスティーン	16(の)
4	four	[fɔ́ːr] ふォー	4(の)	17	seventeen	[sèvəntíːn] セヴンティーン	17(の)
5	five	[fáɪv] ふァイヴ	5(の)	18	eighteen	[èɪtíːn] エイティーン	18(の)
6	six	[síks] シクス	6(の)	19	nineteen	[nàɪntíːn] ナインティーン	19(の)
7	seven	[sévən] セヴン	7(の)	20	twenty	[twénti] トゥエンティ	20(の)
8	eight	[éɪt] エイト	8(の)	30	thirty	[θə́ːrti] さ〜ティ	30(の)
9	nine	[náɪn] ナイン	9(の)	40	forty	[fɔ́ːrti] ふォーティ	40(の)
10	ten	[tén] テン	10(の)	50	fifty	[fífti] ふィふティ	50(の)
11	eleven	[ɪlévən] イれヴン	11(の)	100	one hundred	[wʌ́n hʌ́ndrəd] ワン ハンドレッド	100(の)
12	twelve	[twélv] トゥエるヴ	12(の)	1000	one thousand	[wʌ́n θáuzənd] ワン さウズンド	1000(の)
13	thirteen	[θə̀ːrtíːn] さーティーン	13(の)				

	序数詞			
1	first (1st)	[fə́:rst]	ふァ〜スト	第1(の)
2	second (2nd)	[sékənd]	セクンド	第2(の)
3	third (3rd)	[θə́:rd]	さ〜ド	第3(の)
4	fourth (4th)	[fɔ́:rθ]	ふォーす	第4(の)
5	fifth (5th)	[fífθ]	ふィふす	第5(の)
6	sixth (6th)	[síksθ]	シクスす	第6(の)
7	seventh (7th)	[sévənθ]	セヴンす	第7(の)
8	eighth (8th)	[éɪtθ]	エイトす	第8(の)
9	ninth (9th)	[náɪnθ]	ナインす	第9(の)
10	tenth (10th)	[ténθ]	テンす	第10(の)
11	eleventh (11th)	[ɪlévənθ]	イれヴンす	第11(の)
12	twelfth (12th)	[twélfθ]	トウェるふす	第12(の)
13	thirteenth (13th)	[θə̀:rtí:nθ]	さーティーンす	第13(の)
14	fourteenth (14th)	[fɔ̀:rtí:nθ]	ふォーティーンす	第14(の)
15	fifteenth (15th)	[fìftí:nθ]	ふィふティーンす	第15(の)
16	sixteenth (16th)	[sìkstí:nθ]	シクスティーンす	第16(の)
17	seventeenth (17th)	[sèvəntí:nθ]	セヴンティーンす	第17(の)
18	eighteenth (18th)	[èɪtí:nθ]	エイティーンす	第18(の)
19	nineteenth (19th)	[nàɪntí:nθ]	ナインティーンす	第19(の)
20	twentieth (20th)	[twéntiəθ]	トウェンティエす	第20(の)
30	thirtieth (30th)	[θə́:rtiəθ]	さ〜ティエす	第30(の)
40	fortieth (40th)	[fɔ́:rtiəθ]	ふォーティエす	第40(の)
50	fiftieth (50th)	[fíftiəθ]	ふィふティエす	第50(の)
100	one hundredth (100th)	[wʌ́n hʌ́ndrədθ]	ワン　ハンドレドす	第100(の)
1000	one thousandth (1000th)	[wʌ́n θáuzəndθ]	ワン　サウズンドす	第1000(の)

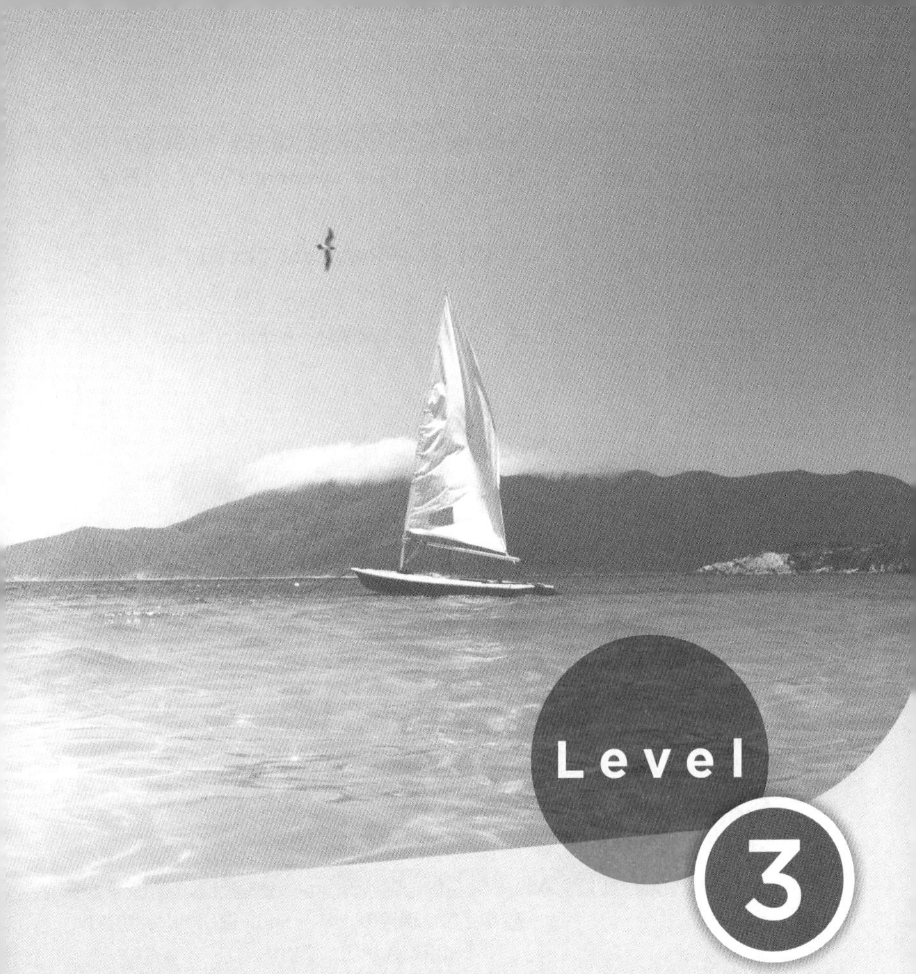

Level 3

Level 3では，高校で初めて目にする語が増えてきますが，まだ基本単語が中心。
基本がきちんとできていないと，その上にいくら新しい知識を積み重ねても
語彙力は不安定なままです。確実に身につけてから先に進みましょう。

Level 3の最後には
「食べ物」「調理」「買い物」に関する英語をまとめてあります。

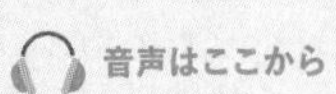

政治・社会に関する語

673 **government** 発 ア
[gʌ́vərnmənt] ガヴァンメント
名 ①《しばしば Government で》政府　②政治

674 **president** ア
[prézədənt] プレズィデント
名 ①《しばしば President で》大統領　②社長

675 **capital**
[kǽpətəl] キぁピタる
名 ①首都　②大文字（＝□ capital letter）　③資本

676 **society** 発 ア
[səsáɪəti] ソサイアティ
名 社会
➡□ social 形 社会の，社交の

677 **war**
[wɔ́:r] ウォー
名 戦争，戦い

678 **rule**
[rú:l] ルーる
名 規則，ルール
動 を支配する

679 **population** ア
[pɑ̀:pjəléɪʃən] パピュれイション
名 人口

680 **generation** ア
[dʒènəréɪʃən] ヂェネレイション
名 世代，同世代の人々

681 **technology** ア
[teknɑ́:lədʒi] テクナろヂ
名（科学）技術
➡□ technological 形（科学）技術の

立場を表す語

682 **real**
[rí:jəl] リーアる
形 本当の，現実の　➡□ really 副 本当に，実際は
□ reality 名 現実，真実性
□ realistic 形 現実的な，実際的な

683 **similar** ア
[símələr] スィミら
形 似た，同じような　➡□ similarity 名 類似
□ similarly 副 同じように，類似して

684 **unique** 発 ア
[ju(:)ní:k] ユ(ー)ニーク
形 独特の，ユニークな

語根 cap- は「頭」
capital の cap- は，captain などの cap- と同様に「頭」を表す。国などの「頭」は「首都」，文字の「頭」つまり先頭の文字は「大文字」，「富・財産」の「頭」つまり元手は「資本」と考え

□ Few people support the government's plan.	ほとんどの人が政府の計画を支持していない。
□ Sam's dream is to become President.	サムの夢は大統領になることだ。
□ Paris is the capital of France.	パリはフランスの首都である。
□ We live in a peaceful society.	私たちは平和な社会に住んでいる。
□ The war ended in 1945.	戦争は 1945 年に終わった。
□ You must follow the rules.	あなたは規則に従わなければならない。
□ The town's population is increasing.	この町の人口は増えている。
□ My grandfather likes the younger generation.	私の祖父は若い世代が好きだ。
□ The hospital uses the latest technology.	その病院は最新の技術を用いている。

□ He is a real friend.	彼は本当の友だ。
□ Your shoes are similar to mine.	あなたの靴は私のと似ています。
□ He has a unique hairstyle.	彼は独特な髪型をしている。

⊕ uni は「1つの」という数を表す接頭辞。uni + form（形）で「1つの形」→「制服」なども覚えておこう。

れればよい。

心理・性格などに関する語

685	**pleasure** 発 [plézər] プれジャ	名 楽しみ，**喜び** ➡□ please 動 を喜ばせる
686	**joy** [dʒɔ́ɪ] ヂョイ	名 喜び ➡□ for joy 喜んで
687	**interest** [íntərəst] インタレスト	名 ①関心，**興味**　②《通常(複)で》**利子，利益** 動 **に興味をもたせる**　➡□ interesting 形 おもしろい，興味深い　□ interested 形 興味をもった
688	**pity** [píti] ピティ	名 ①あわれみ　②《**a ～で**》**残念なこと**
689	**humor** [hjúːmər] ヒューマ	名 ユーモア 注 ((英)) humour　➡□ sense of humor ユーモアのセンス　□ humorous 形 ユーモアのある
690	**dream** [dríːm] ドリーム	名 夢 動 **夢を見る**
691	**secret** 発 [síːkrət] スィークリット	名 秘密　形 **秘密の** ➡□ secretly 副 ひそかに
692	**feeling** [fíːlɪŋ] ふィーリング	名 ①感覚　②《**(複)で**》**感情** ➡□ feel 動 を感じる，と感じる
693	**character** ア [kǽrəktər] キぁラクタ	名 ①性格，**個性**　②**登場人物**　③**文字** ➡□ characteristic 形 独特な，特徴的な　名 特徴

音に関する語

694	**voice** [vɔ́ɪs] ヴォイス	名 声
695	**record** ア 名 [rékərd] レカド 動 [rɪkɔ́ːrd] リコード	名 ①記録，**最高記録**　②**レコード** 動 **を記録する，(を)録音・録画する**
696	**noise** [nɔ́ɪz] ノイズ	名 騒音，**雑音** ➡□ noisy 形 騒がしい

pleasure, joy, delight (p.222) は，いずれも「楽しみ」「満足」「幸福」をもたらすことについて言う。joy や delight は pleasure よりも強い語であり，また joy は delight よりも「持続す

□ I often read for **pleasure**. 私は**楽しみ**のためによく**読書**をする。

□ The kids shouted for **joy**. 子どもたちは**喜んで**叫んだ。

□ I have an **interest** in Italy. 私はイタリアに**関心**がある。

⊕ be interested in ... (…に興味がある) の形も覚えておこう。

□ I feel **pity** for those children. 私はあの子どもたちを**あわれ**に思う。

□ The movie has lots of **humor**. その映画は**ユーモア**たっぷりだ。

□ I have a **dream**. 私は**夢**がある。

□ Can you keep a **secret**? あなたは**秘密**を守れますか。

□ I have a strange **feeling**. 不思議な**感覚**がある。

□ You have a good **character**. あなたは**性格**がよい。

□ She speaks in a high **voice**. 彼女は高い**声**で話す。

□ His **record** was broken. 彼の**記録**は破られた。

□ I complained about the **noise**. 私は**騒音**のことで苦情を言った。

る」喜びを意味する。

"bring" 基本動詞を用例でつかもう⑨

>>> 基本的な使い方 bring のさまざまな用法を読んで，イメージをつかもう

697 □ He **brought** me an umbrella.	彼は私に傘を持ってきてくれた。
□ I **brought** food for everyone.	みんなに食べ物を持ってきました。
□ I **brought** that book you wanted to borrow.	あなたが借りたがっていたあの本を持ってきましたよ。
698 □ Is it OK if I **bring** some friends to the party?	何人かの友だちをパーティーに連れていっていいですか。

bring は，**come と移動の方向が同じで，それに「もの」がついている**イメージ。「**話し手のほうへものを持って（人を伴って）移動すること**」。話し手の位置によって「**持ってくる，連れてくる**」と訳したり「**持っていく，連れていく**」と訳す。698 は相手のところへの移動なので，「連れていく」と訳す。

699 □ Money does not **bring** happiness.	お金は幸せをもたらすものではない。
□ Tourism **brings** a lot of money to the area.	観光事業はその地域にたくさんの収入をもたらす。
700 □ Oil **brought** wealth to the country.	石油はその国に富をもたらした。
701 □ Bad weather **brought** *chaos* to the roads.	悪天候で道路は大混乱に陥った。

bring が「**持ってくる・持っていく**」ものは，具体的な「もの」のほかに，**抽象的なもの**や，**状態**もありえる。そういう場合は「**もたらす**」などと訳すといいだろう。

>>> bring を使ったイディオム

come の動きの方向にものがついているというイメージで，bring の熟語を覚えよう

702 □ Don't **bring** it **in** the house!	それを家に持ち込まないで。
703 □ **Bring** the book **back** to the library.	図書館に本を返しなさい。
704 □ She **brought up** five children.	彼女は5人の子どもを育てた。

bring up は「～を育てる」という他動詞（受動態での用法が多い）。
一方，**grow up** は「育つ」という自動詞。
I **was** born and **brought up** in Osaka.
「私は大阪で生まれ育てられた→育った」
I **grew up** in Osaka.
「私は大阪で育った」

705 □ What **brought about** this accident?	何がこの事故を引き起こしたのですか。
706 □ The computer company **brought out** a new model.	そのコンピュータ会社は新製品を出した。
707 □ The king tried to **bring** the country **together**.	その王は国をまとめる努力をした。
708 □ I can't **bring myself to** talk about it.	私はそれについて話す気になれない。

"put" 基本動詞を用例でつかもう⑩

>>>基本的な使い方 putのさまざまな用法を読んで，イメージをつかもう

□ Where did you **put** the newspaper?	新聞をどこに置きましたか。
□ He **put** the coffee on the table.	彼はテーブルにコーヒーを置いた。
□ He **put** his hood *up* because it was raining.	雨が降っていたので，彼はフードをかぶった。
709 □ She **put** her arms around him.	彼女は彼の体に腕を回した。

putは「**置く**」という訳でこれまで覚えているだろうが，「**何かをどこかに位置させる**」というイメージを持とう。以上の例文は具体的なものを**具体的な場所に置く用法**。場所は水平なところでなくてもよく，壁，天井などでもよい。

710 □ **Put** *your name* here.	ここに名前を記入しなさい。
711 □ Don't **put** *your life in danger*.	生命を危険にさらすな。
712 □ He **put** the information *to use*.	彼はその情報を利用した。

「置く，位置する，位置づける」対象は**具体的なものでなくてもよい**（710の「名前」，711の「生命」，712の「情報」はさわれるものではない）。「位置する場所」も**抽象的なものでもよい**（711の「危険な状態」など）。putを使うときは**「何を」「どこに」を表すことばが必要**となる。

≫ put を使ったイディオム
何か（「こと」でも「もの」でも）をどこか（具体的な場所でも，抽象的な場所でも）に位置させせる，というイメージを頭に描いて，put の熟語を覚えよう

713	□ **Put** the milk **in** the fridge.	冷蔵庫に牛乳を入れなさい。
714	□ She **put on** the dress.	彼女はそのドレスを着た。
715	□ Please **put out** the candle.	ろうそくを消してください。
716	□ Tonight's concert will be **put off**.	今夜のコンサートは延期されるだろう。
717	□ They **put up** a big sign.	彼らは大きな看板を掲げた。
718	□ **Put down** your bag.	かばんを下に置いて。
719	□ He **put** the dishes **back**.	彼は食器を戻した。
720	□ **Put** your toys **away**!	おもちゃを片づけなさい。

人に関する語

No.	単語	意味
721	**human** [hjúːmən] ヒューマン	形 人間の，人間的な 名 人，人類(= □ human being)
722	**male** [méɪl] メイる	形 男性の，雄の 名 男性，雄
723	**female** 発 ア [fíːmeɪl] ふィーメイる	形 女性の，雌の 名 女性，雌
724	**oneself** [wʌnsélf] ワンセるふ	代 自分自身(を・に) ➡□ by oneself ひとりで，独力で □ for oneself 独力で，自分のために
725	**hero** 発 ア [híːrou] ヒーロウ	名 英雄，(男性の)主人公 (⇔ □ heroine (女性の)主人公)
726	**stranger** [stréɪndʒər] ストレインヂャ	名 ①見知らぬ人 ②(場所に)不案内の人
727	**guest** [gést] ゲスト	名 (招待された)客
728	**passenger** [pǽsəndʒər] パぁセンヂャ	名 乗客
729	**chairperson** [tʃéərpə̀ːrsən] チェアパ～スン	名 議長，司会者，委員長
730	**audience** ア [ɔ́ːdiəns] オーディアンス	名 聴衆，観衆
731	**relative** 発 ア [rélətɪv] レらティヴ	名 親せき 形 ①関係のある ②比較上の ➡□ relatively 副 比較的(に) □ relationship 名 関係
732	**youth** [júːθ] ユーす	名 青春時代，若者，若さ ➡□ young 形 若い

chairperson は，男性は chairman，女性は chairwoman と表される場合もあるが，-man には「男」という意味があるため，男女平等の視点から代わりに -person などの語を使うのが現在では一般的。businessperson(← businessman) なども同様で，ほかにも salesperson (← salesman)「販売員」，police officer (← policeman)「警察官」といった例がある。

□ The human body is not simple.	人間の体は単純ではない。
□ This hospital has ten male nurses.	この病院には 10 人の男性看護師がいる。
□ This school has thirty female teachers.	この学校には 30 人の女性教員がいる。
□ It's important to control oneself.	自分自身を統制することは大切だ。
□ I want to be a hero.	私は英雄になりたい。
□ A stranger spoke to me.	見知らぬ人が私に話しかけた。
□ The guests arrived at seven.	7 時に招待客が到着した。

⊕ 他の「客」を表す語，visitor (p.34)，customer (p.326) との違いも確認しておこう。

□ Two passengers were in the car.	2 人の乗客が車内にいた。
□ Who is the chairperson?	議長はだれですか。
□ The audience stood up and cheered.	聴衆は立ち上がって声援を送った。
□ Is she a relative of yours?	彼女はあなたの親せきですか。
□ He spent his youth in Canada.	彼は青春時代をカナダで過ごした。

場所や空間などを表す語

733 **area**
[éəriə] エアリア
名 ①面積　②地域

734 **stage**
[stéɪdʒ] ステイヂ
名 段階，舞台

735 **space**
[spéɪs] スペイス
名 ①空間　②宇宙　③(ある目的のための)場所

736 **shelter**
[ʃéltər] シェるタ
名 ①避難(所)，保護(施設)
②(雨露をしのぐ)住居

737 **environment** ア
[ɪnváɪərnmənt] エンヴァイアランメント
名 ①環境　②《the ～で》自然環境
➡□ environmental 形 環境の

738 **continent** ア
[kɑ́:ntənənt] カンティネント
名 大陸
➡□ continental 形 大陸の

739 **horizon** ア
[həráɪzən] ハライズン
名 地平線，水平線

740 **border**
[bɔ́:rdər] ボーダ
名 ①国境(線)　②へり，ふち

741 **distance** ア
[dístəns] ディスタンス
名 距離，隔たり
➡□ distant 形 遠い，離れた

742 **view** 発
[vjú:] ヴュー
名 ①眺め，視界　②(ものの)見方，意見
動 を見る

743 **scene**
[sí:n] スィーン
名 ①光景　②場面，(事件)現場

744 **case**
[kéɪs] ケイス
名 ①場合　②事件　③箱
➡□ in case of ... …の場合には，…に備えて

environmental problems「環境問題」は人類全体の課題。global warming「地球温暖化」，acid rain「酸性雨」，destroying the (tropical) rain forests「(熱帯) 雨林の破壊」，air pollution「大気汚染」，garbage problem「ゴミ問題」なども覚えておこう。

□ The apartment's area is 100m^2.	そのアパートの面積は100平方メートルだ。
㊉ ㎡（平方メートル）は英語でsquare meter。	
□ We are in the first stage.	私たちは第一段階にいる。
□ We need more space.	我々にはもっと空間が必要だ。
□ Please wait in the shelter.	避難所で待っていてください。
□ They have a nice work environment.	彼らは職場環境がよい。
□ Asia is the largest continent.	アジアは最も大きな大陸だ。
□ The sun sank below the horizon.	太陽が地平線の下に沈んだ。
□ The car stopped at the border.	その車は国境で停止した。
□ What's the distance between the cities?	都市の間の距離はどれくらいですか。
□ This room has a fine view.	この部屋は眺めがよい。
□ I'll never forget this scene.	私は決してこの光景を忘れないだろう。
□ Dial 911 in case of emergency.	緊急事態の場合は911番に電話をかけなさい。

ものの役割・特質に関する語

745 **sign** 発 [sáɪn] サイン
名 ①記号, しるし ②身ぶり ③看板 動 (に)署名する
➡□ signature 名 署名, サイン

746 **mark** [mɑ́ːrk] マーク
名 ①跡 ②記号 ③点数
動 にしるしをつける

747 **symbol** [símbəl] スィムボる
名 ①象徴, シンボル ②記号
➡□ symbolize 動 を象徴する

748 **sample** [sǽmpəl] サぁムプる
名 見本, 標本, サンプル
動 の見本をとる

749 **model** [mɑ́ːdəl] マドゥる
名 ①模型 ②手本 ③モデル

750 **feature** [fíːtʃər] ふィーチャ
名 特徴, 《(複)で》顔だち, 呼びもの
動 ①を特徴にする ②を呼びものにする

751 **guide** 発 [gáɪd] ガイド
名 案内人, ガイド, 案内書
動 を案内する

752 **source** [sɔ́ːrs] ソース
名 ①源 ②情報源 ③水源(地)
➡□ sauce 名 (料理の) ソース

よくない意味をもつ語

753 **fail** 発 [féɪl] ふェイる
動 失敗する, (試験)に落ちる ➡□ failure 名 失敗
□ fail to do …しそこなう, …できない

754 **suffer** ア [sʌ́fər] サふァ
動 苦しむ, (苦痛・災害)を受ける
➡□ suffer from ... …で苦しむ

755 **injure** ア [índʒər] インヂャ
動 を傷つける, にけがをさせる
➡□ injured 形 けがをした □ injury 名 負傷

756 **careless** [kéərlɪs] ケアれス
形 不注意な, 軽率な (⇔ □ careful 注意深い)

新しい語を生み出す接尾辞 less / ful

careless は, 語根 care (注意) ＋接尾辞 less (少ない) で「注意が少ない」→「不注意な」。一方, care に接尾辞 ful (いっぱい) が付くと「注意がいっぱい」→ careful「注意深い」という語になる。

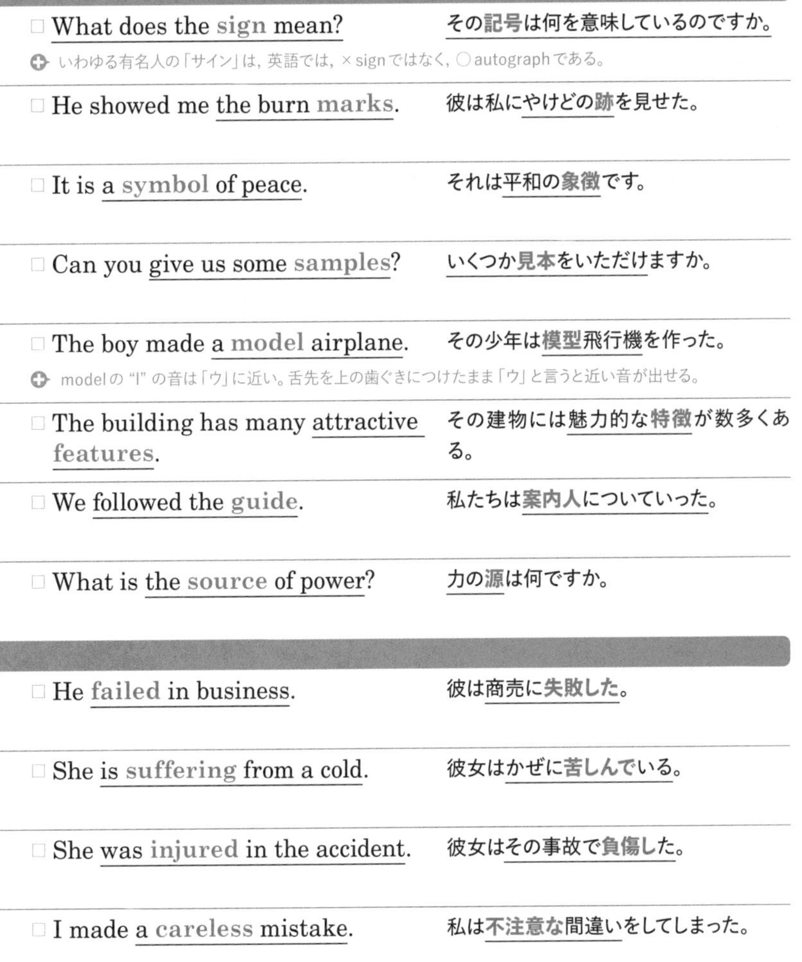

□ What does the sign mean? その記号は何を意味しているのですか。

いわゆる有名人の「サイン」は，英語では，× signではなく，○ autographである。

□ He showed me the burn marks. 彼は私にやけどの跡を見せた。

□ It is a symbol of peace. それは平和の象徴です。

□ Can you give us some samples? いくつか見本をいただけますか。

□ The boy made a model airplane. その少年は模型飛行機を作った。

modelの "l" の音は「ウ」に近い。舌先を上の歯ぐきにつけたまま「ウ」と言うと近い音が出せる。

□ The building has many attractive features. その建物には魅力的な特徴が数多くある。

□ We followed the guide. 私たちは案内人についていった。

□ What is the source of power? 力の源は何ですか。

□ He failed in business. 彼は商売に失敗した。

□ She is suffering from a cold. 彼女はかぜに苦しんでいる。

□ She was injured in the accident. 彼女はその事故で負傷した。

□ I made a careless mistake. 私は不注意な間違いをしてしまった。

同様に，use（使用）なら，use＋lessで「使いみちが少ない」→ useless「役に立たない」，use＋fulで「使いみちがいっぱい」→ useful「役に立つ」という語になる。
では，pain（痛み）に，less / ful が付くとどのような意味の語ができるだろうか。答えは，pp.118-119を見てみよう。

自然・地形に関する語

No.	単語	発音	意味
757	**branch**	[brǽntʃ] ブラぁンチ	名 ①枝　②支店
758	**blossom** 発 ア	[blɑ́:səm] ブらッサム	名 ①(果樹などの)花　②開花 動 花が咲く
759	**bloom** 発 ア	[blú:m] ブるーム	名 ①(観賞用の)花　②開花 動 花が咲く
760	**storm**	[stɔ́:rm] ストーム	名 嵐(あらし) ➡□ typhoon 台風　□ tornado 竜巻
761	**earthquake** ア	[ə́:rθkwèɪk] ア～すクウェイク	名 地震
762	**ray**	[réɪ] レイ	名 光線，放射線
763	**shadow**	[ʃǽdoʊ] シぁドウ	名 (形のはっきりした)影
764	**shade**	[ʃéɪd] シェイド	名 ①《通常 the ～で》(日)陰　②日よけ
765	**temperature**	[témpərtʃər] テムパラチャ	名 温度，体温
766	**field**	[fí:ld] ふぃーるド	名 ①野原　②畑　③競技場
767	**desert** 発 ア	名 [dézərt] デザト 動 [dɪzə́:rt] ディザ～ト	名 砂漠 動 を見捨てる ➡□ dessert 名(食事の) デザート
768	**atmosphere** ア	[ǽtməsfɪ̀ər] あトマスふィア	名 大気，空気，雰囲気

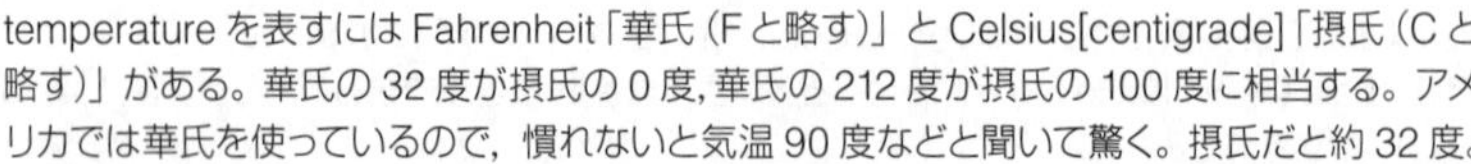

temperature を表すには Fahrenheit「華氏 (F と略す)」と Celsius[centigrade]「摂氏 (C と略す)」がある。華氏の 32 度が摂氏の 0 度，華氏の 212 度が摂氏の 100 度に相当する。アメリカでは華氏を使っているので，慣れないと気温 90 度などと聞いて驚く。摂氏だと約 32 度。

□ I cut off some **branches**. 私は**枝**を何本か切り落とした。

□ The cherry **blossoms** are beautiful now. 今，桜の**花**がきれいです。

□ The tulips are in **bloom**. チューリップが**開花**しています。

□ A **storm** is coming. **嵐**が来ている。

⊕ メキシコ湾や西インド諸島で発生する熱帯性低気圧の嵐はhurricane（ハリケーン）。しばしばアメリカを襲う。

□ Japan has many **earthquakes**. 日本は**地震**が多い。

⊕ 同じく災害を表す語「雷」に関しては，英語ではthunder「雷鳴」とlightning「稲妻」とを使い分ける。

□ Be careful of the sun's **rays**. 太陽**光線**に注意しなさい。

□ The **shadows** are long in autumn. 秋は**影**が長い。

□ Let's sit in the **shade**. **日陰**に座りましょう。

⊕ shadowが形のはっきりした影を指すのに対し，shadeは形のはっきりしない陰を指す。

□ **Temperatures** in the city reached 30℃. その都市の**気温**は30度に達した。

□ We walked in the **field**. 私たちは**野原**を歩いた。

⊕ 日本では競技場のことを「グラウンド」と言うが，groundは単なる「地面」を意味する語でもあるので，英語では具体的にsoccer fieldなどと表現するほうがよい。

□ The **desert** is very hot. **砂漠**はとても暑い。

□ The earth's **atmosphere** looks blue. 地球の**大気**は青く見える。

確実度や程度を表す語

769	**certainly** 発 ア [sə́:rtənli] サ～トンり	副 ①確かに，きっと ②《質問や依頼への返答で》承知しました，もちろんです
770	**probably** ア [prá:bəbli] プラバブり	副 おそらく，たぶん
771	**perhaps** ア [pərhǽps] パハぁプス	副 たぶん，ことによると
772	**maybe** [méɪbi(:)] メイビ(ー)	副 たぶん，ことによると
773	**especially** ア [ɪspéʃəli] イスペシャり	副 特に
774	**actually** [ǽktʃuəli] あクチュアり	副 実際に，(まさかと思うだろうが)本当に ➡□ actual 形 実際の
775	**almost** [ɔ́:lmoust] オーるモウスト	副 ほとんど ➡□ most 形 ほとんどの
776	**hardly** [há:rdli] ハードり	副 ほとんど～ない

能力／可能・不可能を表す語

777	**able** [éɪbəl] エイブる	形 できる，有能な(⇔ □ unable できない) ➡□ be able to do …することができる
778	**enable** [ɪnéɪbəl] エネイブる	動 (〈人〉に…することを)可能にする
779	**possible** [pá:səbəl] パシブる	形 ①可能な ②ありえる(⇔ □ impossible) ➡□ it is possible (for 〈人〉) to do (〈人〉が)…することができる □ as soon as possible できるだけ早く
780	**impossible** ア [ɪmpá:səbəl] イムパシブる	形 ①不可能な ②ありえない ➡□ it is impossible (for 〈人〉) to do (〈人〉が)…することができない

「確実度を表す副詞」の目安

100% ← ① ② 50% ③／④ → 0%

- □ It's **certainly** a great book. ／ それは**確かに**すばらしい本だ。
- □ You'll **probably** feel better soon. ／ **おそらく**じきに気分がよくなるでしょう。
- □ **Perhaps** she's in the garden. ／ **たぶん**彼女は庭にいるよ。
- □ **Maybe** he just made a mistake. ／ **たぶん**彼は間違えただけだ。
- □ She **especially** likes this song. ／ 彼女はこの歌が**特に**好きだ。
- □ Tell me what you **actually** did. ／ あなたが**実際に**したことを私に話しなさい。
- □ I'm **almost** ready. ／ **ほとんど**用意ができています。

➕ almostは副詞なので「ほとんどの生徒」の場合，(×) almost students，(○) almost all the students

- □ I can **hardly** believe it. ／ 私にはそれが**ほとんど**信じられ**ない**。

- □ Luckily, I **was able** to come. ／ 幸運にも，私は来ることが**できた**。
- □ The glasses **enabled** him to read. ／ そのメガネは彼が読むことを**可能にした**。

➕ 無生物を主語にとることが多い。

- □ Is it **possible** to get tickets? ／ チケットを手に入れることは**可能**ですか。
- □ It's **impossible** to finish this today. ／ これを今日終わらせることは**不可能**だ。

① certainly　② probably　③ maybe　④ perhaps

病気に関する語

781	**sick** [sík] スィック	形 病気の，**吐き気がする**(⇔ □ well 健康で) ➡□ be sick in bed 病気で寝ている
782	**ill** [íl] イる	形 ①《おもに((英))で》病気で ②**悪い** 副 **悪く** ➡□ illness 名 病気
783	**doctor** [dɑ́:ktər] ダクタ	名 医者 参 肩書きとして，Dr. と略すことができる。

単位に関する語

784	**meter** 発 [mí:tər] ミータ	名 メートル 注 ((英)) metre ➡□ centimeter センチメートル 注 ((英)) centimetre □ kilometer キロメートル 注 ((英)) kilometre
785	**mile** [máɪl] マイる	名 マイル《**約 1.6 キロメートル**》
786	**ton** [tʌ́n] タン	名 トン
787	**percent** ア [pərsént] パセント	名 パーセント ➡□ percentage 名 割合，パーセンテージ
788	**dozen** [dʌ́zən] ダズン	名 **12(個)，1 ダース** 形 **1 ダースの，かなりたくさんの** ➡□ dozens of ... 多数の…

金銭・物のやりとりをする

789	**pay** [péɪ] ペイ	動 **(代金など)(を)支払う** 〈pay-paid-paid〉 名 **給料** ➡□ payment 名 支払い
790	**receive** 発 [rɪsí:v] リスィーヴ	動 **を受け取る**
791	**lend** [lénd] れンド	動 **(物・金)を貸す** 〈lend-lent-lent〉
792	**borrow** [bɑ́:roʊ] バロウ	動 **(物・金)を借りる** ➡□ rent 動 を賃借りする

lend と borrow は対義語の関係だが，いずれも無料での貸し借りを表す。それに対して，rent は rent-a-car（レンタカー）のように有料でお店などから部屋や車を一定の金額で一定の期間

□ Kate has been sick in bed. ケイトは病気で寝ている。

□ I became ill because of stress. 私はストレスから病気になった。

ill（病気で）は，ふつうは名詞の前には用いない。（×）an ill man，（○）a sick man

□ The doctor gave her some medicine. 医者は彼女に薬を与えた。

□ The river is ten meters wide. その川の幅は 10 メートルだ。

□ It's two miles to the store. その店まで 2 マイルだ。

英米では日本と距離・長さを表す単位が違う。inch（インチ＝2.54cm），foot（フィート＝30.48cm）など。

□ They carried two tons of rice. 彼らは米を 2 トン運んだ。

□ Prices have fallen by six percent. 価格（物価）が 6 パーセント下がった。

イギリス英語では，per cent とつづることもある。

□ He bought a dozen eggs. 彼は卵を 12 個買った。

□ Can I pay you tomorrow? 明日，君に払うってことでいいですか。

□ Did you receive my letter? 私の手紙を受け取りましたか。

□ Could you lend me $5? 5 ドル貸してくれませんか。

□ Can I borrow your pen? ペンを借りていいですか。

「借りる（貸す）」ような場合に使われる。トイレのような，備え付けで移動できないものを借りる（使わせてもらう）ときは，use を使う。

よい状態・性質を表す語

793 **lucky** [lʌ́ki] らキ
形 幸運な ➡□ luck 名 運, 幸運
□ luckily 副 運よく, 幸運にも

794 **famous** [féɪməs] ふェイマス
形 有名な ➡□ be famous for ... …で有名な
□ fame 名 名声

795 **familiar** ア [fəmíljər] ふァミリア
形 ①なじみの, **よく知られた** ②**親しい**
➡□ be familiar to ... …によく知られている
□ be familiar with ... …をよく知っている, …と親しい

796 **fresh** [fréʃ] ふレッシュ
形 新鮮な, **新しい**

797 **clear** [klíər] クリア
形 ①澄んだ, **はっきりした** ②**晴れた**
➡□ clearly 副 はっきりと, 明らかに

798 **wise** 発 [wáɪz] ワイズ
形 賢い
➡□ wisdom 名 知恵

知性・学問に関する語

799 **knowledge** 発 ア [ná:lɪdʒ] ナリッヂ
名 知識

800 **fact** [fǽkt] ふぁクト
名 事実, **現実**

801 **truth** 発 [trú:θ] トルーす
名 真実, **真理**
➡□ true 形 本当の

802 **reason** [rí:zən] リーズン
名 理由
➡□ reasonable 形 もっともな, (値段が) 手ごろな

803 **meaning** [mí:nɪŋ] ミーニング
名 意味, **意図**
➡□ meaningful 形 意味のある

804 **authority** ア [əθɔ́:rɪti] オそーリティ
名 権威(者), **大家**, **権限**

「新しさ」の英語
fresh も new も, old に対して「新しい」「最近作られた」という意味をもつが, 特に fresh は

□ I'm really lucky to be here.	私はここにいられて本当に幸運です。
□ He is a very famous actor.	彼はとても有名な俳優だ。
□ This music is familiar to me.	この音楽は私にとってなじみがある。
□ Let some fresh air in.	新鮮な空気を入れなさい。

➕ 日本では新社会人のことをフレッシュマンと言うが，英語の freshman は高校・大学1年生のこと。

□ Her voice is very clear.	彼女はとても澄んだ声をしている。
□ Mr. Sato is a wise man.	佐藤さんは賢い人だ。

➕ その他の「賢い」：smart（気の利いた，そつのない），clever（頭の回転が速く，抜け目がない）bright（聡明な）。

□ I don't have enough knowledge.	私は十分な知識がない。
□ We learn many facts in school.	私たちは学校で多くの事実を学ぶ。
□ Did you tell him the truth?	君は彼に真実を話しましたか。
□ There's no reason to do that.	そんなことをする理由がない。
□ What's the meaning of this word?	この単語の意味は何ですか。
□ He is an authority on kabuki.	彼は歌舞伎についての権威者だ。

「新鮮な」新しさを表す。注意したいのは fresh と raw（生の）は異なるということ。たとえば，新鮮な野菜はサラダに使っていてもスープに入っていても，fresh で表すことができる。

よい状態・性質を表す語

805 **perfect** ア [pə́:rfɪkt] パ～ふィクト
形 完ぺきな，**完全な**
➡□ perfectly 副 完ぺきに，完全に

806 **precious** [préʃəs] プレシャス
形 貴重な，**高価な**

807 **convenient** ア [kənví:njənt] コンヴィーニェント
形 便利な，**都合のよい** ➡□ convenience 名 便利
□ if it is convenient for you あなたの都合がよければ

808 **professional** ア [prəféʃənəl] プロふェショヌる
形 プロの，**専門職の**（⇔ □ amateur アマの，素人の）
➡□ profession 名（専門的な）職業

数量に関する語

809 **several** ア [sévrəl] セヴルる
形 いくつかの，**いく人かの**

810 **extra** [ékstrə] エクストラ
形 余分の，**特別の**

811 **whole** [hóul] ホウる
形 全体の，**すべての**

812 **full** [fúl] ふる
形 (～で)いっぱいの
➡□ be full of ... …でいっぱいである

813 **empty** [émpti] エムプティ
形 からの
動 **をからにする**

814 **equal** 発 [í:kwəl] イークワる
形 等しい，**平等な** 動 **に等しい**
➡□ equally 副 等しく，均等に □ equality 名 平等

815 **less** [lés] れス
《**little の比較級**》（⇔ □ more）形（量・程度が）より少ない 名 **より少ないもの** 副 **より少なく**

816 **least** 発 [lí:st] リースト
《**little の最上級**》（⇔ □ most）形（量・程度が）もっとも少ない 名《**the ～で**》**もっとも少ないもの** 副 **もっとも少なく**

less / least は反意語の more / most と対で考えるとよい。the most interesting book は「もっともおもしろい本」。the least interesting book はその逆の「もっともおもしろくない本」，言い換えると「もっともつまらない本」ということ。

☐ She speaks perfect English. 彼女は完ぺきな英語を話す。

☐ This is a precious ring. これは貴重な指輪だ。

☐ This looks like a convenient place. ここは便利な場所のようだ。

☐ She is a professional singer. 彼女はプロの歌手だ。

☐ We visited them several times. 私たちは彼らを数回訪ねた。

☐ I don't have any extra pens. 私は余分なペンを持っていません。

☐ The whole class welcomed him. クラス全体が彼を歓迎した。

☐ The museum was full of students. 美術館は学生でいっぱいだった。

☐ The desk is empty now. 今，机はからです。

emptyは「物が入っていない」だけでなく，人がいない（人けがない）状況を表すのにも使える語。

☐ Cut the cake into equal pieces. ケーキを均等に切りなさい。

☐ He has less experience than others. 彼はほかの人より経験が少ない。

☐ Who has the least money? もっとも持っているお金が少ないのはだれですか。

心理・精神世界に関する語

817	**mind** [máɪnd] マインド	名 (知的・理性的な)心，精神 動 ①《疑問文・否定文で》(を)気にする，(を)いやだと思う　②《通常は命令文で》(に)気をつける ➡□ Never mind. 気にするな。
818	**sense** [séns] センス	名 感覚，感じ　動 を感じる ➡□ make sense 意味が通じる
819	**mood** [múːd] ムード	名 気分，気持ち，機嫌，雰囲気 ➡□ in a (bad) mood 不機嫌で
820	**fear** [fíər] ふィア	名 恐れ，恐怖，不安　動 (を)恐れる，(を)心配する ➡□ fearful 形 恐ろしい
821	**memory** ア [méməri] メモリ	名 ①記憶(力)　②思い出 ➡□ memorial 形 記念の　名 記念物
822	**spirit** [spírət] スピリット	名 ①精神，心　②霊　③《(複)で》気分
823	**ghost** 発 [góust] ゴウスト	名 幽霊
824	**certain** 発 [sə́ːrtən] サ～トン	形 ①確信して，確実な　②ある～ ➡□ be certain to do 必ず…する
825	**aware** [əwéər] アウェア	形 (～に)気づいて ➡□ awareness 名 気づいていること，気づくこと

よくない状態・性質を表す語

826	**angry** [ǽŋgri] あングリ	形 怒って ➡□ anger 名 怒り
827	**dead** [déd] デッド	形 死んだ，(植物が)枯れた
828	**weak** 発 [wíːk] ウィーク	形 ①弱い　②(飲み物などが)薄い ➡□ weaken 動 を弱くする，弱くなる

「心」の英語　mind は思考や理性をつかさどる部分としての「心」を指し，spirit は肉体に対する「心」「精神」を表す。heart は，感情をつかさどる部分としての「心」を表す一方で，臓器と

□ I didn't mind the rain. 私は雨を気にしなかった。

ミスした人を励ますときなどに使う「ドンマイ」という表現は和製英語（× don't mind）なので注意しよう。

□ He has a sense of humor. 彼にはユーモアを理解する感覚がある。

□ I'm in the mood for music. 音楽を聴きたい気分だ。

日本語の「ムード」は「雰囲気」的な意味で使われるが，moodには「気分」「気持ち」の意味があることに注意。

□ He didn't show his fear. 彼は恐れを見せなかった。

□ My memory is not so good. 私の記憶力はあまりよくない。

□ She still feels young in spirit. 彼女はまだ精神的に若いと感じている。

□ Do you believe in ghosts? 幽霊はいると思いますか。

□ I'm certain that he will win. 私は彼が勝つと確信している。

□ I wasn't aware of that fact. 私はその事実に気づいていなかった。

□ Why are you angry with Jody? あなたはなぜジョディに怒っているのですか。

□ Is this mouse really dead? このネズミは本当に死んでいるのですか。

□ His team is very weak. 彼のチームはとても弱い。

しての「心臓」も表す。soul（p.320）は肉体に宿っているが，肉体を離れても，また死後も存在すると考えられる「心」「魂」を意味する。

接頭辞 un- がつく語

829 **unable** [ʌnéɪbəl] アネイブる
形《**be unable to do** で》…できない

830 **unfair** 発 [ʌnféər] アンふェア
形 不公平な

831 **unknown** [ʌnnóʊn] アンノウン
形 知られていない，**無名の**

832 **unlike** [ʌnláɪk] アンらイク
前 …と違って
形 **似ていない**

感情を表す他動詞から派生した語

833 **boring** [bɔ́ːrɪŋ] ボーリング
形 退屈な

834 **bored** 発 [bɔ́ːrd] ボード
形 (人が)退屈して
➡□ be bored with ... …で退屈する

835 **exciting** [ɪksáɪtɪŋ] イクサイティング
形 (人を)わくわくさせるような，**興奮させる**

836 **excited** [ɪksáɪtɪd] イクサイティド
形 (人が)興奮して
➡□ be excited at ... …に興奮する

837 **interesting** [íntərəstɪŋ] インタレスティング
形 おもしろい，**興味深い** ➡□ interest 名 興味，関心 □ interestingly 副 興味深く，おもしろく，興味深いことに，おもしろいことに

838 **interested** [íntərəstɪd] インタレスティド
形 (人が)興味をもって
➡□ be interested in ... …に興味がある

839 **surprising** [sərpráɪzɪŋ] サプライズィング
形 驚くべき，**意外な**
➡□ surprisingly 副 驚くほどに，驚いたことには

840 **surprised** [sərpráɪzd] サプライズド
形 驚いて ➡□ be surprised at[by] ... …に驚く
□ be surprised to do …して驚く

上の形容詞は，それぞれ他動詞 bore（を退屈させる），excite（を興奮させる），interest（に興味をもたせる），surprise（を驚かせる）から派生した語。ふつう，-ed の形は人が主語になることが多く，-ing の形は物が主語になることが多い。

□ I'm afraid I'm unable to help.	手伝うことができないと思います。
□ I think some laws are unfair.	私は法律のいくつかは不公平だと思う。
□ The singer is unknown in Japan.	その歌手は日本では知られていない。

➕ namelessも「無名の」と訳せるが，単にまだ名前が付けられていないという意味でも使われる。

□ Unlike America, our country is small.	アメリカと違って，私たちの国は小さい。

□ It's a boring movie.	退屈な映画だ。
□ I'm bored with this TV program.	私はこのテレビ番組に退屈している。
□ Is there any exciting news today?	今日はわくわくさせるようなニュースがありますか。
□ People were excited at the concert.	コンサートで人々が興奮していた。
□ The comic book is interesting.	そのマンガはおもしろい。
□ She's always been interested in music.	彼女はつねに音楽に興味をもっている。
□ I've just heard some surprising news.	驚くべき知らせを聞いたところなんだ。
□ I was surprised at his score.	私は彼の点数に驚いた。

物質／形に関する語

□□□ 841 **oil** [ɔ́ɪl] オイる
名 石油，油

□□□ 842 **glass** [glǽs] グらぁス
名 ①ガラス　②コップ　③《(複) glasses で》めがね

□□□ 843 **board** 発 [bɔ́:rd] ボード
名 ①板，盤，台，ボード
②委員会

□□□ 844 **tube** [t(j)ú:b] テュ［トゥ］ーブ
名 ①管　②(絵の具などの)チューブ
③《しばしば the ～で》(ロンドンの)地下鉄
➡□ underground ((英)) 地下鉄(=□ subway ((米)))

□□□ 845 **shape** [ʃéɪp] シェイプ
名 姿・形
動 を形作る

□□□ 846 **pattern** 発 ア [pǽtərn] パぁタン
名 ①模様　②(行動などの)型，パターン

文化に関する語

□□□ 847 **tradition** ア [trədíʃən] トラディション
名 伝統　➡□ traditional 形 伝統的な
□ traditionally 副 伝統的に

□□□ 848 **item** 発 [áɪtəm] アイテム
名 ①(新聞)記事　②項目，品目　③(特定の) 1 品，アイテム

□□□ 849 **congratulation** ア [kəngrædʒəléɪʃən] コングラぁチュれイション
名 祝い　➡□ Congratulations! おめでとう。
□ congratulate 動 を祝う

□□□ 850 **museum** 発 ア [mju(:)zíəm] ミュ(ー)ズィアム
名 博物館，美術館

□□□ 851 **statue** [stǽtʃu:] スタぁチュー
名 像，彫像

□□□ 852 **exhibition** [èksəbíʃən] エクスィビション
名 展覧会，展示会(=□ exhibit 注 ((米)))

意味の広がり
board は「板」という意味から，板でできたテーブルで会議をする「委員会」の意味が生まれた。

□ Japan imports most of its **oil**.	日本は**石油**のほとんどを輸入している。
□ The door was made of **glass**.	ドアは**ガラス**製だった。
□ I'll check the information **board**.	案内**板**を確認しよう。
□ I broke the test **tube**.	私は試験**管**を割ってしまった。
□ Clouds can have interesting **shapes**.	雲はおもしろい**形**をしている。
□ I see a **pattern** here.	ここに**模様**があります。

➕ 水玉模様はpolka-dot pattern，花模様（花柄）はfloral patternというように表現する。

□ They are following an ancient **tradition**.	彼らは昔からの**伝統**に従っている。
□ What is the next **item** today?	本日の次の**記事**は何ですか。
□ She received a lot of **congratulations**.	彼女は多くの**祝福**を受けた。
□ The **museum** is closed on Mondays.	その**博物館**は月曜日は閉館だ。
□ A **statue** of Momotaro stands there.	そこに桃太郎の**像**が立っている。
□ I went to the art **exhibition**.	私は美術**展**に行った。

tubeは断面が丸い「管」であることから，同じ形の「チューブ」を，そしてトンネルがチューブ状の「(ロンドンの) 地下鉄」を指すようになった。

自然現象などを表す動詞

853 **burn** 発
[bə́ːrn] バ～ン
動 ①燃える，を燃やす　②こげる，をこがす　③をやけどさせる 〈burn-burned/burnt-burned/burnt〉

854 **burst**
[bə́ːrst] バ～スト
動 破裂する，爆発する，を破裂させる 〈burst-burst-burst〉

855 **shine**
[ʃáɪn] シャイン
動 ①輝く　②を磨く 〈shine-shone-shone〉
➡□ shiny 形 光る，輝く，晴天の

856 **blow**
[blóʊ] ブろウ
動 (風が)吹く，を吹く 〈blow-blew-blown〉

857 **spread** 発
[spréd] スプレッド
動 広がる，を広げる 〈spread-spread-spread〉

分類する

858 **separate** ア
[sépərèɪt] セパレイト
動 を引き離す，離れる，を分ける，分かれる
形 分かれた　➡□ separation 名 分離

859 **divide**
[dɪváɪd] ディヴァイド
動 を分ける，分かれる
➡□ division 名 割り算，分割

860 **choose** 発
[tʃúːz] チューズ
動 (を)選ぶ 〈choose-chose-chosen〉
➡□ choice 名 選択

861 **prefer** ア
[prɪfə́ːr] プリふァ～
動 ～のほうを好む 〈prefer-preferred-preferred〉
➡□ prefer ... to ～ ～より…のほうを好む

862 **hate**
[héɪt] ヘイト
動 をひどく嫌う，を憎む

863 **compare** ア
[kəmpéər] コムペア
動 ①と比較する　②をたとえる
➡□ compare ... with[to] ～ …を～と比較する
□ compare ... to ～ …を～にたとえる

864 **distinguish**
[dɪstíŋgwɪʃ] ディスティングウィシュ
動 を区別する，を見分ける
➡□ distinguish ... from ～　…を～から区別する

> I prefer coffee to tea. は I like coffee better than tea. と書きかえ可能。than ではなく to を使うことに注意。

☐ Logs were burning in the fireplace. 暖炉で丸太が燃えていた。

☐ The balloon burst suddenly. 風船が突然破裂した。

☐ The sun was shining all day. 一日中，太陽が輝いていた。

☐ A strong wind was blowing. 強い風が吹いていた。

☐ The rumor spread quickly. そのうわさはすぐに広まった。

➕ パンにバターを（広げるように）塗ったり，食卓に皿を（広げるように）並べるのも spread で表現できる。

☐ They separated the two boys. 彼らは 2 人の少年を引き離した。

☐ We divided the children into groups. 子どもたちをグループに分けた。

☐ You can choose anything you want. 何でも欲しいものを選んでいいよ。

☐ I prefer coffee to tea. 私は紅茶よりコーヒーのほうを好む。

☐ He hates making speeches. 彼はスピーチをすることをひどく嫌う。

☐ Compare city life with country life. 都市生活を田園生活と比較してみなさい。

☐ We must distinguish right from wrong. 私たちは善悪を区別しなくてはならない。

仕事・職業に関する語

865 **hire** 発
[háɪər] ハイア
動 ①(時間決めで)を雇う　②を賃借りする
名 借り賃，賃借り

866 **order**
[ɔ́ːrdər] オーダ
動 ①(を)命令する　②(を)注文する
名 ①命令　②注文　③順序　④秩序
➡□ out of order (機械が)故障して

867 **deliver** ア
[dɪlívər] ディリヴァ
動 ①を配達する，を届ける　②(演説など)をする
➡□ delivery 名 配達

868 **leader**
[líːdər] リーダ
名 指導者，リーダー
➡□ leadership 名 指導(力)，指導者の地位

869 **engineer** ア
[èndʒəníər] エンヂニア
名 技師，エンジニア

870 **clerk**
[kləːrk] くら〜ク
名 事務員，店員 注 ((米))

871 **actor**
[ǽktər] あクタ
名 俳優，男優(⇔ □ actress 女優)

程度を表す語

872 **indeed**
[ɪndíːd] インディード
副 実に，本当に

873 **exactly** ア
[ɪgzǽktli] イグザぁクトリ
副 ①ちょうど，正確に　②《応答で》まったくそのとおりです。　➡□ exact 形 正確な，厳密な

874 **quite**
[kwáɪt] クワイト
副 ①まったく　②かなり

875 **nearly**
[níərli] ニアリ
副 ほとんど，ほぼ

876 **rather**
[rǽðər] ラぁざ
副 かなり，いくぶん
➡□ rather A than B / A rather than B Bよりもむしろ A　□ would rather do むしろ〜したい

very (とても，非常に) の次の「かなり」「やや」にあたるのが，quite，rather，そして pretty あたりであると考えよう。

□ They hired a young woman. 彼らは若い女性を雇った。

□ The president ordered her to return. 社長は彼女に戻るよう命じた。

□ Please deliver the meal to him. 彼に食事を配達してください。

□ Bill was a good leader. ビルはよい指導者だった。

□ Many computer engineers work there. たくさんのコンピュータ技師がそこで働いている。

□ I'm a clerk at a bank. 私は銀行の事務員です。

□ The actor is popular among girls. その俳優は少女たちの間で人気がある。

⊕「声優」は voice actor で, CV (character voice) という表現は和製英語。

□ Thank you very much indeed. 本当にどうもありがとう。

□ He came back at exactly seven. 彼はちょうど 7 時に戻った。

□ It's quite impossible to finish it. それを終わらせるのはまったく不可能だ。

□ The work is nearly finished. その仕事はほとんど終わりです。

□ It's rather cold today, isn't it? 今日はかなり寒いですね。

日常の動作

877	**pick** [pík] ピック	動 ①をつみ取る ②を選ぶ ③をつつく
878	**pull** [púl] プる	動 (を)引く 名 引くこと ➡□ pull out ... …を引き抜く
879	**ring** [ríŋ] リング	動 ①(ベル・電話などが)鳴る, を鳴らす 〈ring-rang-rung〉 ②(に)電話をかける 注 ((英)) 名 (指)輪
880	**lean** [líːn] リーン	動 ①傾く ②もたれる ➡□ lean on[against] ... …にもたれる
881	**dig** [díg] ディッグ	動 (地面・穴)を掘る 〈dig-dug-dug〉
882	**fill** [fíl] ふィる	動 を満たす, 満ちる, をいっぱいにする ➡□ fill ... with ～ …を～で満たす, …が～で満ちる
883	**swing** [swíŋ] スウィング	動 を振る, を揺らす, 揺れる 〈swing-swung-swung〉 名 ①揺れること ②ぶらんこ
884	**rub** 発 [rʌ́b] ラブ	動 ①をこする, を磨く ②(塗り薬など)をすり込む 〈rub-rubbed-rubbed〉

語根 vent (来る) で覚える語

885	**adventure** ア [ədvéntʃər] アドヴェンチャ	名 冒険
886	**event** ア [ɪvént] イヴェント	名 できごと, 事件, 行事
887	**invent** ア [ɪnvént] インヴェント	動 を発明する ➡□ invention 名 発明(品)
888	**prevent** ア [prɪvént] プリヴェント	動 をさまたげる, を防ぐ ➡□ prevent ... from -ing …が～するのをさまたげる

adventure は, 接頭辞 ad (自分の方に) ＋ 語根 vent (来る) ＋ 接尾辞 ure (もの) で「偶然出くわすこと, 偶発的に何かが起こること」→「冒険」という構成である。また, ad が取れた venture は「冒険, 賭け, 投機」の意味となる。それでは, 語根 vent とその他の接頭辞が結び付いてできた, ① event, ② invent, ③ prevent の構成も確認してみよう。

□ Don't pick the flowers. 花をつみ取るな。

□ Please pull the rope. ロープを引いてください。

□ I heard the phone ringing. 私は電話が鳴っているのを聞いた。

□ The pole is leaning a little. ポールが少し傾いている。

□ The dog was digging a hole. イヌが穴を掘っていた。

□ I filled her glass with water. 私は彼女のグラスを水で満たした。

「条件を満たす」というような場合は，meet または fulfill を使うのが一般的。

□ The boy swung the bat. 少年はバットを振った。

□ Stop rubbing your eyes. 眼をこするのをやめなさい。

□ He told us about his adventures. 彼は冒険について私たちに話してくれた。

□ I heard about the event yesterday. 昨日，私はそのできごとについて聞いた。

□ The telephone was invented in 1876. 電話は 1876 年に発明された。

□ They prevented me from escaping. 彼らは私が逃げるのをさまたげた。

接頭辞	語根	
①外に e ②中に in ③前に pre	vent 来る	①外に＋来る＝外に出て来る→できごと ②中に＋来る＝心の中にひらめいて来る→発明する ③前に＋来る＝前に立ちはだかる→さまたげる

身につけておきたい熟語①基本動詞句

889	**look for ...**	…を探す，を求める
890	**look after ...**	…の世話をする (= □ take care of ...)
891	**look around ...**	①(…を)見回す ②(…を)見物してまわる (= □ look round[about] ...)
892	**look like ...**	…に似ている，…のように見える
893	**look up (～)**	①(辞書などで語など)を調べる ②見上げる
894	**look up to ...**	①…を尊敬する ②…を見上げる ➡□ look up to〈人〉as ～〈人〉を～として尊敬する
895	**write to ...**	…に手紙を書く
896	**write down ～**	を書き留める
897	**grow up**	成長する，育つ ➡□ grow up to be ... 成長して…になる
898	**cut down ～**	①(木)を切り倒す ②(経費など)を切り詰める，(数量)を減らす
899	**go to bed**	寝る，就寝する
900	**wake up (～)**	目を覚ます，の目を覚まさせる

※見出し語の「...」と「～」の違い
「...」は**前置詞**のあと，「～」は動詞句の**副詞**のあとに目的語がくることを示す。
「動詞＋副詞＋～」では目的語の位置が「**動詞＋～＋副詞**」になる場合があることに注意。特に目的語が**代名詞**の場合は動詞と副詞のあいだに位置する。

□ I'm looking for some T-shirts.	私はTシャツを探している。
□ Can you look after my dog?	うちのイヌの世話をしてくれますか。
□ The teacher looked around the classroom.	先生は教室を見回した。
□ Nancy looks like my sister.	ナンシーは私の姉(妹)に似ている。
□ I looked up the word.	私はその言葉を調べた。
□ We look up to Mr. Smith.	我々はスミス氏を尊敬している。
□ Don't forget to write to me. ➕ アメリカ英語では, to を省略することがある。	私に手紙を書くのを忘れないで。
□ He wrote down her phone number.	彼は彼女の電話番号を書き留めた。
□ I grew up in this town.	私はこの街で成長した。
□ They have cut down many trees.	彼らは多くの木々を切り倒した。
□ It's time to go to bed.	もう寝る時間だよ。
□ I woke up at five.	私は5時に目を覚ました。

wake up (目を覚ます) と get up (起きる) は意味が違う。get up は「ベッドから出ること」, go to bed は「ベッドに入ること」。一方, go to sleep と fall asleep はほぼ同じ意味で,「眠りに入る」ことを指す。ちなみに, get to sleep (寝つく) という表現もあるが, ふつう否定文で用いる。〈例〉I couldn't get to sleep last night because of the noise from my neighbor's stereo. (近所のステレオの音で, 昨夜は寝つけなかった)

身につけておきたい熟語② be 動詞を含む熟語

901	**be good at (-ing)**	(…すること)がじょうずである
902	**be late for ...**	…に遅れる
903	**be fond of (-ing)**	(…すること)が好きである
904	**be afraid of ...**	…を恐れる，…がこわい ➡□ be afraid of -ing …するのではないかと心配する，…するのをこわがる □ be afraid to do …するのをこわがる
905	**be short of ...**	…が不足している，…が足りない
906	**be proud of ...**	…を誇りにしている
907	**be familiar with ...**	…に詳しい，…に精通している
908	**be familiar to ...**	…によく知られている，…になじみ深い
909	**be pleased with ...**	…に満足している，…を喜んでいる
910	**be filled with ...**	…で満ちている，…でいっぱいである
911	**be based on ...**	…に基づいている (= □ be based upon ...)
912	**be lost**	道に迷っている ➡□ get lost / lose one's[the] way 道に迷う

be fond of ... は like とほぼ同意だが，like より意味が強く，「好きで好きでたまらない」というニュアンスをもつ。これ以外に動詞 love も「大好きである」という意味でよく使う。
〈例〉Meg loves playing tennis.（メグはテニスをすることが大好きだ）

□ He is good at taking photos.	彼は写真を撮るのがじょうずだ。
□ I was late for the meeting.	私は会議に遅れた。
□ She is fond of chocolate cake.	彼女はチョコレートケーキが好きだ。
□ I'm afraid of earthquakes.	私は地震を恐れている。
□ I'm short of money today.	今日，私はお金が不足している。
□ She is proud of her children.	彼女は自分の子どもたちのことを誇りにしている。
□ Are you familiar with Japanese history?	あなたは日本の歴史に詳しいですか。
□ Is that song familiar to young people?	あの歌は若者によく知られているのですか。
□ I am pleased with your work.	私は君の仕事に満足している。
□ The tank was filled with oil.	そのタンクは石油で満たされていた。
□ Her advice is based on experience.	彼女の忠告は経験に基づいている。
□ He was lost in the forest.	彼は森の中で道に迷っていた。

身につけておきたい熟語③基本動詞句

913 **break up (~)**
①をばらばらにする，ばらばらになる
②（会など）を解散させる，解散する，壊す
③（人間関係）を終わらせる，（人間関係が）終わる

914 **break out**
（戦争・火事などが）（急に）起こる

915 **break down (~)**
①を（打ち）壊す
②（機械などが）壊れる，故障する

916 **break into ...**
①（建物）に押し入る，に侵入する（＝ □ break in）
②壊れて…になる　③突然…し始める

917 **cheer up (~)**
元気を出す，を元気づける，を励ます

918 **do one's[the] best**
最善をつくす

919 **do without ...**
…なしですます
➡□ do with ... …ですます，…で満足する

時を表す熟語

920 **at first**
最初は

921 **at last**
ついに，とうとう（＝ □ finally）

922 **first of all**
まず第一に

923 **for the first time**
初めて

924 **in the end**
ついに，結局，最後には
➡□ at the end of ... …の終わりに

at first と for the first time は混同しやすいので注意が必要。at first は「あとになってそれが変わる」という含みがあり，うしろに but ... が続くことが多い。for the first time は単に「初めて」という意味を表す。ちなみに，first of all は「まず第一に」という意味。いろいろな理由や項目

- □ He broke up the ice cubes. 彼は氷をばらばらにした。

➕ ②「解散する」の意味では, The Beatles broke up in 1970.（ビートルズは1970年に解散した）のように使う。

- □ A fire broke out there. 火事はそこで起こった。
- □ They broke down the old fence. 彼らは古いフェンスを壊した。
- □ Somebody broke into the bank. だれかが銀行に押し入った。
- □ Cheer up and smile! 元気を出して，笑顔を見せて。
- □ Please do your best. 最善をつくしてください。
- □ I can't do without a phone. 私は電話なしですますことはできない。

- □ I didn't like Thai food at first. 最初はタイ料理が好きではなかった。
- □ She succeeded at last. 彼女はついに成功した。
- □ First of all, read the book. まず第一に，本を読んでみなさい。
- □ I went skiing for the first time. 私は初めてスキーに行った。
- □ In the end, they got married. ついに，彼らは結婚した。

をあげる際に,「これが最初だ」ということを表す。そのあとに second(ly)「第二に」などと, 次の理由や項目が続くこともある。

身につけておきたい熟語④時を表す熟語

925	**in time**	間に合って ➡□ in time for ... …に間に合って
926	**on time**	時間どおりに ➡□ on time for ... ちょうど…の時間に
927	**right away**	すぐに，**ただちに** (＝ □ at once　□ right now 注((米)))
928	**at once**	すぐに，**ただちに**
929	**in a minute**	すぐに (＝ □ in a second　□ in a moment)
930	**at the same time**	同時に
931	**so far**	今までのところ，**これまで(は)** ➡□ So far(,) so good. これまでは順調である。
932	**by now**	今ごろは(もう)
933	**after a while**	しばらくして
934	**at the age of ...**	…歳のときに

基本動詞句

935	**be made from ...**	**(原料)**から作られる
936	**be made of ...**	**(材料)**でできている

加工されて原料が変化している場合には be made from ... を用い，加工されたあとも材料に変化がない場合は be made of ... を用いるのが原則。また，be made into ...（…に作り変えられる）という表現もある。材料が主語になり，製品があとにくるので注意。
〈例〉Milk cartons are made into recycled paper.（牛乳パックは再生紙に作り変えられる）

音声はここから▶
No.925～936

□ We were in time for the last bus.	私たちは最終のバスに間に合った。
□ The train left on time.	列車は時間どおりに出発した。
□ The concert will start right away.	コンサートはすぐに始まるだろう。
□ Go to bed at once.	すぐに寝なさい。
□ I'll be back in a minute.	すぐに戻ります。
□ We laughed at the same time.	私たちは同時に笑った。
□ I haven't talked to her so far today.	今日は今までのところ彼女と話していない。
□ She should be there by now.	彼女は今ごろはもうそこにいるはずだ。
□ After a while, they came back.	しばらくして，彼らは戻って来た。
□ He died at the age of eighty.	80 歳のときに彼は死んだ。

□ Cheese is made from milk.	チーズは牛乳から作られる。
□ The table is made of wood.	このテーブルは木でできている。

身につけておきたい熟語⑤基本動詞句

937	**depend on[upon] ...**	①…に頼る，…を当てにする ②…しだいである
938	**find out (〜)**	(を)知る，(を)見い出す，(正体など)を見破る
939	**figure out 〜**	①を理解する(= □ understand) ②を計算する
940	**carry out 〜**	①(計画など)を実行する ②を運び出す
941	**run out of ...**	…を使い切る，…を切らす，…がなくなる
942	**run away (from ...)**	(…から)逃げる

be 動詞を含む熟語

943	**be known to ...**	…に知られている
944	**be known as ...**	…として知られている

比較表現を用いた熟語

945	**less than ...**	…より少なく
946	**more than ...**	…より多く
947	**more and more ...**	ますます多くの…
948	**as many [much] as ...**	…も，…ほど多くの

find out は「調査や研究などをして何らかの事実を突きとめる」というニュアンスで使う。find のように「落とし物などを偶然見つける」という意味では使わないことに注意。そのため，find の目的語は具体的なもの，find out の目的語は抽象的なものがくる。

□ You can always depend on me.	いつも私に頼っていいよ。
□ I found out her real name.	私は彼女の本名を知った。
□ I can't figure out the reason.	私にはその理由を理解できない。
□ They carried out their plan.	彼らは計画を実行した。
□ We ran out of time.	私たちは時間を使い切った。
□ They ran away from the dog.	彼らはイヌから逃げた。

□ His face is known to everyone.	彼の顔はみんなに知られている。
□ She is known as a great pianist.	彼女は偉大なピアニストとして知られている。

□ I have less than 10 dollars.	私は 10 ドルより少ないお金を持っている。
□ There were more than 30,000 fans.	3 万人を超えるファンがいた。
□ More and more people are using it.	ますます多くの人がそれを使っている。
□ As many as 2,000 people work here.	2,000 人もの人がここで働いている。

➕ 数や量の多さを表現する。many の場合は as のあとに数，much の場合は as のあとに量を表す名詞が続く。

〈例〉I found a wallet on the street.（通りでサイフを見つけた）
When I got to the stadium, I found out that the game was canceled.
（競技場に着いたとき，試合が中止になったと知った）

身につけておきたい熟語⑥数量を表す熟語

949	**a lot of ... / lots of ...**	(数・量が)たくさんの…，**多くの…**
950	**a few**	(数が)少しはある，**少数の** ➡□ few 形(数が)ほとんどない
951	**a little**	(量が)少しはある，**少量の** ➡□ little 形(量が)ほとんどない
952	**quite a few**	(数が)かなりたくさんの・多くの
953	**quite a little**	(量が)かなりたくさんの・多くの ➡□ only a few / only a little ほんのわずかの数／量の □ not a few / not a little 少なくない数／量の
954	**plenty of ...**	(数・量が)たくさんの…，**十分な…**
955	**a number of ...**	(数が)いくつかの，**複数の…** ➡□ a deal of ...(量が) 多量の…
956	**a large[great] number of ...**	(数が)(とても)多数の… ➡□ a good[great] deal of ...(量が)(とても)多量の…
957	**a small number of ...**	(数が)わずかな…
958	**hundreds of ...**	何百もの…，**多数の…** ➡□ thousands of ... 何千もの…，多数の… □ hundreds and[of] thousands of ... 非常に多数の…，無数の…，何十万もの
959	**most of ...**	…の大部分，**…のほとんど**
960	**full of ...**	…でいっぱいの，**…で満ちた，…で満員の** ➡□ be filled with ... …でいっぱいである

「多くの」の英語

使われ方の基本は，many +可算名詞，much +不可算名詞，a lot of / lots of +可算・不可算名詞。many と much は主に否定文・疑問文・条件文で使う。肯定文ではふつう，a lot of / lots

□ A lot of tourists visit there. たくさんの観光客がそこを訪れる。

□ The city has a few libraries. その市には図書館がいくつかある。

□ Put in a little salt. 塩を少し入れなさい。

□ He has quite a few friends. 彼にはかなりたくさんの友人がいる。

□ We had quite a little snow. かなりたくさんの雪が降った。

□ We have plenty of time. 私たちにはたくさんの時間がある。

➕ plenty of には数えられる名詞も，数えられない名詞も続けることができる。plenty of money/books など。

□ This plan has a number of problems. この計画にはいくつかの問題がある。

□ A large number of fish died. とても多くの魚が死んだ。

□ There were a small number of mistakes. わずかな間違いがあった。

□ He wrote hundreds of love letters. 彼は何百通ものラブレターを書いた。

□ She ate most of the cake. 彼女がそのケーキの大部分を食べた。

□ The room was full of people. その部屋は人でいっぱいだった。

of を使う。肯定文で many や much を使うと，硬く感じられる。a lot of と lots of では，lots of のほうがくだけた感じがある。

Level 3 (212 words)

Emi has a ① **secret**[691] ② **dream**[690]. She wants to be a ③ **professional**[808] ④ **actor**[871]. Someday she will appear on the ⑤ **stage**[734] and will be ⑥ **known to**[943] everyone as a good actor.

One day, her friend Yuka whispered to her, “I want to introduce you to my ⑦ **relative**[731]. He came from Canada and is a college student. ⑧ **Actually**[774], he is an actor. He sometimes appears on a language program on TV. ”

Emi had a great ⑨ **interest**[687] in meeting him. He must know about the world of show business, she thought. In her ⑩ **mind**[817] she played with the idea of becoming an actor through him. She was ⑪ **excited**[836] to make friends with him. She said, “OK. Let’s meet at my favorite Italian restaurant tomorrow.”

The next day, Emi went to a beauty salon and got a hairstyle like a ⑫ **famous**[794] ⑬ **model**[749]’s. Then she went to the restaurant.

Yuka was sitting with a young man at the restaurant. When Emi saw his ⑭ **shadow**[763], she ⑮ **rubbed**[884] her eyes. He seemed ⑯ **familiar**[795] to her. It was Mike, one of her classmates from college.

Mike shouted, “Emi? I didn’t recognize you! What happened to your hair? Were you in a ⑰ **storm**[760]?”

“Oh, Mike. You have a great ⑱ **sense**[818] of ⑲ **humor**[689]. Now please ⑳ **pay**[789] me for my beauty salon bill!”

>>> 赤字の語句の意味を確認しよう

エミには①秘密の②夢がある。彼女は③プロの④俳優になりたい。いつか⑤舞台に立ち，いい俳優としてみんな⑥に知られるだろう。

ある日，彼女の友だちのユカが彼女にささやいた，「あなたに私の⑦親せきを紹介したいの。彼はカナダ出身で，大学生よ。⑧実は，彼は俳優なの。ときどきテレビの語学番組に出演しているのよ」。

エミは彼に会うことにとても⑨興味を持った。彼はショービジネスの世界について知っているに違いないと彼女は思った。彼女は⑩心の中で，彼を通じて俳優になるというアイデアを考えて演技をしていた。彼女は彼と友人になることに⑪わくわくしていた。彼女は言った，「いいわよ。明日，私の大好きなイタリアン・レストランで会いましょうよ」。

次の日，エミは美容院へ行き，髪型を⑫有名な⑬モデルのようにしてもらった。それから彼女はレストランへ行った。

レストランでユカは若い男性と座っていた。彼の⑭影を見たとき，エミは自分の目を⑮こすった。彼女には彼が⑯なじみがあるように思えた。それは大学時代からのクラスメートの1人であるマイクだった。

マイクは叫んだ，「エミなの？　君とはわからなかったよ。君の髪に何が起きたのかな。君は⑰嵐の中にいたのかい」。

「ああ，マイク。あなたは⑲ユーモアを理解する⑱センスがおおいにあるわ。さあ，私に美容院代を⑳支払ってちょうだい」

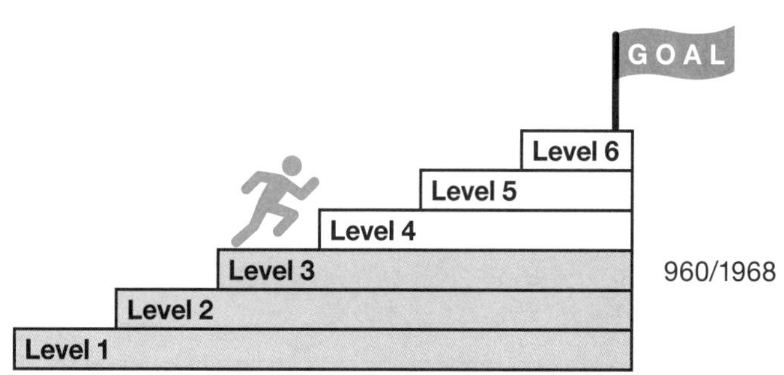

食べ物：Foods [fú:dz] ふーヅ

fruit	[frú:t]	ふルート	果物
apple	[ǽpəl]	あプる	リンゴ
orange	[ɔ́:rɪndʒ]	オーリンヂ	オレンジ
grape	[gréɪp]	グレイプ	ブドウ
banana	[bənǽnə]	バナあナ	バナナ
lemon	[lémən]	れマン	レモン
melon	[mélən]	メろン	メロン
pear	[péər]	ペア	ナシ
cherry	[tʃéri]	チェリ	サクランボ
peach	[pí:tʃ]	ピーチ	もも
meat	[mí:t]	ミート	肉
beef	[bí:f]	ビーふ	牛肉
pork	[pɔ́:rk]	ポーク	豚肉
chicken	[tʃíkɪn]	チキン	鶏肉
fish	[fíʃ]	ふイッシュ	魚
mackerel	[mǽkərəl]	マあクルる	サバ
tuna	[t(j)ú:nə]	トゥ[テュ]ーナ	マグロ
vegetable	[védʒtəbəl]	ヴェヂタブる	野菜
tomato	[təméɪtoʊ]	トメイトウ	トマト (複) tomatoes
potato	[pətéɪtoʊ]	パテイトウ	ジャガイモ (複) potatoes
corn	[kɔ́:rn]	コーン	トウモロコシ
spinach	[spínɪtʃ]	スピニッチ	ほうれん草
pumpkin	[pʌ́mpkɪn]	パムプキン	カボチャ
lettuce	[létəs]	れタス	レタス
cabbage	[kǽbɪdʒ]	キあビヂ	キャベツ
carrot	[kérət]	ケラト	ニンジン
onion	[ʌ́njən]	アニアン	タマネギ
cucumber	[kjú:kʌ̀mbər]	キューカムバ	キュウリ
eggplant	[égplæ̀nt]	エグプらあント	ナス
bean	[bí:n]	ビーン	豆
nut	[nʌ́t]	ナット	木の実

chopsticks
[tʃɑ́:pstɪ̀ks]
チァープスティクス
はし

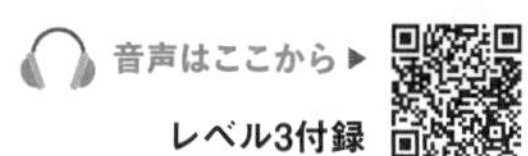

調理：Cooking [kúkɪŋ] クッキング

□① grill [gríl] グリる　を(網や直火で)焼く
□② fry [fráɪ] ふライ　を油で炒める，揚げる
□③ scramble [skrǽmbəl] スクラぁムブる　をかきまぜながら焼く
□④ poach [póutʃ] ポウチ　を熱湯の中に落としてゆでる
□⑤ steam [stíːm] スティーム　を蒸す
□⑥ roast [róust] ロウスト　を(直火かオーブンで)焼く
□⑦ broil [brɔ́ɪl] ブロイる　を(焼き網で)焼く，あぶる
□⑧ chop [tʃáːp] チャープ　を切り刻む
□⑨ grind [gráɪnd] グラインド　をひく，細かく砕く
□⑩ blend [blénd] ブれンド　を混ぜ合わせる
□⑪ stir [stə́ːr] スタ～　をかき回す，かき混ぜる
□⑫ whip [wíp] ウィプ　をかき回して泡立たせる
□⑬ squeeze [skwíːz] スクウィーズ　をしぼる，強く握る
□⑭ flour [fláuər] ふらウア　小麦粉
□⑮ jar [dʒáːr] ヂァー　(広口の)びん
□⑯ pot [páːt] パート　なべ
□⑰ pan [pǽn] パぁン　平なべ
□⑱ rice cooker [ráɪs kúkər] ライス　クッカ　炊飯器
□⑲ microwave [máɪkrəwèɪv] マイクラウェイヴ　電子レンジ
□⑳ refrigerator [rɪfrídʒərèɪtər] リふリヂレイタ　冷蔵庫
□㉑ freezer [fríːzər] ふリーザ　冷凍庫

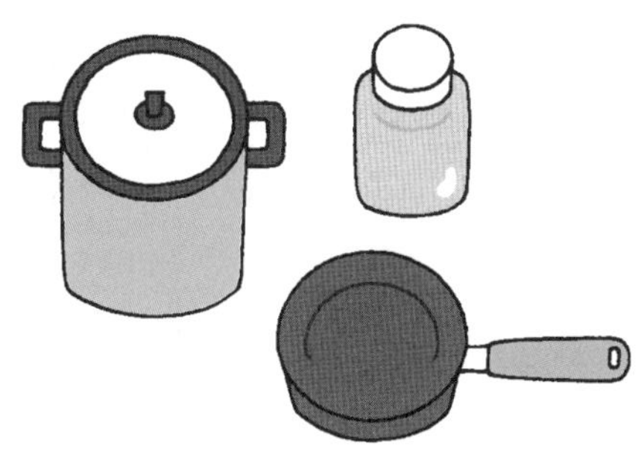

Level 1
Level 2
Level 3
Level 4
Level 5
Level 6

買い物：Shopping [ʃɑ́ːpɪŋ] シャーピング

□① small change [smɔ́ːl tʃéɪndʒ] スモーる チェインヂ 小銭
➡□ change おつり

□② electronic money [ɪlèktrɑ́ːnɪk mʌ́ni] イれクトラーニク マニ 電子マネー

□③ credit card [krédɪt kɑ́ːrd] クレディット カード クレジットカード
➡□ cash 現金

□④ purse [pə́ːrs] パ～ス 財布，小銭入れ

□⑤ wallet [wɑ́ːlət] ワーれット 財布，札入れ
➡□ bill《米》紙幣 □ note《英》紙幣

□⑥ department store [dɪpɑ́ːrtmənt stɔ́ːr] ディパートメント ストー デパート

□⑦ convenience store [kənvíːnjəns stɔ́ːr] コンヴィーニェンス ストー コンビニ

□⑧ supermarket [súːpərmɑ̀ːrkət] スーパマーキット スーパー

□⑨ grocery [gróusəri] グロウスリ 食料品店

□⑩ price tag [práɪs tǽg] プライス タぁグ 値札

□⑪ receipt [rɪsíːt] リシート レシート

□⑫ reasonable [ríːzənəbəl] リーズナブる （値段が）手ごろな

□⑬ discount [dískaunt] ディスカウント 値引き

□⑭ ... percent off …パーセント引き
（= □ a ... percent discount）

□⑮ on sale 販売中，特売中

□⑯ a good[great] deal お値打ち

□⑰ for free 無料で

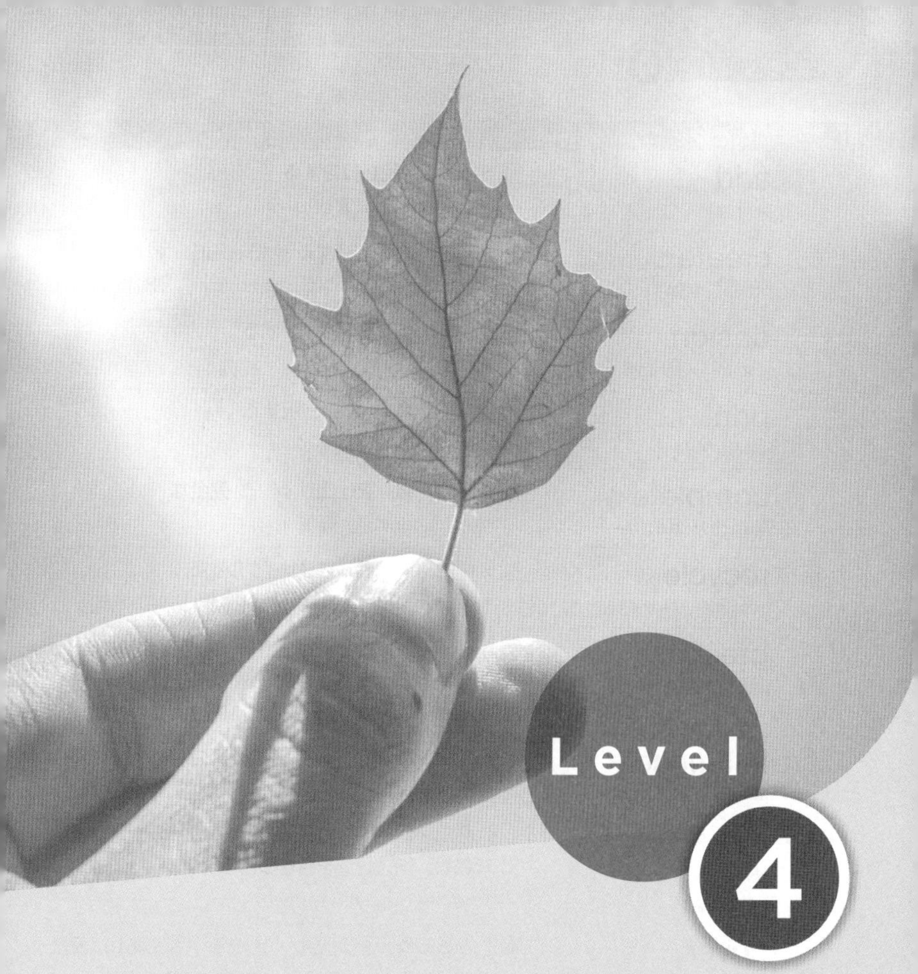

Level 4

Level 4も，高校の教科書で初めて学習する単語を中心に集めています。
また，各見開きで学習する単語・熟語の数が，Level 3までは12でしたが
Level 4から14に増えます。

Level 4の最後には
「食事」「家」「交通・移動」に関する英語をまとめてあります。

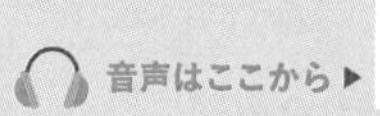

生産的な活動をする

961	**add** [ǽd] あド	動 を加える，足し算をする ➡ □ additional 形 追加の
962	**create** 発 [kriéɪt] クリエイト	動 を創作する，を創造する ➡ □ creation 名 創造，創作 □ creative 形 創造的な □ creativity 名 創造性，独創性
963	**design** [dɪzáɪn] ディザイン	動 を設計する，をデザインする 名 デザイン，設計(図) ➡ □ designer 名 デザイナー
964	**print** [prínt] プリント	動 (を)印刷する，(を)出版する 名 印刷
965	**complete** ア [kəmplíːt] コムプリート	動 を完成する，を仕上げる　形 完全な ➡ □ completely 副 完全に
966	**recycle** 発 [rìːsáɪkəl] リーサイクる	動 を再生利用する，をリサイクルする ➡ □ recycling 名 リサイクル
967	**breed** [bríːd] ブリード	動 ①を飼育する，を繁殖させる，を品種改良する ②繁殖する，子を生む 〈breed-bred-bred〉 名 品種　➡ □ breeding 名 繁殖(行為)
968	**influence** ア [ínfluəns] インふるエンス	動 に影響を与える　名 影響，影響力 ➡ □ have an influence on ... …に影響を与える

包む・おおう／cover（おおう）が語根となる語

969	**wrap** [rǽp] ラぁプ	動 を包む，(布など)を巻きつける 〈wrap-wrapped-wrapped〉
970	**cover** [kʌ́vər] カヴァ	動 ①をおおう　②(範囲が)にわたる　名 おおい，表紙 ➡ □ be covered with ... …でおおわれている
971	**decorate** ア [dékərèɪt] デコレイト	動 を飾る ➡ □ decoration 名 装飾
972	**pack** [pǽk] パぁク	動 ①(を)荷作りする　②を詰め込む　名 包み，荷物 ➡ □ package 名 包み，小包
973	**discover** 発 ア [dɪskʌ́vər] ディスカヴァ	動 を発見する ➡ □ discovery 名 発見
974	**recover** [rɪkʌ́vər] リカヴァ	動 ①(を)回復する　②(を)取り戻す ➡ □ recovery 名 回復　□ recover from ... …から回復する

☐ I forgot to add the sugar. | 私は砂糖を加えるのを忘れた。

☐ He created original music. | 彼は独創的な音楽を創作した。

☐ The building was designed by Kelly. | そのビルはケリーによって設計された。

☐ I need to print this report. | この報告書を印刷する必要がある。

☐ The building will be completed soon. | まもなくそのビルは完成されるだろう。

☐ We recycle all our waste paper. | 私たちはすべての古紙を再生利用している。

☐ My uncle breeds sheep in Hokkaido. | 私のおじは北海道でヒツジを飼育している。

☐ The movie influenced my life. | その映画は私の人生に影響を与えた。

☐ Can you wrap these Christmas presents? | これらのクリスマスプレゼントを包んでもらえますか。

☐ Cover the sofa with something. | 何かでソファをおおって。

☐ I'll help you decorate the cake. | ケーキを飾り付けするのを手伝うよ。

☐ She quickly packed the bag. | 彼女はすばやくかばんを荷作りした。

☐ Who discovered this island? | だれがこの島を発見しましたか。

＋ 接頭辞 dis（をなくさせる）＋語根 cover（おおう）で,「おおわれた状態をなくさせる」→「発見する」につながる。

☐ She recovered from the cold. | 彼女はかぜから回復した。

＋ 接頭辞 re（再び元に戻す）＋語根 cover で,「（はがれた所を）元のようにおおう」→「回復する」につながる。

Level 1 Level 2 Level 3 Level 4 Level 5 Level 6

数量・まとまりに関する語

□□□ 975 **single** [síŋgəl] スィングる
形 ただひとつ(ひとり)の，独身の
名 独身者

□□□ 976 **twice** 発 [twáɪs] トワイス
副 2 度，2 倍

□□□ 977 **double** 発 [dʌ́bəl] ダブる
形 2 重の，2 倍の　名 2 倍
動 を 2 倍にする

□□□ 978 **quarter** [kwɔ́ːrtər] クウォータ
名 4 分の 1，15 分，25 セント硬貨

□□□ 979 **bit** [bít] ビット
名 (小さな)かけら，《a bit で》わずか
➡ □ a bit of ... 少しの…

□□□ 980 **piece** 発 [píːs] ピース
名 ①ひとつ　②かけら　③《(複)で》断片
➡ □ a piece of ... ひとつの…

□□□ 981 **pair** [péər] ペア
名 (ふたつから成るものの) 1 組，1 対
➡ □ a pair of ... 1 組(1 対)の…

□□□ 982 **couple** 発 [kʌ́pəl] カプる
名 1 対，ふたつ，1 組のカップル
➡ □ a couple of ... ふたつ(ふたり)の…，2 ～ 3 の…

□□□ 983 **million** [míljən] ミりオン
名 100 万　形 100 万の
➡ □ millions of ... 非常にたくさんの…

□□□ 984 **billion** [bíljən] ビりオン
名 10 億　形 10 億の

感情に関する語

□□□ 985 **anger** [ǽŋgər] あンガ
名 怒り
➡ □ angry 形 怒って

□□□ 986 **emotion** [ɪmóuʃən] イモウション
名 (強い)感情，情緒，感動
➡ □ emotional 形 感情的な，情緒的な

□□□ 987 **passion** [pǽʃən] パぁション
名 情熱，激情

□□□ 988 **favor** 発 [féɪvər] ふェイヴァ
名 好意，親切な行為　注 《英》favour
➡ □ ask a favor of ... …にお願いする

□ They won by a single point. 彼らはたったの1点差で勝った。

□ I've only met him twice. 彼とは2度会っただけです。

□ This word has a double meaning. この単語には2重の意味がある。

□ Prices have fallen by a quarter. 物価は4分の1下がった。

「4分の1」が基本的な意味で，1時間の4分の1＝15分，1ドルの4分の1＝25セント硬貨という意味も持つ。

□ Pick up bits of broken glass. 割れたガラスのかけらを拾って。

□ Have another piece of cake. もうひとつケーキをお食べなさい。

□ I bought a pair of gloves. 私は1組の手袋を買った。

a pair of ... は，2つの部分からできている scissors（はさみ）や，上の例のように2つで1組のものを表す。

□ I have a couple of cups. 私は1対のカップを持っている。

「カップル→2」はイメージしやすいが，a couple of ... は「2～3の…」という意味でも使われることに注意。

□ The singer makes millions of dollars. その歌手は何百万ドルも稼いでいる。

□ Billions of yen were wasted. 何十億円のお金が無駄になった。

□ He spoke with anger. 彼は怒りを込めて話した。

□ They played the music with emotion. 彼らは感情を込めてその楽曲を演奏した。

□ She talked about Spain with passion. 彼女は情熱を持ってスペインについて語った。

□ May I ask a favor of you? あなたにお願いがあるのですが。

身体・健康に関する語

989 **blood** 発
[blʌ́d] ブらッド
名 血(液)

990 **breath** 発
[bréθ] ブレす
名 呼吸，息
➡ □ breathe 動 呼吸する，息をする

991 **wound** 発
[wúːnd] ウーンド
動 (刃物・銃弾などで)を傷つける
名 傷，けが ➡ □ be wounded けがをする

992 **disease** 発 ア
[dɪzíːz] ディズィーズ
名 病気

993 **headache** 発 ア
[hédèɪk] ヘデイク
名 頭痛
➡ □ stomachache 名 腹痛

994 **medicine** ア
[médəsən] メディスン
名 ①薬 ②医学
➡ □ medical 形 医学の

995 **cure** 発
[kjʊ́ər] キュア
名 治療(法)，回復
動 を治す

996 **mental**
[méntəl] メントる
形 精神の，心の

997 **physical** 発
[fízɪkəl] ふィズィカる
形 ①肉体の ②物質の
➡ □ physics 名 物理学

998 **athlete** ア
[ǽθliːt] あすりート
名 運動選手，スポーツマン
➡ □ athletic 形 運動競技の，体育の，運動選手の

999 **vision**
[víʒən] ヴィヂョン
名 ①視力 ②洞察力，展望 ③幻覚
➡ □ visible 形 目に見える

正誤に関する語

1000 **correct**
[kərékt] コレクト
形 正しい 動 を訂正する
➡ □ correctly 副 正しく，正確に

1001 **mistake**
[məstéɪk] ミステイク
名 間違い，誤り ➡ □ make a mistake 間違える
動 を誤解する,を間違える〈mistake-mistook-mistaken〉

1002 **false** 発
[fɔ́ːls] ふォーるス
形 いつわりの，誤った(⇔ □ true)

□ I gave some **blood** yesterday. 私は昨日献**血**をした。

□ I took a deep **breath**. 私は深**呼吸**をした。

□ Several people were **wounded**. 数人が**負傷した**。

□ He died of a **disease**. 彼は**病気**で死んだ。

□ I had a really bad **headache**. **頭痛**が本当にひどかった。

□ He takes **medicine** for his stomach. 彼は胃の**薬**を飲んでいる。

□ There is no **cure** for it. それに対する**治療法**はない。

□ Exercise is good for **mental** health. 運動は**精神の**健康のためによい。

□ He likes to do **physical** work. 彼は**肉体**労働をするのが好きだ。

□ Meg is an excellent **athlete**. メグは卓越した**運動選手**だ。

➕ 英語のsportsmanは，おもに「狩猟・釣りを楽しむ人」を指す語で，日本語のスポーツマンとは意味が異なる。

□ My grandfather's **vision** is not good. 私の祖父の**視力**はよくない。

□ Put them in the **correct** order. それらを**正しい**順番に並べなさい。

□ Everybody makes **mistakes**. だれもが**間違い**をするものだ。

□ He gave a **false** name. 彼は**いつわりの**名前を使った。

個人に関する語

1003	**personality** ア [pə̀ːrsənǽlɪti] パ～ソナぁりティ	名個性，人格
1004	**habit** [hǽbət] ハぁビット	名(個人の)習慣，くせ
1005	**private** [práɪvət] プライヴェト	形個人的な，私有の(⇔ □ public 公共の)
1006	**personal** [pə́ːrsənəl] パ～ソナる	形個人の，私的な
1007	**individual** ア [ìndəvídʒuəl] インディヴィヂュアる	形個々の，個人の 名個人
1008	**background** [bǽkgràʊnd] バぁクグラウンド	名①(人の)生い立ち，背景 ②(事件・行動などの)背景，背後事情

判断基準

1009	**condition** ア [kəndíʃən] コンディション	名①状態，調子　②状況　③条件
1010	**degree** ア [dɪgríː] ディグリー	名①(温度・角度などの)度　②程度
1011	**scale** [skéɪl] スケイる	名①体重計，はかり　②規模，程度
1012	**speed** [spíːd] スピード	名速さ，速度
1013	**term** [tə́ːrm] タ～ム	名①学期　②期間　③専門用語 ④《(複)で》(契約などの)条件
1014	**score** [skɔ́ːr] スコーア	名(試合などの)得点，(テストなどの)点数 動(を)得点する
1015	**difference** ア [dífərəns] ディふァレンス	名違い ➡ □ different 形違った
1016	**imagination** ア [ɪmæ̀dʒənéɪʃən] イマぁヂネイション	名想像(力) ➡ □ imagine 動(を)想像する

□ She had a very strong **personality**.	彼女はとても強烈な**個性**を持っていた。
□ I broke a bad **habit**.	私は**悪習**を断ち切った。

habitは個人が無意識に行うくせ，custom（p.96）は主に社会的に定着したしきたりの他，個人の習慣も表す。

□ I know about his **private** life.	私は彼の**個人的な**生活について知っている。

手紙に書かれたPrivateは「親展」，看板に表示されたPrivateは「立ち入り禁止」を意味する。

□ That is my **personal** opinion.	それは私**個人の**意見です。

ほかに，personal rights「個人の権利」などの形でよく使われる。

□ The food was in **individual** packages.	食べ物は**個々の**容器に入っていました。
□ Do you know the writer's **background**?	あなたはその作家の**生い立ち**を知っていますか。

□ The car is in excellent **condition**.	車は良好な**状態**だ。
□ The temperature is 35 **degrees** now.	今，気温は35**度**だ。
□ I stood on the **scale**.	私は**体重計**の上に立った。
□ What is the **speed** of light?	光の**速さ**はどのくらいですか。
□ I will study history this **term**.	私は今**学期**，歴史を学ぶ。

注意すべき多義語。「限界・終わりのある範囲（期間などの条件）」というイメージで覚えておこう。

□ The **score** was five to nothing.	**得点**は5対0だった。

ほかに，I got a score of 60 on the math test.（数学のテストで60点をとった）といった使い方にも注意。

□ There is no **difference** between them.	それらの間に**違い**はない。
□ Use your **imagination**.	**想像力**を働かせなさい。

攻撃する・攻撃的行為

No.	単語	意味
1017	**attack** [ətǽk] アタぁク	動 (を)攻撃する 名 攻撃 ➡ □ defend 動(を)防御する □ defense 名 防御
1018	**hit** [hít] ヒット	動 (を)打つ, (を)なぐる 〈hit-hit-hit〉
1019	**beat** [bíːt] ビート	動 ①(を)たたく, (を)打つ ②を打ち負かす 名 連打(の音), 拍子 〈beat-beat-beat/beaten〉
1020	**bite** [báɪt] バイト	動 (を)かむ, (に)かみつく 〈bite-bit-bitten〉
1021	**hunt** [hʌ́nt] ハント	動 (を)狩る 名 狩り
1022	**fight** [fáɪt] ふァイト	動 (と)戦う 〈fight-fought-fought〉 名 戦い ➡ □ fight against[with] ... …と戦う
1023	**shoot** 発 [ʃúːt] シュート	動 ①(を)撃つ ②シュートする 〈shoot-shot-shot〉 名 ①射撃 ②シュート ③(草木の)芽
1024	**hurt** 発 [hə́ːrt] ハ～ト	動 ①を傷つける, (感情)を害する ②痛む 名 けが 〈hurt-hurt-hurt〉 ➡ □ hurt oneself / get hurt けがをする
1025	**kill** [kíl] キる	動 を殺す ➡ □ be killed in ...(事故・戦争など)で死ぬ
1026	**destroy** ア [dɪstrɔ́ɪ] ディストロイ	動 を破壊する ➡ □ destruction 名 破壊

実行・結果に関する語

No.	単語	意味
1027	**effort** ア [éfərt] エふァト	名 努力 ➡ □ make an effort[efforts] 努力する
1028	**experience** ア [ɪkspíəriəns] イクスピアリエンス	名 経験 動 を経験する
1029	**success** 発 ア [səksés] サクセス	名 成功 ➡ □ successful 形 成功した □ succeed 動 ①成功する ②(の)あとを継ぐ
1030	**result** [rɪzʌ́lt] リザるト	名 結果 動 結果として起こる ➡ □ result from ... …の結果として起こる

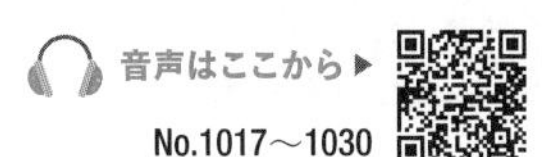

□ The speaker attacked his opinion. その話し手は彼の意見を攻撃した。

「攻撃は最大の防御」は，Attack is the best form of defense. / Offense is the best defense. など。

□ Hit a ball with a bat. バットでボールを打ちなさい。

□ He was beating a drum. 彼はドラムをたたいていた。

hitが何かを狙って打つような場合に使われるのに対し，beatは連続的に打つ（たたく）ことを指す。

□ The dog may bite you. そのイヌはあなたをかむかもしれない。

□ They hunted a bear. 彼らはクマを狩った。

□ My grandfather fought in the war. 祖父はその戦争で戦った。

□ The hunters were shooting birds. 狩人たちが鳥を撃っていた。

□ Don't hurt her feelings. 彼女の気持ちを傷つけないで。

□ They had to kill the bear. 彼らはクマを殺さなければならなかった。

□ The storm destroyed many houses. その嵐は多くの家を破壊した。

□ He made great efforts to win. 彼は勝つためにとても努力した。

□ It was a very nice experience. それはとてもよい経験でした。

□ There's a good chance of success. 成功の可能性が高い。

□ I was happy with the result. 私はその結果に満足した。

生活に関する動詞

□□□ 1031 **prepare** [prɪpéər] プリペア
動 (の)準備をする，(の)用意をする
➡ □ preparation 名 準備

□□□ 1032 **reach** [ríːtʃ] リーチ
動 ①に到着する，(に)届く ②(手を)伸ばす
名 手を伸ばすこと，手の届く範囲

□□□ 1033 **quit** [kwít] クウィット
動 (を)やめる 〈quit-quit-quit〉
注 ((英)) 〈quit-quitted-quitted〉

□□□ 1034 **swallow** [swάːloʊ] スワろウ
動 を飲み込む

□□□ 1035 **roll** [róʊl] ロウる
動 ①転がる，を転がす ②を巻く 名 巻いた物，1巻き
➡ □ a roll of toilet paper トイレットペーパー1巻き

□□□ 1036 **hang** [hǽŋ] ハぁング
動 ①を掛ける，掛かる，ぶらさがる 〈hang-hung-hung〉
②を絞首刑にする 〈hang-hanged-hanged〉

□□□ 1037 **search** [sə́ːrtʃ] サ〜チ
動 (を)さがす 名 捜索，調査
➡ □ search ... for 〜 〜を見つけようと…をさがす

□□□ 1038 **sigh** 発 [sáɪ] サイ
動 ため息をつく
名 ため息

性質を表す語

□□□ 1039 **honest** 発 [άːnəst] アネスト
形 正直な ➡ □ honesty 名 正直
□ honestly 副 正直に

□□□ 1040 **gentle** [dʒéntəl] ヂェントる
形 優しい，おだやかな
➡ □ gently 副 優しく，おだやかに

□□□ 1041 **brave** [bréɪv] ブレイヴ
形 勇敢な
➡ □ bravely 副 勇敢に

□□□ 1042 **nervous** 発 [nə́ːrvəs] ナ〜ヴァス
形 神経質な，不安な，あがっている，神経の

□□□ 1043 **sensitive** [sénsətɪv] センサティヴ
形 敏感な，(人が)傷つきやすい
➡ □ sense 名 感覚，感じ

□□□ 1044 **stupid** [st(j)úːpəd] ストゥ[テュ]ーピッド
形 ①愚かな，ばかげた (⇔ □ clever)
②くだらない

□ Let's prepare for breakfast. 朝食の準備をしましょう。

□ We will reach the top soon. 私たちはまもなく頂上に到着するだろう。

➕ どこか(場所)に「到着する」の意味では arrive も使えるが, arrive は自動詞なので前置詞を伴うことに注意。

□ He quit his job. 彼は仕事をやめた。

➕ 同じ「仕事をやめる」でも, 定年退職や引退を意味する場合は日本語にもなっているリタイア (retire) を使う。

□ Swallow two pills after dinner. 夕食後に 2 錠飲みなさい。

□ The ball rolled into the street. そのボールは通りに転がっていった。

□ Please hang your coat over there. 向こうにコートを掛けてください。

□ She searched for her keys. 彼女はかぎをさがした。

□ He sighed deeply. 彼は深くため息をついた。

□ Joe is an honest young man. ジョーは正直な若者だ。

□ Be gentle with the baby. 赤ちゃんに優しく接しなさい。

□ You were brave to save her. 彼女を助けるなんて君は勇敢だった。

□ Don't be nervous — you'll be fine. 神経質になるなよ─うまくいくって。

□ He is a sensitive child. 彼は敏感な子どもだ。

□ I made a stupid mistake. 私は愚かなミスを犯した。

一般的な・基本的な

1045 **basic** [béɪsɪk] ベイスィク
形 基本的な，**基礎の** ➡ □ base 名 土台 □ basis 名 基礎 注(複) bases

1046 **necessary** ア [nésəsèri] ネセセリ
形 必要な ➡ □ necessity 名 必要(性) □ It is necessary for 〈人〉to do 〈人〉が…する必要がある

1047 **usual** [júːʒuəl] ユーヂュアる
形 いつもの，**ふつうの**(⇔ □ unusual ふつうでない)

1048 **ordinary** ア [ɔ́ːrdənèri] オーディネリ
形 ふつうの，**平凡な**

1049 **daily** [déɪli] デイり
形 毎日の
名 毎日

1050 **typical** 発 ア [típɪkəl] ティピクる
形 ①典型的な ②《**typical of ... で**》…に特有で ➡ □ type 名 型，タイプ

1051 **domestic** [dəméstɪk] ドメスティク
形 ①国内の(⇔ □ foreign 外国の) ②**家庭の**

1052 **universal** [jùːnəvə́ːrsəl] ユーニヴァ〜スる
形 世界共通の，**普遍的な**

1053 **fundamental** [fʌ̀ndəméntəl] ふァンダメンタる
形 基本的な，**根本的な**

主体的な動詞

1054 **lead** [líːd] リード
動(を)導く，(を)案内する，(を)リードする 〈lead-led-led〉

1055 **conduct** ア [kəndʌ́kt] コンダクト
動 ①(楽団など)(を)指揮する ②(を)導く 名 行い ➡ □ conductor 名 指揮者，車掌，添乗員

1056 **control** ア [kəntróʊl] コントロウる
動 を支配する，**を統制する**
名 支配(力)，**統制**

1057 **offer** ア [ɔ́(ː)fər] オ(ー)ふァ
動 を申し出る，**を提供する**
名 申し出

1058 **dive** [dáɪv] ダイヴ
動 ①飛び込む ②もぐる
名 ①飛び込み ②潜水

□ There are two basic problems here. ここには2つの基本的な問題があります。

□ It's necessary to use a pen. ペンを使う必要がある。

□ I ordered my usual hamburger. 私はいつものハンバーガーを注文した。

□ It was just another ordinary day. またいつものふつうの1日だった。

上の文の just another（ありふれた，ありきたりの）という表現も覚えておこう。

□ Tell me about your daily life. 私に君の毎日の生活について教えてください。

□ This is a typical Japanese house. これは典型的な日本家屋です。

□ Take a domestic flight to Kagoshima. 鹿児島へ（飛行機の）国内線で行きなさい。

□ Music is a universal language. 音楽は世界共通語である。

□ You should respect fundamental human rights. 基本的人権を尊重すべきだ。

□ She led the team to victory. 彼女はチームを勝利に導いた。

日本語で指導者などを意味する「リーダー」は leader。reader（読者）と間違えないように。

□ He wants to conduct Brahms someday. 彼はいつかブラームスの音楽を指揮したいと思っている。

□ Britain once controlled the seven seas. かつてイギリスは7つの海を支配した。

□ We offered him help. 私たちは彼に援助を申し出た。

□ I dived into the pool. 私はプールに飛び込んだ。

人に働きかける・受け入れる

1059 **greet** [gríːt] グリート
動 にあいさつをする
➡ □ greeting 名 あいさつ

1060 **cheer** 発 [tʃíər] チア
動 (に)歓声を上げる, **を元気づける**
名 **歓声** ➡ □ cheerful 形 元気のいい

1061 **praise** [préɪz] プレイズ
動 をほめる
名 **賞賛**

1062 **respect** ア [rɪspékt] リスペクト
動 を尊敬する, **を大切にする**
名 **①尊敬 ②点, 箇所**

1063 **forgive** ア [fərgív] ふァギヴ
動 (を)許す〈forgive-forgave-forgiven〉
➡ □ forgive〈人〉for -ing 〈人〉が…したことを許す

1064 **convince** [kənvíns] コンヴィンス
動 に納得させる, **に確信させる**
➡ □ convince〈人〉of ...〈人〉に…を納得させる

1065 **absorb** [əbzɔ́ːrb] アブゾーブ
動 **(液体など)**を吸い込む, **(知識など)を吸収する**
➡ □ be absorbed in ... …に夢中になる

語根 pend（ぶら下がる）で覚える語

1066 **depend** ア [dɪpénd] ディペンド
動 **《depend on[upon] ... で》**…しだいである, **…に頼る** ➡ □ dependent 形 頼っている

1067 **independent** ア [ìndɪpéndənt] インディペンデント
形 独立した, **自主的な**(⇔ □ dependent 頼っている)
➡ □ independence 名 独立

1068 **expensive** ア [ɪkspénsɪv] イクスペンスィヴ
形 高価な

知的好奇心に関する語

1069 **joke** [dʒóuk] ヂョウク
名 冗談
動 **冗談を言う**

1070 **mystery** [místəri] ミステリ
名 ①なぞ, **不思議なこと ②推理小説**
➡ □ mysterious 形 不思議な, 神秘的な

1071 **trick** [trík] トリック
名 いたずら, **たくらみ** 動 **をだます**
➡ □ play tricks[a trick] on ... …にいたずらをする

1072 **clue** [klúː] クるー
名 手がかり, **ヒント**

□ They greeted each other. 彼らはお互いにあいさつをした。

□ The fans cheered at the game. 試合でファンは歓声を上げた。

□ They praised her for her work. 彼らは彼女の仕事ぶりをほめた。

□ I respect his courage. 私は彼の勇気を尊敬する。

□ He won't forgive me. 彼は私を許してくれないだろう。

□ I tried to convince her. 私は彼女に納得させようとした。

□ These paper towels absorb water quickly. これらのペーパータオルはすぐに水を吸う。

□ It depends on your schedule. それはあなたのスケジュールしだいだ。

接頭辞de（下に）＋語根pend（ぶら下がる）で，何かに「依存する」「頼る」という意味につながる。

□ He is independent of his parents. 彼は両親から独立している。

接頭辞in（ない）＋depend＋接尾辞ence（こと）で「依存していないこと」→「独立」となる。

□ The computer is very expensive. そのコンピュータはとても高価だ。

接頭辞ex（外に）＋語根pend＋接尾辞ive（ような）で「予想を超えてはみ出すような」→「高価な」となる。

□ Do you know any good jokes? 何かおもしろい冗談を知っていますか。

□ The cause is still a mystery. その原因は依然としてなぞである。

□ Tom often plays tricks on us. トムはしばしば私たちにいたずらをする。

□ Police have found an important clue. 警察は重要な手がかりを見つけた。

情報・メディアに関する語

1073 **newspaper** [n(j)úːzpèɪpər] ニュ[ヌ]ーズペイパ
名 新聞 注 paper と略すことが多い。

1074 **envelope** [énvəlòup] エンヴェろウプ
名 封筒
➡ □ envelop 動 を包む

1075 **label** 発 [léɪbəl] れイブる
名 ラベル
動 にラベルをはる

1076 **title** [táɪtəl] タイトる
名 題名，肩書き
動 に資格を与える

1077 **topic** [tɑ́ːpɪk] タピック
名 話題

1078 **information** ア [ìnfərméɪʃən] インふォメイション
名 ①情報 ②案内(所) ➡ □inform 動《inform〈人〉of ... で》〈人〉に…を知らせる

1079 **copy** [kɑ́ːpi] カピ
名 ①複写・コピー，写し ②(本や印刷物の)～部，～冊
動 (を)複写する，(を)まねる

金銭・経済に関する語

1080 **price** [práɪs] プライス
名 値段，《(複)で》物価 ➡ □ charge 名 料金，手数料
□ fare 名 交通機関の運賃 □ fee 名 報酬，入場料

1081 **value** 発 [vǽljuː] ヴァりュー
名 価値，価格 動 を評価する
➡ □ valuable 形 高価な，貴重な

1082 **cost** [kɔ́(ː)st] コ(ー)スト
名 ①費用，代価 ②犠牲 動 ①(費用・時間・労力)がかかる ②を犠牲にさせる〈cost-cost-cost〉

1083 **company** [kʌ́mpəni] カムパニ
名 ①会社 ②なかま ③同席すること

1084 **sale** [séɪl] セイる
名 ①販売 ②《(複)で》売り上げ高 ③安売り

1085 **trade** [tréɪd] トレイド
名 ①貿易 ②職業
動 ①貿易する ②を交換する

1086 **cheap** [tʃíːp] チープ
形 安い，安っぽい

□ Is this your newspaper? これは君の新聞ですか。

「全国紙」は a national newspaper,「地方紙」は a local newspaper である。

□ He put stamps on the envelope. 彼は封筒に切手を貼った。

□ The label says, "Made in Germany." ラベルには「ドイツ製」と書いてある。

□ I can't remember the film's title. 私はその映画の題名が思い出せない。

□ We will discuss that topic later. 後ほどその話題について話し合うつもりだ。

□ I need more information. もっと情報が必要だ。

information は数えられない名詞。数える場合は a piece of information, two pieces of ... などとする。

□ Make a copy of the document. その書類のコピーをとって。

□ The price of food is rising. 食べ物の値段が上がっている。

price は売られている物の値段。charge はサービスに対する料金。fee は授業料など団体に対して払う価格。

□ This painting has a high value. この絵には高い価値がある。

□ The cost of food is decreasing. 食費が減っている。

□ He runs his own company. 彼は自分の会社を経営している。

□ How are car sales these days? 最近，車の売れ行きはどうですか。

□ Trade between the two countries increased. その２国間の貿易が増加した。

□ I'll get a cheap umbrella. 安いかさを買おう。

いっしょになることを表す動詞

1087 **belong** ア
[bɪlɔ́(ː)ŋ] ビろ(ー)ング
動 所属している
➡ □ belong to ... …に所属している，…のものである

1088 **mix**
[míks] ミクス
動 を混ぜる，**混じる**

1089 **marry**
[mǽri] マぁり
動 (と)結婚する ➡ □ marriage 名 結婚
□ be married (to ...)(…と)結婚している

語根 sist（動かずに立っている・その場にある）で覚える語

1090 **assist**
[əsíst] アシスト
動 (を)補助する，**(を)援助する**

接頭辞	語根
①側に as ②外に ex ③中に in	sist 立つ

1091 **exist** 発 ア
[ɪgzíst] イグズィスト
動 存在する，**生存する**
➡ □ existence 名 存在

1092 **insist** ア
[ɪnsíst] インスィスト
動 (を)主張する
➡ □ insist on[upon] ... …を主張する

自然・地形に関する語

1093 **nature**
[néɪtʃər] ネイチャ
名 ①自然 **②性質** ➡ □ natural 形 自然の，生まれつきの □ naturally 副 自然に，生まれつき，当然

1094 **grass**
[grǽs] グラぁス
名 草，**芝生**

1095 **ocean**
[óʊʃən] オウシャン
名 海，**大洋**
➡ □ lake 湖 □ pond 池

1096 **wave**
[wéɪv] ウェイヴ
名 波
動 **①揺れる ②(手など)(を)振る**

1097 **coast**
[kóʊst] コウスト
名 沿岸，**海岸**

1098 **cave**
[kéɪv] ケイヴ
名 洞くつ，**ほら穴**

1099 **sand**
[sǽnd] サぁンド
名 ①砂 **②砂浜，砂丘，砂漠**

1100 **mud**
[mʌ́d] マッド
名 どろ，**ぬかるみ**
➡ □ muddy 形 どろだらけの，ぬかるみの

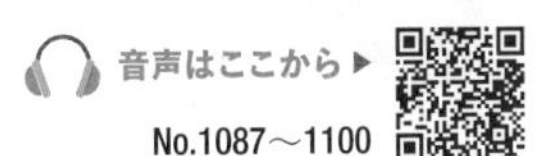

□ I belong to the swimming club. 私は水泳部に所属している。

□ Mix the milk and flour. 牛乳と小麦粉を混ぜなさい。

□ Will you marry me? 私と結婚してくれませんか。

□ Peter assisted Mary in her study. ピーターはメアリーの勉強を手助けした。

➕ 接頭辞as（側に）＋語根sist（立つ）で,「補助する」「援助する」という意味につながる。

□ Do you think ghosts really exist? 幽霊は本当に存在すると思いますか。

➕ 接頭辞ex（外に）＋語根sistで,「目立つ」→「存在する」という意味につながる。

□ He insisted on paying for dinner. 彼は夕食代を支払うと主張した。

➕ 接頭辞in（中に）＋語根sistで,「自分の立場に立つ」→「主張する」という意味につながる。

□ I want to live in nature. 私は自然の中で暮らしたい。

□ It stood in a grass field. それは草地に立っていた。

➕ 公園などで見られる注意書き "Keep off the grass." は「芝生に入るな（立入禁止）」を意味する。

□ I like swimming in the ocean. 海で泳ぐのが好きです。

□ A huge wave hit the ship. 巨大な波が船にぶつかった。

□ It's raining on the coast. 沿岸では雨が降っている。

□ The boys went into the cave. 少年たちは洞くつの中に入っていった。

□ The children made a sand castle. 子どもたちは砂の城を作った。

□ Her shoes were covered with mud. 彼女の靴はどろだらけだった。

起源・もともとの状態を表す語

1101 **birth**
[bə́ːrθ] バ～す
名 誕生
➡ □ date of birth 生年月日　□ birthday 名 誕生日

1102 **origin** 発 ア
[ɔ́ːrədʒɪn] オーリヂン
名 起源，生まれ
➡ □ originate 動 起こる，始まる，を発明する

1103 **root**
[rúːt] ルート
名 ①根，根源　②ルーツ
動 根づく，を根づかせる

1104 **original** ア
[ərídʒənəl] アリヂヌる
形 最初の，独創的な
名 原物，原作

1105 **raw** 発 ア
[rɔ́ː] ロー
形 生の，加工されていない

1106 **bare**
[béər] ベア
形 裸の，むき出しの

同じつづりで異なる発音の語

1107 **wind** 発
[wínd] ウィンド
名 風

1108 **wind** 発
[wáɪnd] ワインド
動 を巻く，曲がりくねる〈wind-wound-wound〉

1109 **minute** 発
[mínit] ミニット
名 ①分　②ちょっとのあいだ

1110 **minute** 発 ア
[maɪnjúːt] マイニュート
形 きわめて小さい，詳細な

1111 **tear** 発
[tíər] ティア
名 涙

1112 **tear** 発
[téər] テア
動 を破る，を裂く，裂ける〈tear-tore-torn〉
名 裂け目

1113 **close** 発
[klóuz] クろウズ
動 を閉める，閉まる
名 閉鎖

1114 **close** 発
[klóus] クろウス
形 近い，接近した
➡ □ closely 副 密接に，ぴったりと，綿密に

□ Where is his birth place?　彼の生誕地はどこですか。

□ This word is German in origin.　この語の起源はドイツ語だ。

□ Jazz has its roots in Africa.　ジャズのルーツはアフリカにある。

□ My original plan was changed.　私の最初の計画は変更された。

□ The meat is still raw.　その肉はまだ生だ。

□ I walked in my bare feet.　私は裸足で歩いた。

□ Outside, the wind was blowing.　外は風が吹いていた。

□ You have to wind this clock.　この時計はねじを巻かなければならない。

□ She will arrive in ten minutes.　彼女は 10 分で着くだろう。

Wait a minute.（ちょっと待って）という表現も覚えておこう。

□ The difference was very minute.　違いはきわめてわずかだった。

□ His eyes were filled with tears.　彼の目は涙でいっぱいだった。

□ I tore my pants.　私はズボンを破いた。

□ Will you close the door, please?　ドアを閉めてくれませんか。

□ Kyoto is close to Nara.　京都は奈良に近い。

close は「距離」だけでなく「関係」が近い場合にも使われ，a close friend は「親友」という意味である。

逃げる・守る・生存する

1115 **escape** ア [ɪskéɪp] イスケイプ
動 逃げる，(を)逃れる　名 逃亡
➡ □ escape from ... …から逃げる

1116 **hide** [háɪd] ハイド
動 隠れる，を隠す 〈hide-hid-hidden/hid〉

1117 **protect** ア [prətékt] プロテクト
動 (危険などから)を守る，を保護する
➡ □ protection 名 保護

1118 **preserve** [prɪzə́ːrv] プリザ～ヴ
動 を保存する，を保護する

1119 **maintain** ア [meɪntéɪn] メインテイン
動 を維持する，と主張する

1120 **protest** ア [prətést] プロテスト
動 抗議する，反対する
➡ □ protest against ... …に抗議する

1121 **breathe** 発 [bríːð] ブリーず
動 息をする，呼吸する
➡ □ breath 名 息，呼吸

1122 **survive** ア [sərváɪv] サヴァイヴ
動 (を)(切り抜けて)生き残る
➡ □ survival 名 生き残ること，生存
□ survivor 名 生き残った人，生存者

1123 **rescue** [réskjuː] レスキュー
動 を救う，を救出する
名 救出，救助

1124 **aid** [éɪd] エイド
名 ①援助，助力　②手当　➡ □ first aid 応急手当
動 を助ける，を援助する

1125 **guard** [gάːrd] ガード
名 ①警備員(隊)，護衛者　②見張り，監視
動 ①(を)護衛する，守る　②(を)見張る，(を)監視する

-ever の形の語

1126 **whenever** [wenévər] ウェネヴァ
接 ①～するときはいつでも
②いつ～しようとも

1127 **wherever** [weərévər] ウェアレヴァ
接 ①～するところならどこでも
②どこで(へ)～しようとも

1128 **however** [haʊévər] ハウエヴァ
接 しかしながら
副 どれほど～でも

□ They escaped from the room. 彼らはその部屋から逃げた。

□ The rabbit hid behind the tree. ウサギが木の陰に隠れた。

□ We must protect the environment. 我々は環境を守らなくてはならない。

□ Let's preserve these old books. これらの古い本を保存しておこう。

□ They maintained their friendship. 彼らは友好関係を維持した。

➕ カタカナ語の「メンテナンス」は，この派生語のmaintenance。「維持」や「保守」の意味で使われる。

□ We protested against the war. 我々はその戦争に抗議した。

➕ 名詞のprotest（抗議）はアクセント（[próutest]プロウテスト）の違いに注意。

□ I could hardly breathe. ほとんど息をすることができなかった。

□ She survived the plane crash. 彼女は飛行機の墜落事故を生き延びた。

□ The firefighters rescued the family. 消防士がその家族を救った。

□ The government gave the people aid. 政府は人民に援助をおこなった。

□ Set a guard at the gate. 門に警備員を配置して。

□ Call me whenever you are free. ひまなときはいつでも私に電話して。

□ I'll follow you wherever you go. あなたが行くところならどこでも私はついていく。

□ He tried hard. However, he failed. 彼は一生懸命努力した。しかし，失敗した。

➕ 副詞の例：However hard he tried, he failed.（どれほど一生懸命やってみても，彼は失敗した）

場所・部分を表す語

1129 **center** [séntər] センタ
名 中心，中央，中心地(施設)
➡ □ central 形 中心の，中央の

1130 **middle** [mídəl] ミドる
名 中央，真ん中
形 中ぐらいの，真ん中の

1131 **bottom** 発 [bɑ́ːtəm] バトム
名《通常 the ～で》底，底部

1132 **somewhere** [sʌ́mwèər] サムウェア
副 どこかで，どこかに
➡ □ somehow 副 何とかして，どうにかして

1133 **anywhere** [éniwèər] エニウェア
副 ①《疑問文･if 節で》どこかに ②《否定文で》どこにも(～ない) ③《肯定文で》どこにでも

1134 **nowhere** [nóuwèər] ノウウェア
副 どこにも～ない

感情を含む動詞

1135 **surprise** ア [sərpráɪz] サプライズ
動 を驚かせる 名 驚き

1136 **embarrass** ア [ɪmbǽrəs] エムバぁラス
動 に恥ずかしい思いをさせる，を当惑させる
➡ □ embarrassment 名 気恥ずかしさ，当惑

1137 **wonder** [wʌ́ndər] ワンダ
動 ①(を)不思議に思う，(に)驚く ②～かなと思う
名 驚き，驚くべきもの ➡ □ wonderful 形 すばらしい

1138 **relax** ア [rɪlǽks] リらぁクス
動 くつろぐ，をくつろがせる

1139 **satisfy** ア [sǽtəsfàɪ] サぁティスふァイ
動 を満足させる ➡ □ be satisfied with ... …に満足する
□ satisfaction 名 満足

引き起こす・反応する

1140 **cause** 発 [kɔ́ːz] コーズ
動 を引き起こす，の原因となる
名 原因，理由 ➡ □ cause ... to do …に～させる

1141 **affect** ア [əfékt] アふェクト
動 に影響する

1142 **react** 発 [riǽkt] リあクト
動 反応する
➡ □ reaction 名 反応

□ Move the chair to the center. 椅子を中心に動かして。

centerは元は円・球形のものの中心を表し，細長いものには使えない。The center of a circleは「円の中心」。

□ They drove in the middle lane. 彼らは中央車線を車で走った。

middleは上下，左右から同じ距離の地点。the middle of the roadは「道の真ん中」。

□ The ship sank to the bottom. その船は底に沈んだ。

□ Let's have lunch somewhere. どこかでランチを食べよう。

□ Did you go anywhere yesterday? あなたは昨日どこかに行きましたか。

肯定文の例：I'll take you anywhere you want.（あなたが行きたいところのどこにでも連れていくよ）

□ There was nowhere to sit down. 座る場所はどこにもなかった。

□ His strange question surprised her. 彼の変な質問は彼女を驚かせた。

□ Don't embarrass me. 私に恥ずかしい思いをさせないで。

□ I wondered why he was absent. なぜ彼が欠席なのか不思議に思った。

wonderは疑問詞や，if，whetherで始まる節を目的語としてとることが多い。

□ Take a rest and relax. ひと休みしてくつろぎなさい。

□ I'm not satisfied with it. 私はそれに満足していない。

□ Yes, I caused the accident. はい，私が事故を起こしました。

□ The new law won't affect me. その新しい法律は私に影響しないだろう。

□ How did she react to it? それに対して彼女はどう反応しましたか。

立場を表す語

□□□ 1143 **lonely** [lóʊnli] ろウンり
形 孤独な，ひとりぼっちの

□□□ 1144 **responsible** ア [rɪspɑ́:nsəbəl] リスパンスィブる
形 責任のある ➡ □ responsibility 名 責任
□ be responsible for ... …に対して責任がある

姿・形に関する語

□□□ 1145 **thick** [θík] すィック
形 ①厚い ②太い
③（液体・気体が）濃い（⇔ □ thin）

□□□ 1146 **fat** [fǽt] ふぁット
形 太った
名 脂肪

□□□ 1147 **thin** [θín] すィン
形 ①薄い ②細い，やせた
③（液体・気体が）薄い

□□□ 1148 **height** 発 [háɪt] ハイト
名 高さ，身長
➡ □ high 形 高い

□□□ 1149 **weight** 発 [wéɪt] ウェイト
名 ①重さ，体重 ②おもり
➡ □ weigh 動 の重さをはかる，重さが～ある

位置・方向などを表す語

□□□ 1150 **central** [séntrəl] セントラる
形 ①中心の，中央の ②主要な

□□□ 1151 **ahead** ア [əhéd] アヘッド
副 ①前方に ②（時間的に）先に

□□□ 1152 **further** [fə́:rðər] ふァーざ
形 ①（程度・時間などが）それ以上の ②さらに遠い
副 ①それ以上に ②さらに遠くに（＝□ farther《米》）

□□□ 1153 **former** [fɔ́:rmər] ふォーマ
形 ①前の，以前の
②《the ～で》前者（の）

□□□ 1154 **latter** [lǽtər] らぁタ
形 ①《通常 the ～で》あとの，後半の
②《the ～で》後者（の）

□□□ 1155 **previous** [prí:viəs] プリーヴィアス
形 （時間・順序が）前の，以前の

□□□ 1156 **following** [fɑ́:loʊɪŋ] ふァろウイング
形 以下の，次の

□ If you feel lonely, call me.	孤独に感じたら，私に電話して。
□ You are responsible for your actions.	君は自分の行動に対して責任がある。

□ That's a very thick sandwich!	とても厚いサンドイッチだね。
□ Look at that fat cat.	あの太ったネコを見てごらん。

➕ fatは直接的な言い方なので人に対して使うのは避け，代わりにoverweight（体重超過の）などの語を使う。

□ The walls are too thin.	壁が薄すぎる。
□ Kitadake is 3,193 meters in height.	北岳は高さ 3,193 メートルだ。
□ Guess the weight of this box.	この箱の重さを当ててみて。

➕ 動詞を使って「私の体重は50キロです」という場合，I weigh 50 kilograms. と表現できる。

□ James played a central role.	ジェームズは中心的役割を果たした。
□ Go straight ahead for 200 meters.	200 メートルまっすぐ前方に行きなさい。
□ I want further information about that.	そのことについてそれ以上の情報が欲しい。
□ He is a former mayor.	彼は前の市長だ。
□ The program's latter part was boring.	番組のあとの方は退屈だった。
□ I know the previous owner.	私は前の所有者を知っている。
□ We need the following information.	我々は以下の情報を必要としている。

Level 1 Level 2 Level 3 Level 4 Level 5 Level 6

扱う／認める

1157 **treat** 発
[trí:t] トリート
動 ①を扱う ②を治療する 名(食べ物を)おごること
➡ □ treatment 名 治療，取り扱い

1158 **recognize** ア
[rékəgnàɪz] レコグナイズ
動 ①が(だれ・何であるか)わかる
②を認める 注 ((英)) recognise

1159 **confirm**
[kənfə́:rm] カンふァ～ム
動 ①を確認する，を固める ②を裏づける
③を認める

1160 **appreciate** ア
[əprí:ʃièɪt] アプリーシエイト
動 ①に感謝する ②を正しく理解する
③を鑑賞する

1161 **accept** ア
[əksépt] アクセプト
動 を受け入れる，(喜んで)を受け取る

1162 **allow** 発 ア
[əláu] アらウ
動 を許す
➡ □ allow 〈人〉 to do 〈人〉が…するのを許す

政治・社会に関する語

1163 **nation**
[néɪʃən] ネイション
名 ①国(家) ②国民

1164 **state**
[stéɪt] ステイト
名 ①州，国家 ②状態 ➡ □ the States(アメリカ)合衆国
動 を(はっきり)述べる，を(公式に)表明する

1165 **community** ア
[kəmjú:nɪti] コミューニティ
名 地域社会，共同体

1166 **law**
[lɔ́:] ろー
名 法律
➡ □ lawyer 名 弁護士

1167 **policy**
[pá:ləsi] パリスィ
名 政策，方針

1168 **police** ア
[pəlí:s] ポリース
名 《the ～で》警察
➡ □ police officer(個々の)警察官

1169 **civilization** ア
[sìvələzéɪʃən] スィヴィりゼイション
名 文明
➡ □ civilized 形 文明の進んだ

1170 **system**
[sístəm] スィステム
名 ①制度，組織 ②体系

□ They treated me kindly.	彼らは私を優しく扱った。
□ I recognized her at once.	私はすぐに彼女だとわかった。
□ He confirmed the fact with her.	彼は彼女にその事実を確認した。

➕ ②の例：They confirmed the cause of the accident.（それらは事故の原因を裏づけた）

□ I really appreciate your help.	あなたの援助に本当に感謝します。
□ She decided to accept the offer.	彼女はその申し出を受け入れることに決めた。
□ He allowed me to go there.	彼は私がそこに行くことを許した。

□ Seven nations are in that group.	7つの国がそのグループに含まれる。
□ He was born in Florida state.	彼はフロリダ州で生まれた。
□ The community welcomed her warmly.	地域社会は彼女を温かく迎えた。
□ That is against the law.	それは法律に反している。
□ I don't agree with the government's policy.	私は政府の政策に賛成しない。
□ The police are looking for him.	警察が彼をさがしている。

➕ policeはつねに複数扱い（×the police is ...）。また，複数形にはできない（×the polices）。

□ It is a very old civilization.	非常に古い文明である。
□ It's a good system for us.	私たちにとってよい制度だ。

Level 1 Level 2 Level 3 Level 4 Level 5 Level 6

精神世界／光景・瞬間

1171	**god** [gɑ́:d] ガッド	名 神
1172	**heaven** [hévən] ヘヴン	名 天国，楽園
1173	**sight** 発 [sáɪt] サイト	名 ①光景　②見ること　③視力　④《(復)で》名所 ➡ □ at (the) sight of ... …を見て
1174	**moment** [móʊmənt] モウメント	名 瞬間，ちょっとのあいだ

生物／戦い

1175	**race** [réɪs] レイス	名 ①競争，レース　②人種 動 (と)競争する
1176	**match** [mǽtʃ] マぁチ	名 ①試合　②好敵手　③マッチ(棒) 動 ①に匹敵する　②(と)調和する
1177	**quarrel** [kwɔ́:rəl] クウォーラる	名 口論，口げんか 動 口論(口げんか)をする
1178	**enemy** ア [énəmi] エネミ	名 敵(⇔ □ friend 味方)
1179	**strength** 発 [stréŋkθ] ストレング[ク]す	名 ①力，強さ　②訴える力 ➡ □ strengthen 動 を強くする，強くなる
1180	**creature** 発 [krí:tʃər] クリーチャ	名 生き物，動物
1181	**insect** ア [ínsekt] インセクト	名 昆虫　➡ □ harmful insects 害虫 □ worm 名(ミミズなどの)虫
1182	**brain** [bréɪn] ブレイン	名 脳，頭脳
1183	**fur** [fə́:r] ふァ～	名 毛皮，(毛皮獣の)柔らかい毛 ➡ □ furry 形(動物などが)毛のふさふさした
1184	**tail** [téɪl] テイる	名 しっぽ ➡ □ tale 名 話，物語 注 同音語

□ Mars was the god of war. マルスは戦いの神であった。

上の文のマルスとは，ローマ神話における戦いと農耕の神のことである。

□ I believe she is in heaven. 私は彼女が天国にいると信じている。

□ I'll never forget this wonderful sight. 私はこのすばらしい光景を決して忘れないだろう。

□ The door opened at that moment. その瞬間，ドアが開いた。

□ He took part in the race. 彼はその競争に参加した。

□ We watched the match on TV. 私たちはその試合をテレビで見た。

アメリカ英語ではgolf, tennisなどにはmatchが，baseballなど-ballがつくものにはgameがよく使われる。

□ I had a quarrel with him. 私は彼と口論した。

□ She didn't have any enemies. 彼女には敵はいなかった。

□ The players' strength is amazing. その選手たちの力はすばらしい。

□ Many creatures live in the ocean. 海には多くの生き物が生息している。

□ What's the name of this insect? この虫の名前は何ですか。

□ Drinking may damage your brain. 飲酒が脳を害することがある。

□ The woman wore a fur coat. その女性は毛皮のコートを着ていた。

□ A panda's tail is very short. パンダのしっぽはとても短い。

よい状態・性質を表す語

1185	**pleasant** 発 [plézənt] プれザント	形 楽しい，気持ちのよい，感じのよい ➡ □ please 動 を楽しませる
1186	**delightful** [dıláıtfəl] ディらイトふる	形 ゆかいにさせる，楽しい ➡ □ delight 名 大喜び 動（大いに）を喜ばせる，大喜びする
1187	**comfortable** ア [kʌ́mftəbəl] カムふォタブる	形 快適な，気楽な ➡ □ comfort 名 なぐさめ，快適さ 動 をなぐさめる
1188	**smart** [smɑ́:rt] スマート	形 ①頭のよい，気のきいた ②しゃれた
1189	**polite** [pəláıt] ポらイト	形 礼儀正しい，ていねいな ➡ □ politely 副 礼儀正しく，ていねいに
1190	**excellent** ア [éksələnt] エクセれント	形 優れた，優秀な
1191	**ideal** 発 [aıdí:əl] アイディーアる	形 理想的な 名 理想
1192	**fit** [fít] ふィット	形 適した，ぴったりの 動（に）合う，を合わせる ➡ □ be fit for ... …に適している
1193	**proper** [prɑ́:pər] プラパ	形 適切な，ふさわしい ➡ □ properly 副 適切に
1194	**helpful** [hélpfəl] へるプふる	形 役に立つ，助けになる
1195	**worth** 発 [wə́:rθ] ワ〜す	形 〜の価値がある 名 価値 ➡ □ worth -ing …する価値がある

見る・発話する

1196	**stare** [stéər] ステア	動（を）じっと見つめる，（を）じろじろ見る
1197	**pronounce** ア [prənáuns] プロナウンス	動 を発音する ➡ □ pronunciation 名 発音
1198	**scream** [skrí:m] スクリーム	動 悲鳴をあげる 名 悲鳴

□ What a **pleasant** surprise! なんて**楽しい**驚きだ。

pleasantの主語は「もの」であることが多い。「私は嬉しかった」の場合は, I was pleased. とする。

□ She's a **delightful** person. 彼女は**ゆかいな**人だ。

□ The bed was very **comfortable**. そのベッドはとても**快適**だった。

□ He's a **smart** guy. 彼は**頭のよい**やつだ。

「(体型が) スマートな」という意味はない。代わりに slim (すらりとした) などを使う。

□ She wasn't very **polite** to me. 彼女は私に対してあまり**礼儀正しく**なかった。

□ The books are in **excellent** condition. 書物は**優れた**状態にある。

□ This is an **ideal** place. ここは**理想的な**場所だ。

□ He is **fit** for this job. 彼はこの仕事に**適して**いる。

ある状況や目的などに必要とされる条件を満たしている, 適性があることを表す。

□ Please tell me the **proper** way. **適切な**方法を教えてください。

社会的ルールや道徳的観点など一般的な基準から外れていないという意味で「適切である」ことも表す。

□ Your advice was very **helpful**. あなたのアドバイスはとても**役に立った**。

□ Is the program **worth** watching? その番組は見る**価値があり**ますか。

□ She **stared** at my jacket. 彼女は私のジャケットを**じっと見つめた**。

□ How do you **pronounce** his name? どのように彼の名前を**発音する**のですか。

□ People **screamed** and ran away. 人々は**悲鳴をあげ**て逃げた。

新旧／年長・性質を表す語

1199 **elder** [éldər] エるダ
形《ふたりの兄弟・姉妹のうち》年上の，年長の（＝ □ older（(米)））

1200 **elderly** [éldərli] エるダり
形 ①年配の ②《the elderly で名詞として》高齢者

1201 **senior** 発 [síːnjər] スィーニャ
形 年上の 名 先輩，最上級生
➡ □ senior citizen お年寄り

1202 **junior** [dʒúːnjər] ヂューニャ
形 年下の
名 後輩

1203 **past** [pǽst] パぁスト
形 過去の，《the 〜で》過去
前 ①（時・年齢）を過ぎて ②（場所）を通り過ぎて

1204 **modern** [mɑ́ːdərn] マダン
形 現代の，現代的な

1205 **latest** ア [léɪtɪst] れイティスト
形 最新の

能力・よい概念を表す語

1206 **ability** [əbílɪti] アビりティ
名 能力
➡ □ able 形 できる，有能な

1207 **capacity** ア [kəpǽsɪti] カパぁスィティ
名 ①収容力 ②（潜在的な）能力
➡ □ capable 形 有能な

1208 **quality** [kwɑ́ːlɪti] クワァりティ
名 ①質，品質（⇔ □ quantity 量） ②特質

1209 **technique** 発 ア [tekníːk] テクニーク
名（専門の）技術
➡ □ technical 形 技術の，専門的な

1210 **craft** [krǽft] クラぁふト
名 ①手芸・工芸（品），技術 ②船，飛行機

1211 **charm** [tʃɑ́ːrm] チャーム
名 ①魅力，魔力 ②お守り，魔よけ ③チャーム，飾り物 動 ①（を）うっとりさせる ②（に）魔法をかける

1212 **confidence** ア [kɑ́ːnfədəns] カンふィデンス
名 ①信頼 ②自信 ➡ □ confident 形 自信がある
□ confidential 形 秘密の，信用のおける
□ have confidence in ... …を信頼する

□ I have an elder brother. 私には兄がひとりいます。

直訳すると「年上の兄弟」→兄である。

□ Our town has many elderly people. 私たちの町には年配の人が多い。

高齢者をold peopleと言うのは失礼。the elderly, elderly people, senior citizenなどの表現を覚えておく。

□ Bob is senior to me. ボブは私より年上だ。

□ I'm his junior by three years. 私は彼より3歳年下だ。

□ We must learn from past experience. 我々は過去の経験から学ばなければならない。

□ I don't understand modern art. 現代美術はわかりません。

□ This car is our latest model. この車はわが社の最新モデルだ。

□ She has good writing ability. 彼女は文章力がある。

□ The theater has a large capacity. その劇場は収容力が大きい。

□ We have to keep the quality. 我々は質を保たなければならない。

□ His piano playing technique is amazing. 彼のピアノ演奏技術はすばらしい。

□ My mother enjoys doing crafts. 私の母は手芸をするのを楽しんでいる。

□ She is full of charm. 彼女は魅力にあふれている。

□ He has confidence in the doctors. 彼は医師たちを信頼している。

力／エネルギーに関する語

1213 **heat**
[híːt] ヒート
名 熱，暑さ
動 を熱する，熱くなる

1214 **fire**
[fáɪər] ふァイア
名 火(事) ➡ □ start a fire 火を起こす
動 (を)発砲(発射)する

1215 **power** 発
[páuər] パウア
名 (権)力
➡ □ powerful 形 強力な

1216 **solar**
[sóulər] ソウら
形 太陽の

状態・性質を表す語

1217 **used** 発
[júːzd] ユーズド
形 中古の

1218 **patient** 発
[péɪʃənt] ペイシェント
形 がまん強い 名 患者
➡ □ patience 名 忍耐(力)

1219 **shy**
[ʃáɪ] シャイ
形 恥ずかしがりの，内気な

1220 **blind**
[bláɪnd] ブらインド
形 目の見えない

1221 **funny**
[fʌ́ni] ふァニ
形 おかしい，変な

1222 **serious** 発
[síəriəs] スィアリアス
形 ①重大な ②まじめな
➡ □ seriously 副 ①深刻に ②まじめに

語根 tend（のばす）で覚える語

1223 **attend** ア
[əténd] アテンド
動 ①に出席する ②(の)世話をする ③注意して聞く
➡ □ attendance 名 出席，付き添い

1224 **extend**
[ɪksténd] イクステンド
動 ①伸びる，を伸ばす，を延長する ②広がる，を広げる
➡ □ extension 名 拡張，内線電話

1225 **intend**
[ɪnténd] インテンド
動《intend to do で》…するつもりである
➡ □ intention 名 意図，意志

1226 **pretend**
[prɪténd] プリテンド
動 ①…するふりをする ②と偽る

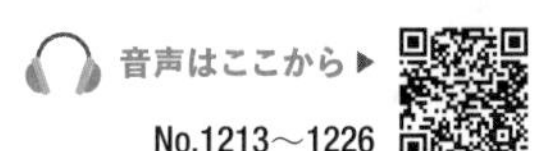

☐ What gives us heat and light? — 私たちに熱と光を与えてくれるのは何ですか。

☐ The house is on fire. — その家が火事だ。

☐ Respect the power of nature. — 自然の力を尊重しなさい。

☐ How can we use solar energy? — 私たちはどのように太陽エネルギーを使えるだろうか。

☐ I will buy a used car. — 私は中古車を買うつもりだ。

☐ The teacher was patient with him. — 先生は彼に対してがまん強かった。

☐ He was a quiet, shy boy. — 彼は静かで恥ずかしがりの少年だった。

☐ She has a blind cat. — 彼女は目の見えないネコを飼っている。

☐ You look funny in that hat. — その帽子をかぶるとおかしく見えるよ。

☐ We have a serious problem. — 我々は重大な問題を抱えている。

☐ Sixty people attended the lecture. — 60人がその講義に出席した。

➕ 接頭辞at（その方向に）＋語根tend（のびる）で，「出席する」といった意味につながる。

☐ The wall extends to the river. — その壁は川まで伸びている。

➕ 接頭辞ex（外に）＋語根tendで，「のばす」「広げる」といった意味につながる。

☐ I intend to study abroad. — 私は留学するつもりだ。

➕ 接頭辞in（中に）＋語根tendで，「中へ（心を）のばす」→「…するつもりである」という意味につながる。

☐ He pretended to be asleep. — 彼は眠ったふりをした。

➕ 接頭辞pre（前もって）＋語根tendで，「前もってのばしておく」→「…するふりをする」という意味につながる。

活動する・作業する

1227	**motivate** [móutəvèɪt] モウティヴェイト	動 に動機を与える，興味を起こさせる ➡ □ motivation 名 動機(づけ)
1228	**organize** ア [ɔ́ːrgənàɪz] オーガナイズ	動 を組織する，を手配する ➡ □ organization 名 組織，団体
1229	**establish** [ɪstǽblɪʃ] イスタぁブリッシュ	動 を設立する ➡ □ establishment 名 設立
1230	**operate** ア [ɑ́ːpərèɪt] アペレイト	動 ①を操作する　②手術する　③機能する ➡ □ operation 名 操作，手術
1231	**master** [mǽstər] マぁスタ	動 を習得する 名 主人，名人
1232	**serve** [sə́ːrv] サ～ヴ	動 ①(食事など)(を)出す　②(に)仕える ③役に立つ
1233	**aim** [éɪm] エイム	名 目的，目標，ねらい 動 めざす，ねらう
1234	**capture** [kǽptʃər] キぁプチャ	動 ①を捕まえる，を捕虜にする　②を略奪する 名 捕獲
1235	**recall** [rɪkɔ́ːl] リコーる	動 ①を思い出す　②(商品)を回収する 名 ①記憶(力)　②リコール
1236	**reflect** ア [rɪflékt] リふれクト	動 ①(を)反射する　②を反映する　③(を)よく考える ➡ □ reflection 名 反射，熟考
1237	**count** 発 [káunt] カウント	動 (を)数える　名 数えること ➡ □ count on[upon] ... …をあてにする
1238	**mend** [ménd] メンド	動 を修繕する，を直す
1239	**repair** [rɪpéər] リペア	動 を修理する 名 修理
1240	**handle** [hǽndəl] ハぁンドる	動 (問題など)を処理する，(厄介な人)の相手をする， (もの)を手で扱う　名 取っ手

□ The students were **motivated** by him.	生徒たちは彼に**動機づけ**られた。
□ They will **organize** a new union.	彼らは新しい組合**を組織する**だろう。
□ The company was **established** in 1896.	その会社は 1896 年に**設立**された。
□ The workers **operated** the machines.	作業員が機械**を操作した**。
□ Japanese is difficult to **master**.	日本語は**習得する**のが難しい。
□ This restaurant **serves** great Mexican food.	このレストランはすばらしいメキシコ料理**を出す**。
□ Our **aim** is to win.	我々の**目的**は勝つことだ。
□ How did they **capture** the animal?	彼らはどのようにしてその動物**を捕まえ**たのか。
□ I couldn't **recall** his name.	私は彼の名前**を思い出す**ことができなかった。
□ The water is **reflecting** the sunlight.	水が日光**を反射して**いる。
□ The boy could **count** to twenty.	その男の子は 20 まで**数える**ことができた。
□ She **mended** our shoes.	彼女は私たちの靴**を修繕した**。

⊕ 比較的小さな修繕を指す。米国ではおもに衣類の修繕を指す。

□ I had my watch **repaired**.	私は腕時計を**修理し**てもらった。

⊕ 複雑な修理や，大規模な修理を指す。

□ He **handled** the situation very well.	彼はとてもうまくその状況**を処理した**。

身につけておきたい熟語⑦基本動詞句

1241	**turn (～) around**	①(の)向きを変える, 回転する, を回転させる ②のまわりを回る
1242	**turn on ～**	(電気・テレビなど)をつける, のスイッチを入れる, 《栓をひねって》(水やガス)を出す(⇔ □ turn off)
1243	**turn off ～**	(電気・テレビなど)を消す, のスイッチを切る, (水やガス)を止める
1244	**turn down ～**	①(ガス・ボリュームなど)を下げる, を弱める ②(申し出・応募など)を断る, を拒む
1245	**turn out**	《turn out (to be) ... / turn out that ... で》 …であるとわかる(判明する), 結局…となる
1246	**turn into ...**	…に変わる, …になる ➡ □ turn ～ into ... ～を…に変える(する)
1247	**talk to oneself**	ひとり言を言う
1248	**say to oneself**	と心の中で思う(= □ think)
1249	**say hello to ...**	…によろしくと言う
1250	**hear from ...**	…から便り(連絡)をもらう
1251	**hear of ...**	…のことを耳にする, …のうわさを聞く ➡ □ hear about ... …について聞く
1252	**belong to ...**	…に所属している, …の所有物である
1253	**change into[to] ...**	…に変わる ➡ □ change ～ into[to] ... ～を…に変える
1254	**change one's mind**	考えを変える, 気が変わる

□ Turn the car around.	車の向きを変えて。
□ Could you turn on the heater?	ヒーターをつけていただけませんか。
□ Turn off the light.	電気を消しなさい。
□ Will you turn down the radio?	ラジオの音量を下げてくれませんか。
□ His story turned out to be true.	彼の話は真実であるとわかった。
□ The rain turned into snow.	雨が雪に変わった。
□ My mom often talks to herself.	私の母はよくひとり言を言う。
□ I said to myself, "Great!"	「すごい!」と私は心の中で思った。
□ Please say hello to your parents.	ご両親によろしくと言ってください。
□ We haven't heard from Jim.	ジムから便りをもらっていない。
□ I've never heard of that singer.	その歌手のことを耳にしたことがない。
□ I belong to the tennis club.	私はテニス部に所属している。
□ The witch changed the prince into a frog.	魔女は王子をカエルに変えた。
□ It's hard to change his mind.	彼の考えを変えるのは難しい。

身につけておきたい熟語⑧助動詞的な働きをする熟語

1255	**be going to do**	①…するつもりである ②…しそうである
1256	**have to do**	…しなければならない(≒ □ must)
1257	**had better do**	…したほうがよい，…しなさい
1258	**ought to do**	…すべきである(= □ should)
1259	**be supposed to do**	…することになっている
1260	**used to do**	① (以前は)よく…したものだ ② (以前は)…だった ➡ □ used to be ... (以前は)…だったものだ
1261	**be used to (-ing)**	(…すること)に慣れている ➡ □ become[get] used to (-ing) (…すること)に慣れる
1262	**be likely to do**	…しそうである(= □ It is likely that ...)
1263	**be willing to do**	快く…する
1264	**be ready to do**	①…する用意ができている ②喜んで…する ➡ □ get ready to do する用意をする

基本動詞句

1265	**call up ～**	(に)電話をかける
1266	**call at ...**	(場所)に立ち寄る
1267	**call on[upon] ...**	(人)を訪問する
1268	**call for ...**	①…を大声を出して求める ②…を要求する，…を必要とする

□ I'm going to buy this bike. 私はこの自転車を買うつもりだ。

➕ ②(…しそうである)は，現在そうなる兆候があり，「近い将来きっと起こるだろう」と確信しているときに使う。

□ I have to finish this report. 私はこの報告書を仕上げなければならない。

□ You had better go to bed. 君は寝たほうがいい。

➕ 「…しないと困ったことになるよ」のような意味が含まれるので，立場が上の人には用いないほうがよい。

□ You ought to see the movie. 君はその映画を見るべきだ。

➕ had better do に比べ，強制的な感じや押しつけがましさをあまり相手に与えない。

□ I'm supposed to meet him later. 私はあとで彼と会うことになっている。

□ She used to play the violin. 彼女は以前はよくバイオリンを弾いたものだ。

➕ ①は「(だが)今は〜しない」，②は「(だが)今は〜ではない」という意味を含む。

□ Steve is used to driving. スティーブは運転に慣れている。

□ It is likely to rain later. あとで雨が降りそうだ。

□ I am willing to work as a volunteer. 私は快くボランティアとして働きます。

□ I am ready to go now. 私は今，行く用意ができている。

□ I called up my friend in China. 私は中国の友人に電話をかけた。

□ The ship called at several ports. その船はいくつかの港に立ち寄った。

➕ call at / on[upon] ... は「短時間のあいだ立ち寄る」というニュアンスがある(visit で書きかえ可能)。

□ We called on my aunt in London. 私たちはロンドンにいるおばを訪問した。

□ They were calling for help. 彼らは大声を出して助けを求めていた。

Level 1 Level 2 Level 3 Level 4 Level 5 Level 6

身につけておきたい熟語⑨基本動詞句

1269 **hurry up (～)**
急ぐ，を急がせる

1270 **fail to do**
…しそこなう，…できない，…することをおこたる
➡□ Don't[Never] fail to do 必ず…してください

1271 **watch out (for ...)**
(…に)注意する，(…に)用心する

1272 **stand for ...**
①…を表す　②…の略語である
③…を支持する

1273 **throw away ～**
を捨てる

1274 **hold on**
①電話を切らないで待つ　②もちこたえる
(＝ □ hold the line　□ hang on)

1275 **hang up**
電話を切る

1276 **call back**
あとで電話をかけなおす

1277 **try on ～**
を試着する

1278 **pass by (～)**
①(の)そばを通り過ぎる
②(時が)過ぎ去る

1279 **fill in ～**
①(住所氏名など)を書き込む
②に必要事項を記入する(＝ □ fill out ((米)))
③(穴など)を埋める

1280 **shake hands with ...**
…と握手をする

1281 **leave ... alone**
…をそのままにしておく，…に構わないでおく

1282 **tend to do**
…する傾向がある，…しがちである

□ Hurry up, or you'll be late.	急ぎなさい，そうしないと遅れるよ。
□ He failed to make his dream come true.	彼は夢を実現しそこなった。
□ Watch out for the broken glass.	割れたガラスに注意しなさい。
□ What does "U.K." stand for?	U.K. とは何を表していますか。
□ Jenny, throw away the trash!	ジェニー，そのごみを捨てなさい。
□ Hold on for a few minutes.	数分間お待ちください。

✚ on「電話がつながっている状態」をhold「保つ」から「電話を切らないで待つ」意味になる。

□ Roy said "goodbye" and hung up.	ロイは「さようなら」と言って電話を切った。
□ Let me call you back.	あとで電話をかけなおさせてください。
□ I'd like to try on this skirt.	このスカートを試着したいです。
□ I passed by the post office.	私は郵便局のそばを通り過ぎた。
□ Please fill in your name here.	ここにあなたの名前を書き込んでください。
□ I shook hands with that musician.	私はあの音楽家と握手をした。

✚ 握手をするときにはふたりの手が必要なので，shake hands の hands はつねに複数形になる。

□ We left her alone.	私たちは彼女をそっとしておいた。
□ Japanese people tend to act in groups.	日本人は集団で行動する傾向がある。

身につけておきたい熟語⑩時・頻度・条件を表す熟語

1283	all of a sudden	突然
1284	at present	現在は
1285	once upon a time	昔々
1286	in the future	将来に，**未来に** ➡ □ in the near future 近いうちに，近い将来に □ in the distant future 遠い将来(に) □ in future(今までと違い)今後(は)，これからは
1287	from time to time	ときどき(≒ □ sometimes)
1288	one after another	次々と
1289	little by little	少しずつ
1290	as a result	その結果
1291	as for ...	…について言えば(＝ □ as to ...)

限定・論理展開などを表す熟語

1292	of course	もちろん
1293	by the way	ところで
1294	in fact	①実際は　②《否定文の前文を強調し》いや実際は，それどころか　③《前文を要約して》つまり
1295	for example	たとえば(＝ □ for instance)
1296	and so on[forth]	…など

□ All of a sudden, he disappeared. 突然，彼は姿を消した。

□ At present we have three choices. 現在，私たちには 3 つ選択肢がある。

□ Once upon a time there was a princess. 昔々，あるところにお姫様がいました。

□ What will happen to the earth in the future? 将来，地球に何が起こるだろうか。

□ From time to time I cook. 私はときどき料理をします。

□ The guests arrived one after another. 客たちが次々と到着した。

□ Little by little I began to understand Chinese. 少しずつ私は中国語を理解し始めた。

□ Our team won as a result. その結果，我々のチームは勝利した。

□ As for me, I'm happy with it. 私について言えば，満足しています。

□ I'll help you, of course. 手伝うよ，もちろん。

□ By the way, are you free? ところで，あなたはひまですか。

□ In fact, the number is small. 実際は，その数は少ない。

□ Take America, for example. たとえば，アメリカを例にとってみましょう。

□ Eat apples, oranges, and so on. リンゴやオレンジなどを食べなさい。

＋ いくつかの例を挙げた，そのあとにつける表現である。

Level 4

(203 words)

Yesterday Emi's father ① **created**[962] a time machine. Emi ② **respected**[1062] him and said, "Congratulations, Daddy!"

Emi's father wanted to have an ③ **experience**[1028] in the world of a ④ **million**[983] years ago. He was ⑤ **going to**[1255] see the ⑥ **nature**[1093] and ⑦ **insects**[1181] of the young earth. He was interested in the world of the ⑧ **past**[1203]. ⑨ **However**[1128], Emi wanted to know who would ⑩ **marry**[1089] her ⑪ **in the future**[1286].

She wanted to use the time machine by herself. She didn't know how to ⑫ **operate**[1230] it. She took her friend Mike to the time machine and said, "This is the ⑬ **latest**[1205] home video theater. I will show you a video. It's a movie based on a famous ⑭ **mystery**[1070] novel." Of course, it was a lie. She ⑮ **closed**[1113] the door of the machine. Then she set the timer 10 years in the future and ⑯ **turned**[1242] it **on**.

Soon, Mike returned. His eyes were full of ⑰ **surprise**[1135].

"What did you see, Mike?" said Emi.

"I saw a woman who looked like you. She was ⑱ **quarreling**[1177] with her husband."

"What did her husband look like?" asked Emi in a ⑲ **nervous**[1042] voice.

Mike said, "That's the mystery. The husband was me!"

"Oh! It must be a ⑳ **joke**[1069]! How could I make such a ㉑ **mistake**[1001]!"

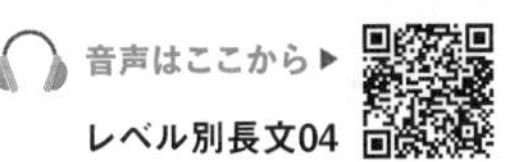

>>> 赤字の語句の意味を確認しよう

昨日，エミの父親はタイムマシンを①つくった。エミは彼を②尊敬して，言った，「おめでとう，パパ」。

エミの父親は④100万年前の世界の③経験をしたがった。彼はできて間もない地球の⑥自然や⑦昆虫を見る⑤つもりだった。彼は⑧過去の世界に興味があった。⑨しかしながら，エミは⑪将来，だれが自分と⑩結婚するのかを知りたかった。

エミはひとりでタイムマシンを使いたかった。彼女はそれを⑫操作する方法を知らなかった。彼女は友だちのマイクをタイムマシンに連れてきて言った，「これは⑬最新のホームシアターなの。私はあなたにビデオを見せてあげるわ。有名な⑭推理小説をもとにした映画よ」。もちろんそれはうそだった。彼女はマシンのドアを⑮閉めた。それから彼女はタイマーを10年後の未来にセットして，それを⑯動かした。

まもなく，マイクは戻ってきた。彼の目は⑰驚きでいっぱいだった。

「何を見たの，マイク」エミは言った。

「君のように見える女の人を見たよ。彼女は夫と⑱口げんかしていたよ」

「彼女の夫はどんなふうに見えたの」エミは⑲神経質な声で尋ねた。

マイクは言った，「それがなぞなんだ。夫は僕だったんだよ」。

「ああ，⑳冗談にちがいないわ。どうして私がそんな㉑間違いをしたっていうのよ」

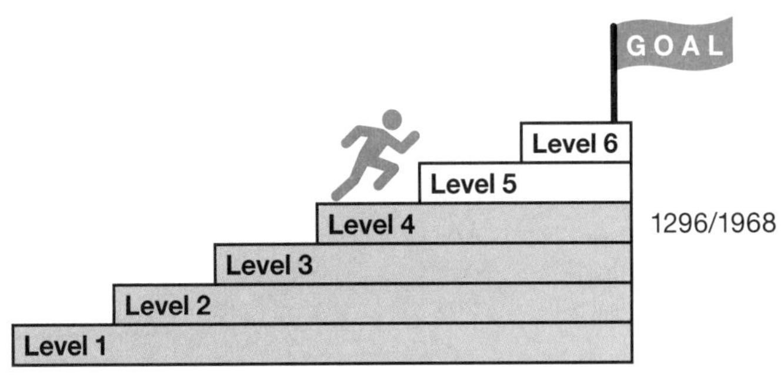

食事：Meal [mí:l] ミーる

bread	[bréd]	ブレド	パン
toast	[tóʊst]	トウスト	トースト
sandwich	[sǽndwɪtʃ]	サぁンドウィチ	サンドイッチ
hamburger	[hǽmbə̀:rgər]	ハぁムバ〜ガ	ハンバーガー
pizza	[pí:tsə]	ピーツア	ピザ
ham	[hǽm]	ハぁム	ハム
bacon	[béɪkən]	ベイクン	ベーコン
sausage	[sɔ́(:)sɪdʒ]	ソーシヂ	ソーセージ
steak	[stéɪk]	ステイク	ステーキ
barbecue	[bá:rbɪkjù:]	バービキュー	バーベキュー
boiled egg	[bɔ́ɪld ég]	ボイるド エグ	ゆで卵
omelet	[á:mlətl	アームれト	オムレツ
curry	[kə́:ri]	カ〜リ	カレー
stew	[st(j)ú:]	ステュー	シチュー
soup	[sú:p]	スープ	スープ
noodle	[nú:dəl]	ヌードる	めん
rice	[ráɪs]	ライス	米
cereal	[síəriəl]	スィアリアる	シリアル
salad	[sǽləd]	サぁらド	サラダ
pie	[páɪ]	パイ	パイ
doughnut	[dóʊnət]	ドウナト	ドーナツ
pudding	[púdɪŋ]	プディング	プリン
yogurt	[jóʊgərt]	イオウグルト	ヨーグルト
soy milk	[sɔ́ɪ mílk]	ソイ ミるク	豆乳
juice	[dʒú:s]	ヂュース	ジュース
snack	[snǽk]	スナぁク	軽食
seasoning	[sí:zənɪŋ]	シーズニング	調味料
sweet	[swí:t]	スウィート	甘い
salty	[sɔ́(:)lti]	ソーるティ	塩からい
spicy	[spáɪsi]	スパイシ	辛い(香辛料がきいている)
hot	[hát]	ハット	辛い
sour	[sáʊər]	サウア	すっぱい

家：House [háus] ハウス

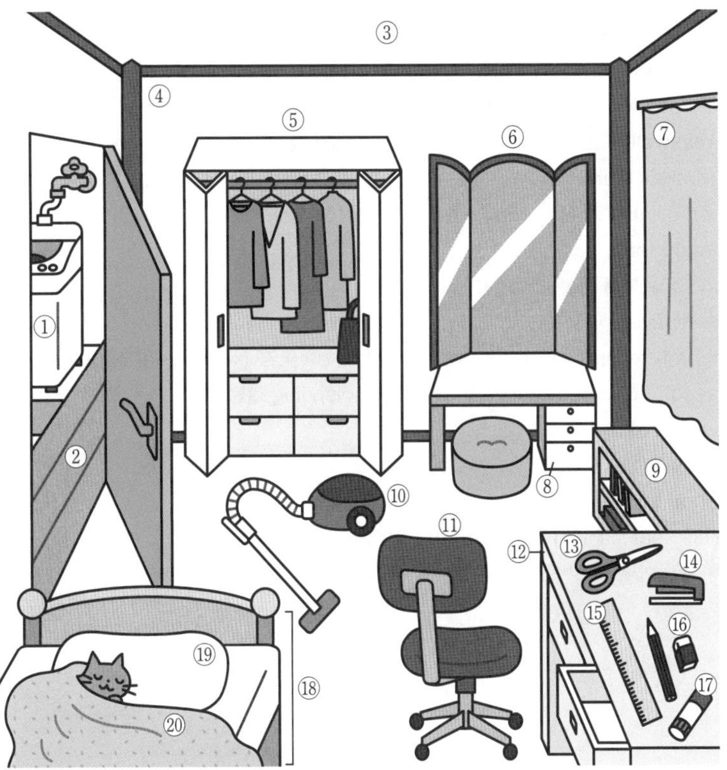

① washing machine [wάːʃɪŋ məʃíːn] ワーッシング マシーン 洗濯機
② corridor [kɔ́ːrədər] コーリダ 廊下　③ ceiling [síːlɪŋ] シーリング 天井
④ pillar [pílər] ピら 柱　⑤ closet [klάːzət] クらーゼト 押入れ，クローゼット
⑥ dresser [drésər] ドレサ 化粧台，鏡台　⑦ curtain [kə́ːrtən] カ〜トン カーテン
⑧ drawer [drɔ́ːər] ドローア 引き出し　⑨ shelf [ʃélf] シェるふ 棚
⑩ vacuum cleaner [vǽkjuːm klíːnər] ヴぁキューム クリーナ 掃除機
⑪ chair [tʃéər] チェア いす　⑫ desk [désk] デスク 机
⑬ scissors [sízərz] シザズ はさみ　⑭ stapler [stéɪplər] ステイプら ホッチキス
⑮ ruler [rúːlər] ルーら 定規　⑯ eraser [ɪréɪsər] イレイサ 消しゴム
⑰ glue [glúː] グるー のり　⑱ bed [béd] ベッド ベッド
⑲ pillow [pílou] ピろウ 枕　⑳ blanket [blǽŋkət] ブらぁンキット 毛布

交通・移動：Transportation [trænspərtéɪʃən] トらぁンスパーテイション

□① parking lot [pɑ́ːrkɪŋ lɑ́ːt] パーキング らート　駐車場
□② vending machine [véndɪŋ məʃíːn] ヴェンディング マシーン　自動販売機
□③ intersection [ìntərsékʃən] インターセクション　交差点
□④ crosswalk [krɑ́ːswɔ̀ːk] クラースウォーク　横断歩道
□⑤ sidewalk [sáɪdwɔ̀ːk] サイドウォーク　歩道
□⑥ traffic lights [trǽfɪk láɪts] トらぁふィク らイツ　信号
□⑦ bound for ...　…行きの
□⑧ on schedule　時間どおりに
□⑨ be delayed　遅れて
□⑩ departure [dɪpɑ́ːrtʃər] ディパーチャ　（乗り物の）出発（⇔ □ arrival 到着）
□⑪ takeoff [téɪkɔ(ː)f] テイクオーふ　離陸（⇔ □ landing 着陸）
□⑫ by way of ...　…経由で
□⑬ one way [wʌ́n wéɪ] ワン ウェイ　片道
□⑭ round trip [ráʊnd tríp] ラウンド トリップ　往復
□⑮ aisle seat [áɪl síːt] アイる シート　通路側の席
➡□ window seat 窓側の席

Level 5

Level 5では，教科書でよく取り上げられる単語だけでなく
共通テストなどで問われることもある，いわゆる入試頻出語が増えてきます。

Level 5の最後には
「学生生活」「インターネット」「健康」に関する英語をまとめてあります。
少し難易度が高い語(句)も含まれますが，意味を押さえておきましょう。

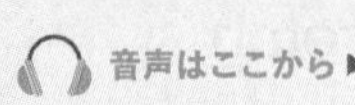

大小・状態を表す語

1297	**huge** 発 [hjúːdʒ] ヒューヂ	形 巨大な，とてつもなく大きい
1298	**tiny** [táɪni] タイニ	形 ごく小さな，ちっちゃな
1299	**major** [méɪdʒər] メイヂャ	形 (程度が)大きな，主要な，(2つのうち)大きなほうの ➡ □ majority 名 多数派
1300	**minor** [máɪnər] マイナ	形 (程度が)小さな，重要でない，(2つのうち)小さいほうの
1301	**dry** [dráɪ] ドライ	形 乾いた 動 を乾かす，乾く
1302	**dirty** [dɜ́ːrti] ダ～ティ	形 汚い(⇔ □ clean きれいな，清潔な)
1303	**loud** 発 [láʊd] らウド	形 (声・音が)大きい 副 大きな声・音で
1304	**tough** 発 [tʌ́f] タふ	形 ①困難な，厳しい ②たくましい，頑丈な

手を使う動作

1305	**knock** [nɑ́ːk] ナック	動 ノックする，(を)強く打つ　名 ノック(の音)，打つこと　➡ □ knock on[at] the door ドアをノックする
1306	**shut** [ʃʌ́t] シャット	動 を閉める，を閉じる，閉まる〈shut-shut-shut〉(⇔ □ open を開ける，開く)
1307	**lift** [líft] りふト	動 を持ち上げる，持ち上がる　名 ①持ち上げること ②((英))エレベーター(= □ elevator 注 ((米))) ③リフト
1308	**press** [prés] プレス	動 (を)押す，(を)押しつける　名 ①押すこと ②《the ～で》新聞，雑誌，報道(界)　➡ □ pressure 名 圧力
1309	**fold** [fóʊld] ふォウるド	動 を折りたたむ，(手・腕など)を組む
1310	**stretch** [strétʃ] ストレッチ	動 ①を伸ばす　②伸びをする　③及ぶ 名 伸張，区域，期間

□ A huge tree was cut down. 巨大な木が切り倒された。

□ The baby opened her tiny eyes. 赤ちゃんはとても小さな目を開けた。

□ It was a major earthquake. 大きな地震があった。

□ He worried about a minor mistake. 彼は小さな間違いにくよくよした。

□ The paint is not dry yet. まだペンキが乾いていない。

□ My bicycle is very dirty. 私の自転車はとても汚い。

□ The music is too loud. 音楽(の音量)が大きすぎる。

□ We are facing a tough situation. 私たちは困難な状況に直面している。

□ Someone knocked on the door. だれかがドアをノックした。

□ Can you shut the door? ドアを閉めてもらえないかな。

➕ 同じ「閉める」でもcloseのほうがゆっくり閉めるイメージ。

□ This is too heavy to lift. これは重すぎて持ち上げることができない。

□ Press this button once. このボタンを１回押して。

□ Fold the paper along the line. 線に沿って紙を折りなさい。

□ They stretched their legs. 彼らは脚を伸ばした。

数量に関する語

1311 **total** [tóutəl] トウタる
形 全体の，**総計の，完全な** 名 **総計，総額**
➡ □ totally 副 まったく，すっかり

1312 **amount** 発 [əmáunt] アマウント
名 ①《**the ～で**》総計　②**量，額**
動 《**amount to ... で**》**総計…になる**

1313 **quantity** [kwά:ntɪti] クワンティティ
名 量，**数量**(⇔ □ quality 質)
➡ □ a large / small quantity of ... 多量／少量の…

1314 **mass** 発 [mǽs] マぁス
名 ①大きなかたまり
②**多量**

1315 **pile** [páɪl] パイる
動 を積み重ねる
名 **積み重ね**

1316 **lack** [lǽk] らぁク
名 不足，**欠乏**
動 **を欠いている**

1317 **per** [pə́:r] パ～
前 ～につき
➡ □～ kilometers per hour 時速～キロメートル

趣味に関する語

1318 **leisure** 発 [lí:ʒər] リーヂャ
名 余暇，**ひま**

1319 **fashion** [fǽʃən] ふぁション
名 ①流行，**ファッション**　②**やり方** ➡ □ be in fashion 流行している □ fashionable 形 流行の

1320 **photo** 発 [fóutou] ふォウトウ
名 写真(= □ photograph　□ picture)
➡ □ photographer 名 写真家

物質

1321 **smoke** [smóuk] スモウク
名 煙
動 **タバコを吸う**

1322 **gas** [gǽs] ギぁス
名 ①気体，**ガス** ➡ □ liquid 液体　□ solid 固体
②**ガソリン** ((米)) (= □ gasoline　□ petrol ((英)))

1323 **ash** [ǽʃ] あシュ
名 灰

1324 **dust** [dʌ́st] ダスト
名 ほこり，**ちり**
➡ □ dusty 形 ほこりっぽい

□ The total cost was 54,000 dollars. 全体の費用は 54,000 ドルだった。

□ The amount I had wasn't enough. 私が持っていた総額では足りなかった。

➕ a large amount of ...「多量(多額)の…」, a small amount of ...「少量(少額)の…」という表現も覚えておこう。

□ Quality matters more than quantity. 量より質が大切だ。

□ There was a mass of garbage. ごみのかたまりがあった。

□ Don't pile papers on the floor! 床に書類を積み重ねないで。

□ There was a lack of communication. コミュニケーション不足だった。

□ He works 8 hours per day. 彼は 1 日につき 8 時間働く。

□ I want some leisure time. 私は余暇がほしい。

□ Those clothes are not in fashion. それらの服は流行していない。

□ You take good nature photos. あなたは自然の写真を撮るのが上手だ。

□ I saw smoke coming from there. そこから煙が上がっているのが見えた。

➕ アメリカは公共の場での喫煙は原則禁止。No smoking. / Thank you for not smoking. は「禁煙」の表示。

□ Air is made up of gases. 空気は気体からできあがっている。

□ Don't drop cigarette ashes. タバコの灰を落とさないで。

□ The furniture was covered with dust. 家具はほこりでおおわれていた。

形態・状態・性質を表す語

1325 **sharp**
[ʃɑ́ːrp] シャープ
形 ①鋭い，とがった
②（坂・カーブなどが）急な

1326 **tight** 発
[táɪt] タイト
形 ①（服などが）きつい，きつく締まった
②（ひもなどが）ぴんと張った

1327 **obvious** ア
[ɑ́ːbviəs] アブヴィアス
形（間違える余地のないほど）明らかな，明白な
➡ □ obviously 副 明らかに

1328 **plain**
[pléɪn] プれイン
形 ①明らかな ②わかりやすい ③質素な
名 平原，平野

1329 **brief**
[bríːf] ブリーふ
形 ①短時間の ②簡潔な

1330 **dull** 発
[dʌ́l] ダる
形 ①にぶい ②つまらない

1331 **lazy**
[léɪzi] れイズィ
形 なまけ者の，怠惰な

1332 **silly**
[síli] シリィ
形 愚かな，くだらない

1333 **foolish**
[fúːlɪʃ] ふーリッシュ
形 愚かな ➡ □ fool 名 愚か者
動 をだます，をからかう

1334 **rude** 発
[rúːd] ルード
形 失礼な，無礼な

1335 **ugly** 発
[ʌ́gli] アグリ
形 ①みにくい ②不快な

1336 **pale**
[péɪl] ペイる
形（顔などが）青白い

1337 **horrible** ア
[hɔ́ːrəbəl] ホーラブる
形 恐ろしい，ぞっとするような
➡ □ horror 名 恐怖

1338 **awful** 発
[ɔ́ːfəl] オーふる
形 ひどい，恐ろしい

□ I felt a sharp pain.	私は鋭い痛みを感じた。
□ These jeans are a little tight.	このジーンズは少しきつい。
□ That's an obvious spelling mistake.	それは明らかなスペルミスだ。
□ His explanation was quite plain.	彼の説明はかなり明確だった。
□ The ceremony was brief.	その式典は短かった。
□ This knife is dull.	このナイフは切れ味がにぶい。
□ He is lazy.	彼はなまけ者である。
□ I was silly to lose it.	それをなくすとは私は愚かだった。
□ Don't ask such a foolish question.	そんな愚かな質問はするな。
□ I can't stand his rude behavior.	彼の失礼な行動に我慢できない。
□ Don't wear that ugly hat.	そのみにくい帽子をかぶらないで。

⊕ 日本語の「みにくい」は容姿に関して使われることがほとんどだが，ugly は上の文のように物についても使う。

□ She turned pale at the news.	彼女はその知らせに真っ青になった。
□ It was a horrible crime.	それは恐ろしい犯罪だった。

⊕ horror は嫌悪感や反感などを伴う，特に「ぞっとする恐怖」。「恐怖」を表す最も一般的な語は fear。

□ The weather was awful.	天候はひどかった。

農業に関する語

1339 **agriculture** ア
[ǽgrɪkʌ̀ltʃər] あグリカるチャ
名 農業
➡ □ agricultural 形 農業の

1340 **soil**
[sɔ́ɪl] ソイる
名 土，**土地**

1341 **crop**
[krɑ́:p] クラップ
名 農作物，**収穫高**
➡ □ harvest 名 収穫，収穫期

1342 **grain**
[gréɪn] グレイン
名 穀物

1343 **greenhouse**
[grí:nhàus] グリーンハウス
名 温室
➡ □ greenhouse gas 温室効果ガス

機会・事情などを表す語

1344 **occasion** ア
[əkéɪʒən] オケイジョン
名 ①(特定の)時，**機会**　**②行事**　➡ □ occasional 形 ときおりの　□ occasionally 副 ときおり

1345 **opportunity** ア
[ɑ̀:pərt(j)ú:nəti] アパテュ[トゥ]ーニティ
名 機会(≒ □ chance)
参 opportunity のほうが chance よりも確実なイメージ。

1346 **circumstance** ア
[sə́:rkəmstæ̀ns] サ〜カムスタぁンス
名《通常(複)で》(周囲の)状況，**事情**，**環境**

1347 **situation** ア
[sìtʃuéɪʃən] スィチュエイション
名 ①状況　**②位置**　**③立場**

表す・示す

1348 **represent** ア
[rèprɪzént] レプリゼント
動 ①を表す　**②を象徴する**　**③を代表する**
➡ □ representation 名 表現，代表

1349 **display** ア
[dɪspléɪ] ディスプれイ
動 ①を示す，**を陳列する**　**②を画面に表示する**
名 ①陳列，**展示**　**②ディスプレー**

1350 **indicate**
[índəkèɪt] インディケイト
動 を(指し)示す

1351 **prove** 発
[prú:v] プルーヴ
動 ①を証明する　**②《prove (to be) ... で》…であることがわかる**　➡ □ proof 名 証拠，証明

1352 **reveal** ア
[rɪví:l] リヴィーる
動 を明らかにする，**を暴露する**
➡ □ revelation 名 新事実，暴露

□ The land is used for agriculture.	その土地は農業用に使われている。
□ Plants grow well in this soil.	植物はこの土でよく育つ。
□ This land produces good crops.	この土地はよい農作物を生む。

➕ いわゆる「収穫祭」は harvest festival，または thanksgiving（感謝祭）と表現される。

□ The chickens eat this grain.	ニワトリがこの穀物を食べる。
□ What causes the greenhouse effect?	何が温室効果を引き起こすのか。

□ Keep it for a special occasion.	特別な時のためにそれは取っておいて。
□ You shouldn't miss this opportunity.	君はこの機会を逃すべきでない。
□ You'll get over these circumstances.	あなたはこの状況を乗り越えられます。
□ His words made the situation worse.	彼の言葉は状況を悪化させた。

□ What does this mark represent?	このマークは何を表していますか。
□ He displays signs of the flu.	彼はインフルエンザの兆候を示している。
□ The light indicates "on".	ランプは「オン」を示している。
□ Can you prove that it's true?	それが本当だと証明することができますか。
□ Please don't reveal the film's ending.	映画の結末を明らかにしないでください。

時に関する語

1353	**instant** [ínstənt] インスタント	形 即座の，**即席の** 名 **瞬間** ➡ □ instantly 副 ただちに
1354	**primitive** [prímətɪv] プリミティヴ	形 ①原始(時代)の ②**原始的な**
1355	**ancient** 発 [éɪnʃənt] エインシェント	形 古代の
1356	**final** [fáɪnəl] ふァイヌる	形 最終の，**最後の** 名 **決勝戦** ➡ □ finally 副 最後に，ついに(≒ □ at last)
1357	**annual** [ǽnjuəl] あニュアる	形 毎年の，**年1回の**
1358	**lately** [léɪtli] れイトり	副 近ごろ，**最近**
1359	**recently** ア [ríːsntli] リースントり	副 最近，**近ごろ** ➡ □ recent 形 最近の，近ごろの
1360	**immediately** 発 ア [ɪmíːdiətli] イミーディエトり	副 ただちに ➡ □ immediate 形 即座の
1361	**permanently** [pə́ːrmənəntli] パ～マネントり	副 永久に ➡ □ permanent 形 永続的な，永久の
1362	**afterward(s)** ア [ǽftərwərd(z)] あふタワド(ズ)	副 あとで(＝ □ later)，**その後**

否定する

1363	**scold** [skóuld] スコウるド	動 (を)しかる
1364	**punish** 発 ア [pʌ́nɪʃ] パニッシュ	動 を罰する，**をこらしめる** ➡ □ punishment 名 処罰
1365	**criticize** ア [krítəsàɪz] クリティサイズ	動 を批判する，**を批評する** 注 ((英)) criticise ➡ □ criticism 名 批評，批判
1366	**complain** ア [kəmpléɪn] コムプれイン	動 不平・不満を言う ➡ □ complaint 名 不平，不満 □ complain (to〈人〉) about[of] ... …について(〈人〉に)不平・不満を言う

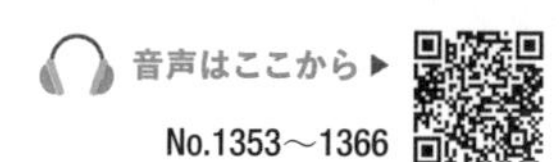

□ Don't expect to have **instant** success.	**即座に**成功することなど期待するな。
□ It's a **primitive** form of kanji.	それは漢字の**原型**だ。
□ I'm interested in **ancient** history.	私は**古代**史に興味がある。
□ The **final** episode was shown yesterday.	昨日**最終**回が放映された。
□ We went to the **annual** event.	私たちは**毎年(恒例)の**イベントに行った。
□ I've been very busy **lately**. ➕ 通常，現在完了の文で用いられる。	**近ごろ**，私はとても忙しい。
□ He returned from Japan **recently**. ➕ 通常，過去および現在完了の文で用いられる。	彼は**最近**，日本から帰国した。
□ She answered the phone **immediately**.	彼女は**ただちに**電話に出た。
□ The couple lived in Boston **permanently**.	その夫妻はボストンに**永**住した。
□ **Afterward**, I couldn't remember her words.	**あとで**，私は彼女の言葉を思い出すことができなかった。

□ She was **scolded** by her father.	彼女は父親に**しかられ**た。
□ He knew he would be **punished**.	彼は**罰せられる**のがわかっていた。
□ They **criticize** her for working slowly.	彼らは彼女が仕事が遅いと**批判する**。
□ What are you **complaining** about?	何について**不平を言っている**のですか。

Level 1 Level 2 Level 3 Level 4 Level 5 Level 6

立場を表す語

1367 **general** [dʒénərəl] チェネラる
形 全体的な，**一般的な**（⇔ □ special 特別の，専門の）
➡ □ generally 副 一般に

1368 **normal** [nɔ́:rməl] ノーマる
形 標準の，**正常な**
➡ □ normally 副 正常に，ふつうは

1369 **regular** [régjələr] レギュら
形 規則的な，**いつもの**（⇔ □ irregular 不規則な）

1370 **rare** [réər] レア
形 ①まれな　②(ステーキなどが)生焼けの
➡ □ rarely 副 めったに…ない

1371 **local** [lóukəl] ろウカる
形 ①地元の，**その土地の**
②(電車などが)各駅停車の

1372 **global** [glóubəl] グろウブる
形 ①(全)世界的な
②全体的な

接続詞／前置詞

1373 **whether** [wéðər] ウェざ
接 ～かどうか　➡ □ whether ... or ～ …かそれとも～か
□ whether ... or not …かどうか，…であろうとなかろうと

1374 **unless** ア [ənlés] アンれス
接 …でない限り，**もし…でなければ**

1375 **except** ア [ɪksépt] イクセプト
接 前 …を除いて
➡ □ except for ... …以外の点では，…を除いてほかは

1376 **besides** [bɪsáɪdz] ビサイズ
前 ①…のほかに，**…に加えて**　②《否定文・疑問文で》…を除いて　副 そのうえ，さらに

1377 **beyond** [biá:nd] ビヤンド
前 ①(場所が)…の向こうに，**…を越えて**
②(程度が)…を越えて

1378 **within** ア [wɪðín] ウィずィン
前 ①(距離・時間が)…以内に　②(程度が)…の範囲内で　③(場所が)…の内部・内側に

1379 **throughout** 発 [θruáut] スルアウト
前 ①…のあいだずっと　②…のすみからすみまで
副 すっかり

1380 **despite** ア [dɪspáɪt] ディスパイト
前 …にもかかわらず（＝ □ in spite of ...）

□ The first general meeting was held.	最初の全体会議が開催された。
□ Please call during normal working hours.	標準労働時間内にお電話ください。
□ His breathing was slow and regular.	彼の呼吸はゆっくりで規則的だった。
□ Snow is rare in this area.	この地域では雪はまれだ。
□ I write for the local newspaper.	私は地元の新聞に投稿している。

➕ localにはカタカナ語の「ローカル」のような「いなか」の意味はない。「いなか」はcountrysideなど。

□ She works for a global company.	彼女は世界的な企業に勤めている。

□ I don't know whether she'll come.	彼女が来るかどうかはわからない。
□ I'll go out unless it rains.	雨が降らない限り，出かけるつもりだ。
□ We're open every day except Monday.	月曜日を除き毎日営業しています。
□ He has few friends besides Bill.	彼にはビルのほかにほとんど友達がいない。
□ My house is beyond the woods.	私の家はその森の向こうにある。
□ I'll be back within a week.	私は１週間以内に戻るでしょう。
□ She remained single throughout her life.	彼女は一生のあいだずっと独身だった。
□ Despite our efforts, the project failed.	我々の努力にもかかわらず，プロジェクトは失敗に終わった。

産業・経済に関する語

1381	**industry** ア [índəstri] インダストリ	名 ①産業，工業　②勤勉　➡ □ industrial 形 産業の，工業の　□ industrious 形 勤勉な
1382	**market** [mɑ́ːrkət] マーキット	名 ①市場(いちば) ②市場(しじょう)
1383	**goods** [gúdz] グッズ	名《つねに(複)で》商品，品物
1384	**service** [sə́ːrvəs] サ～ヴィス	名 ①奉仕　②公共事業　③(交通機関などの)便 ➡ □ serve 動 ①(に)仕える　②(食事など)(を)出す
1385	**cooperation** [kouɑ̀ːpəréɪʃən] コウアーポレイション	名 ①協力　②援助 ➡ □ cooperate 動 協力する
1386	**project** ア 名 [prɑ́ːdʒekt] プラヂェクト 動 [prədʒékt] プロヂェクト	名 計画，企画 動 を計画する
1387	**benefit** ア [bénəfɪt] ベネふィット	名 利益，恩恵 動 のためになる，利益を得る
1388	**loss** [lɔ́(ː)s] ろ(ー)ス	名 損失，損害，失うこと(⇔ □ gain 利益) ➡ □ lose 動 を失う(⇔ □ gain)，を見失う，(に)負ける
1389	**earn** 発 [ə́ːrn] ア～ン	動 をかせぐ，を得る ➡ □ earnings 名 所得
1390	**rent** [rént] レント	動 を賃借りする，を賃貸しする 名 借り賃，賃借り
1391	**economic** ア [èkənɑ́ːmɪk] エコナミク	形 経済の，経済学の ➡ □ economy 名 経済，節約 □ economical 形 経済的な
1392	**clone** [klóun] クろウン	名 クローン 動 (動植物の)クローンを作る
1393	**entertainment** ア [èntərtéɪnmənt] エンタテインメント	名 娯楽，エンターテイメント　➡ □ entertain 動 を楽しませる　□ entertainer 名 人を楽しませる人，芸能人
1394	**slave** [sléɪv] スれイヴ	名 ①奴隷 ②(欲望・習慣・仕事などに)捕われている人

□ I'm interested in the tourist industry.	私は観光産業に興味がある。
□ I bought flowers at the market.	私は市場で花を買った。
□ All goods here are on sale.	ここにある商品すべてがセール中だ。
□ This program includes social service activities.	このプログラムには社会奉仕活動も含まれる。
□ Thank you for your cooperation.	ご協力ありがとうございます。
□ When will we start the project?	その計画をいつ始めるのですか。

➕ 同じく「計画」と訳す plan に比べて，規模が大きい「計画」に使われることが多い。

□ Consider the costs and benefits.	コストと利益を考えなさい。

➕ benefit は主に人や社会のためになる利益，gain は金銭的・偶発的な利益。

□ The loss was over 60,000 dollars.	損失は 6 万ドルを超えた。
□ I need to earn more money.	私はもっとお金をかせぐ必要がある。
□ He decided to rent an apartment.	彼はアパートを借りることに決めた。
□ The government's economic plan failed.	政府の経済計画は失敗した。
□ Dolly was the first sheep clone.	ドリーは初のヒツジのクローンだ。
□ She watches movies for entertainment.	彼女は娯楽として映画を見る。
□ They treated him like a slave.	彼らは彼を奴隷のように扱った。

進展・行動に関する語

□□□ 1395 **advance** ア
[ədvǽns] アドヴァンス
動 進む，進歩する，を進める　名 前進，進歩
➡ □ in advance 前もって　□ advantage 名 利点

□□□ 1396 **progress** ア
動 [prəgrés] プログレス
動 前進する，進行する，進歩する，上達する
名 前進，進歩 注 発音は [prάgres] プラグレス

□□□ 1397 **approach** 発 ア
[əpróutʃ] アプロウチ
動 に近づく
名 ①接近　②近づく道　③手法，学習法

□□□ 1398 **behave** ア
[bɪhéɪv] ビヘイヴ
動 ふるまう　➡ □ behave oneself 行儀よくする
□ behavior 名 ふるまい，行動

□□□ 1399 **chase**
[tʃéɪs] チェイス
動（を）追いかける
名 追跡

□□□ 1400 **overcome** ア
[òuvərkʌ́m] オウヴァカム
動 ①に打ち勝つ
②を克服する〈overcome-overcame-overcome〉

料理・食事に関する語／禁止する

□□□ 1401 **bake**
[béɪk] ベイク
動（パンなど）を焼く，焼ける

□□□ 1402 **boil**
[bɔ́ɪl] ボイる
動 をわかす，ふっとうする，を煮る，煮える

□□□ 1403 **melt**
[mélt] メるト
動 を溶かす，溶ける

□□□ 1404 **feed**
[fíːd] ふィード
動 ①に食物・えさを与える
②（家族など）を養う〈feed-fed-fed〉　名 えさ

□□□ 1405 **flavor**
[fléɪvər] ふれイヴァ
名 ①風味，味
②味わい，趣　注 ((英)) flavour

□□□ 1406 **forbid**
[fərbíd] ふァビッド
動 を禁止する
〈forbid-forbid/forbade-forbid/forbidden〉

□□□ 1407 **prohibit** ア
[prouhíbət] プロウヒビット
動 を禁止する　➡ □ prohibition 名 禁止
□ prohibit ... from -ing …が～するのを禁止する

□□□ 1408 **ban**
[bǽn] バァン
動 を禁止する　名 禁止令
➡ □ ban ... from -ing …が～することを禁止する

□ The men continued to advance. 男たちは進み続けた。

□ Have the discussions progressed any further? それ以上議論が前進しましたか。

□ A cat approached our house. ネコがわが家に近づいてきた。

□ He behaved like a Japanese. 彼は日本人のようにふるまった。

□ Then a dog started chasing me. それからイヌが私を追いかけ始めた。

□ My grandmother has overcome many difficulties. 私の祖母は多くの困難に打ち勝ってきた。

□ Let's bake a cake. ケーキを焼こう。

□ I boiled water and made tea. 私はお湯(水)をわかしてお茶を入れた。

□ Melt chocolate in the microwave. 電子レンジでチョコレートを溶かして。

□ Have you fed the dog? イヌにえさを与えましたか。

□ This coffee has a unique flavor. このコーヒーは独特の風味がある。

□ I'm forbidden to enter the church. 私はその教会に入ることを禁じられている。

□ Smoking is prohibited here. ここでは喫煙は禁止されている。

接頭辞pro（前に）＋語根hibit（保つ）で「前で食い止める」→「禁止する」というイメージ。

□ We should ban eating on trains. 電車内での食事を禁止するべきだ。

Level 1 Level 2 Level 3 Level 4 Level 5 Level 6

道具・機械に関する語

No.	単語	意味
1409	**tool** [tú:l] トゥーる	名 道具
1410	**equipment** [ɪkwípmənt] イクウィプメント	名 ①装備，設備，道具　②知識，技術
1411	**instrument** ア [ínstrəmənt] インストルメント	名 ①器具，計器　②楽器（＝ □ musical instrument）
1412	**switch** [swítʃ] スウィッチ	名 スイッチ　動 ①《switch on / off で》スイッチを入れる／切る　②を交換する
1413	**furniture** [fə́:rnɪtʃər] ふァ～ニチャ	名《集合的に》家具
1414	**screen** [skrí:n] スクリーン	名（テレビやパソコンなどの）画面，（映画などの）スクリーン，ついたて ➡ □ monitor 名 モニター
1415	**cell phone** [sél fòun] せる　ふォウン	名 携帯電話 ➡ □ smartphone スマートフォン

人に働きかける

No.	単語	意味
1416	**beg** [bég] ベグ	動（を）請う，（を）頼む〈beg-begged-begged〉
1417	**remind** 発 ア [rɪmáɪnd] リマインド	動 に思い出させる，に気づかせる ➡ □ remind〈人〉of ...〈人〉に…を思い出させる
1418	**encourage** 発 ア [ɪnkə́:rɪdʒ] インカ～リッヂ	動 を励ます，を奨励する（⇔ □ discourage にやる気をなくさせる） ➡ □ encouragement 名 励まし，奨励
1419	**relieve** [rɪlí:v] リりーヴ	動 ①を安心させる　②を和らげる ➡ □ relief 名 安心，救済
1420	**fascinate** [fǽsənèɪt] ふぁスィネイト	動 を魅了する，を魅惑する ➡ □ fascinating 形（人を）魅了する，うっとりさせる
1421	**force** [fɔ́:rs] ふォース	動 に無理やり～させる 名 ①力　②《通常（複）で》軍隊 ➡ □ force〈人〉to do〈人〉に無理やり…させる
1422	**confuse** ア [kənfjú:z] コンふューズ	動 ①を混乱させる，をまごつかせる　②を混同する ➡ □ confuse ... with ～ …を～と混同する

□ I have tools in my desk.	机の中に道具がある。
□ The equipment is not safe.	その装備は安全ではない。
□ Learn how to operate the instrument.	その器具を操作する方法を学びなさい。
□ The switch is on the wall.	スイッチは壁にある。
□ They bought a lot of furniture.	彼らはたくさんの家具を買った。

furnitureは常に単数形。数える場合，a piece[an article] of furniture，two pieces[articles] of ...とする。

□ Her picture appeared on the screen.	画面上に彼女の写真が現れた。
□ I pulled out my cell phone.	私は携帯電話を取り出した。

cellphone, mobile phoneとも。

□ I begged him to stay.	私は彼にとどまってくれるよう請うた。
□ You remind me of my sister.	あなたは私に姉(妹)のことを思い出させる。
□ I encouraged him to study hard.	私は一生懸命勉強するよう彼を励ました。

enは「〜の状態にする」という意味を表し，形容詞や名詞を動詞に変化させる接頭辞，接尾辞である。

□ I am relieved to hear that.	私はそれを聞いて安心している。
□ Insects have always fascinated me.	昆虫はいつも私を魅了します。
□ Don't force us to sleep!	無理に眠らせないで。
□ The difficult problem confused me.	その難問は私を混乱させた。

戦争・戦いに関する語

1423 **competition** ア
[kὰːmpətíʃən] カムペティション
名 競争，試合
➡ □ compete 動 競争する

1424 **battle**
[bǽtəl] バぁトる
名 戦闘，戦争
動 戦う

1425 **army**
[ɑ́ːrmi] アーミ
名《the armyで》陸軍，軍隊
➡ □ navy 名 海軍　□ air force 名 空軍

1426 **soldier**
[sóuldʒər] ソウるヂャ
名 兵士

1427 **victory**
[víktəri] ヴィクトリ
名 勝利

1428 **victim**
[víktɪm] ヴィクティム
名 (事故などの)犠牲者，被害者

1429 **defeat**
[dɪfíːt] ディふィート
名 敗北，敗戦
動 を打ち負かす

1430 **tank**
[tǽŋk] タぁンク
名 ①水槽，タンク　②戦車

形状に関する語

1431 **figure** 発
[fígjər] ふィギア
名 ①(人・物の)姿　②数字　③図形　動 ①と思う　②を計算する ➡ □ figure out がわかる，を計算する

1432 **square**
[skwéər] スクウェア
名 ①正方形，四角　②(四角い)広場　③《数学で》平方，二乗　形 ①正方形の　②平方の

1433 **circle**
[sə́ːrkəl] サ～くる
名 ①円　②仲間，団体

1434 **level**
[lévəl] れヴェる
形 水平な，平らな
名 ①水平(面)　②水準

1435 **sheet**
[ʃíːt] シート
名 ①(紙などの) 1 枚　②《通常(複)で》シーツ
➡ □ a sheet of paper 紙 1 枚

1436 **row**
[róu] ロウ
名 列，並び
動 (ボート)をこぐ

- □ There is competition for the job. 仕事を得るには競争がある。
- □ The battle lasted about 30 minutes. 戦闘は約30分間続いた。
- □ We met in the army. 我々は陸軍で知り合った。
- □ He wanted to be a soldier. 彼は兵士になりたかった。
- □ We celebrated our team's victory. 我々はチームの勝利を祝った。
- □ They were victims of the war. 彼らは戦争の犠牲者だった。
- □ The game ended in our defeat. 試合は我々の敗北で終わった。
- □ Fill the tank with water. 水槽を水で満たしなさい。

- □ He has a graceful figure. 彼は優雅な姿をしている。
- □ A square has four sides. 正方形には4辺ある。
  - ⊕ たとえば「20平方メートル」は，英語では20 square metersとなる。
- □ OK, everyone, make a circle. はい，みなさん，円を描いてください。
- □ Is this floor really level? この床は本当に水平ですか。
- □ Hand me a sheet of paper. 紙を1枚渡してください。
- □ She sat in the front row. 彼女は最前列に座った。
  - ⊕ rowは横に並んだ列，lineは縦に並んだ列。rowは劇場などの座席の列，lineは切符などを買う人の列。

液体に関する動詞

1437	**flow** [flóʊ] ふろウ	動 流れる 名 流れ
1438	**float** [flóʊt] ふろウト	動 浮かぶ，を浮かべる
1439	**pour** 発 [pɔ́ːr] ポーア	動 (液体)を注ぐ，流れ出る
1440	**splash** [splǽʃ] スプらぁシュ	動 (水など)をはねかける，(水などが)飛び散る

感情を含む動詞

1441	**expect** ア [ɪkspékt] イクスペクト	動 ①を予期する ②を期待する ③(～だろう)と思う ➡ □ expectation 名 期待，予期，見込み
1442	**concern** ア [kənsə́ːrn] コンサ～ン	動 ①を心配させる ②に関係する 名 心配，関心事 ➡ □ be concerned about ... …を心配している □ be concerned with ... …に関心がある
1443	**hesitate** ア [hézətèɪt] ヘズィテイト	動 ためらう，ちゅうちょする ➡ □ hesitation 名 ためらい，ちゅうちょ
1444	**disappoint** ア [dìsəpɔ́ɪnt] ディサポイント	動 を失望させる ➡ □ be disappointed 失望する □ disappointment 名 失望
1445	**regret** ア [rɪgrét] リグレット	動 を後悔する 〈regret-regretted- regretted〉 ➡ □ regret to do 残念ながら…する 名 後悔
1446	**doubt** 発 [dáʊt] ダウト	動 を疑う，～ではないだろうと思う 名 疑い ➡ □ doubtful 形 疑わしい
1447	**admire** ア [ədmáɪər] アドマイア	動 に感心する，を賞賛する
1448	**pray** [préɪ] プレイ	動 (を)祈る
1449	**rely** 発 ア [rɪláɪ] リらイ	動《rely on[upon] ... で》…をあてにする，…に頼る
1450	**resist** ア [rɪzíst] リズィスト	動 に抵抗する，をがまんする ➡ □ resistance 名 抵抗

□ The river flows more slowly here. 川はここではよりゆっくり流れる。

□ Clouds are floating in the sky. 雲が空に浮かんでいる。

名詞として「浮き袋」などの意味で使われることもある。アイスを浮かべた飲み物の「フロート」も，この float。

□ She poured dressing over the salad. 彼女はサラダにドレッシングをかけた。

□ The dolphins splashed water on everyone. イルカはみんなに水をはねかけた。

□ The police were expecting trouble. 警察は騒ぎを予期していた。

□ I'm very concerned about the test. 私はそのテストをとても心配している。

□ Don't hesitate to call me. ためらわずに私に電話してください。

□ He was disappointed to hear that. 彼はそれを聞いて失望した。

□ I regretted my decision later. あとで自分の決断を後悔した。

□ I doubt if it is true. 私はそれが真実かどうか疑っている。

□ I admire her people skills. 彼女の人間力に感心する。

□ They prayed for peace. 彼らは平和を祈った。

□ You can rely on me. 私をあてにしていいよ。

□ They resisted the enemy. 彼らは敵に抵抗した。

拒絶する／語根part（分ける・部分）で覚える語

1451 **refuse** [rɪfjúːz] リふューズ
動（を）拒む，（を）断る
➡ □ refuse to do …することを拒む

1452 **avoid** ア [əvɔ́ɪd] アヴォイド
動 を避ける
➡ □ avoid -ing …しないようにする

1453 **particular** ア [pərtíkjələr] パティキュら
形 ①特定の，特別の　②《be particular about ... で》…について（好みが）うるさい

1454 **participate** ア [pɑːrtísəpèɪt] パーティスィペイト
動 参加する　➡ □ participate in ... … に参加する
□ participation 名 参加　□ participant 名 参加者

1455 **apartment** [əpɑ́ːrtmənt] アパートメント
名 ①アパート（の１室）（＝ □ flat 《英》）②アパート（の建物全体）（＝ □ apartment house[building]）

1456 **department** [dɪpɑ́ːrtmənt] ディパートメント
名（会社などの）部，学部，（デパートなどの）売場
➡ □ department store デパート

構成する・結合する

1457 **consist** ア [kənsíst] コンスィスト
動《consist of ... で》…から成る，…で構成される
➡ □ consistent 形 ①首尾一貫した　②着実な

1458 **remain** [rɪméɪn] リメイン
動 ①～のままである　②残っている
名《（複）で》残り，残ったもの

1459 **require** [rɪkwáɪər] リクワイア
動 ①を必要とする　②を要求する
➡ □ requirement 名 必要なもの

1460 **adopt** 発 [ədɑ́ːpt] アダプト
動 ①を採用する　②を養子にする
➡ □ adapt 動 を適合させる

1461 **select** [səlékt] スィれクト
動 を選ぶ
➡ □ selection 名 選択，選ばれたもの

1462 **limit** [límət] りミット
動 を限定する，を制限する
名 ①限界，制限　②境界（線）

1463 **unite** 発 [ju(ː)náɪt] ユ（ー）ナイト
動 を結合させる，結合する，を団結させる，団結する

1464 **connect** ア [kənékt] コネクト
動 を接続する，をつなぐ　➡ □ connection 名 関係
□ be connected with ... …と関係がある
□ connect ... with ～ …を～と関係づける

□ He **refused** to answer any questions.
彼は一切の質問に答えることを**拒んだ**。

□ You should **avoid** walking alone here.
ここをひとりで歩くのは**避け**なさい。

□ I agreed for no **particular** reason.
特定の理由なしに賛成した。

➕ 語根 part（分ける，部分）＋cul（小さな）＋接尾辞 ar（～の）で「小さな部分の」→「特定の」。

□ Everyone **participated** in the discussion.
全員が議論に**参加した**。

➕ 語根 part＋語根 cip（関与）＋接尾辞 ate（する）で「部分に関与する」→「参加する」。

□ Olivia lives in a small **apartment**.
オリビアは小さな**アパート**に住んでいる。

➕ 接頭辞 a（の方へ）＋part＋接尾辞 ment（こと）で「それぞれの方向に分けること」→「アパート（の1室）」。

□ He works in the sales **department**.
彼は営業**部**で働いている。

➕ 接頭辞 de（離れる）＋語根 part＋接尾辞 ment で「離ればなれに分けること」→「部，学部，売場」。

□ A week **consists** of seven days.
1週間は7日間**から成る**。

□ He **remained** silent.
彼は黙った**ままだった**。

□ This job **requires** knowledge of French.
この仕事はフランス語の知識**を必要とする**。

□ They **adopted** the new rule.
彼らはその新しいルール**を採用した**。

□ She was **selected** as team leader.
彼女はチームのリーダーに**選ばれた**。

□ We **limited** the number to five.
我々は数を5までに**限定した**。

□ The three banks were **united**.
3つの銀行が**合併された**。

□ **Connect** the printer to the computer.
プリンタをコンピュータに**接続しなさい**。

政治・社会に関する語

1465 **politics** ア [pɑ́:lətɪks] パリティクス
名 政治，**政治学** ➡ □ political 形 政治の □ politician 名 政治家

1466 **democracy** ア [dɪmɑ́:krəsi] ディマクラスィ
名 民主主義，**民主政治**

1467 **freedom** [frí:dəm] ふリーダム
名 自由
➡ □ free 形 自由な

1468 **election** [ɪlékʃən] イれクション
名 選挙
➡ □ elect 動 を（選挙で）選ぶ，を選挙する

1469 **official** ア [əfíʃəl] オふィシャる
形 公の，**公式の** 名 **公務員**，**役人**，**職員**
➡ □ officer 名（軍の）将校，公務員，警察官

1470 **moral** [mɔ́:rəl] モーラる
形 道徳の，**道徳的な**
名《**(複)で**》道徳（＝ □ morality）

調査・分析に関する語

1471 **investigation** [ɪnvèstəgéɪʃən] インヴェスティゲイション
名 調査，**捜査**
➡ □ investigate 動 を調査する

1472 **data** [déɪtə] デイタ
名 資料，**データ**，**情報**

1473 **aspect** [ǽspekt] あスペクト
名 面，**様相**
➡ □ in all aspects あらゆる面において

1474 **factor** [fǽktər] ふぁクタ
名 要因，**要素**

1475 **analyze** [ǽnəlàɪz] あナらイズ
動 を分析する
➡ □ analysis 名 分析 注（複）analyses

1476 **focus** [fóʊkəs] ふォウカス
動《**focus on ... で**》…に焦点を合わせる 名 **焦点**
➡ □ in focus 焦点が合って

1477 **concentrate** ア [kɑ́:nsəntrèɪt] カンセントレイト
動《**concentrate(...) on ～ で**》（…を）～に集中する
➡ □ concentration 名 集中

1478 **effect** ア [ɪfékt] イふェクト
名 ①影響，**効果** ②**結果**（⇔ □ cause 原因）
➡ □ effective 形 効果的な

□ I'm not interested in politics. 私は政治に興味がない。

□ Don't you believe in democracy? 民主主義を信じないのですか。

□ We must protect freedom of speech. 私たちは言論の自由を守らなくてはならない。

□ She will win the next election. 彼女は次の選挙に勝つだろう。

□ What's the official language there? そこでの公用語は何ですか。

□ Morals are different in our culture. 道徳は文化によって異なる。

□ The police started an investigation. 警察は調査を開始した。

□ Let's look at the data first. まず資料を見ましょう。

data はそれ自体が複数形であることに注意（× a data, × datas)。

□ The problem has many aspects. その問題には多くの面がある。

□ Drinking was a factor, unfortunately. 残念ながら，飲酒が一つの要因でした。

□ They analyzed the president's speech. 彼らは大統領の演説を分析した。

□ We should focus on their needs. 我々は彼らのニーズに焦点を合わせるべきだ。

□ I can't concentrate on my homework. 私は宿題に集中することができない。

□ He had an effect on people. 彼は人々に影響を与えた。

have an effect on ...（…に影響を与える）の形で覚えておこう。

Level 1 Level 2 Level 3 Level 4 Level 5 Level 6

学問に関する語

1479 **education** ア
[èdʒəkéɪʃən] エヂュケイション
名 教育 ➡ □ educate 動 を教育する
□ educational 形 教育(上)の，教育的な

1480 **experiment** ア
[ɪkspérəmənt] イクスペリメント
名 実験
動 **実験する**

1481 **laboratory**
[lǽbərətɔ̀:ri] らぁボラトーリ
名 研究室・研究所，**実験室**

1482 **principle**
[prínsəpəl] プリンスィプる
名 ①主義　②**原理，原則**

1483 **theory** 発
[θí:əri] すィアリ
名 理論，**学説**

1484 **scholarship**
[skɑ́:lərʃìp] スカらシップ
名 奨学金
➡ □ scholar 名 学者

程度・確実度を表す語

1485 **truly**
[trú:li] トルーり
副 本当に
➡ □ true 形 本当の，本物の

1486 **fully**
[fúli] ふりィ
副 十分に
➡ □ full 形 (～で)いっぱいの

1487 **slightly** 発
[sláɪtli] スらイトり
副 わずかに，**少しだけ**
➡ □ slight 形 わずかな

1488 **simply**
[símpli] スィムプり
副 ①単に　②**簡単に**
➡ □ simple 形 単純な，簡単な

1489 **gradually**
[grǽdʒuəli] グラぁヂュアり
副 だんだんと，**しだいに**

1490 **entire**
[ɪntáɪər] エンタイア
形 ①全体の　②**完全な**
➡ □ entirely 副 完全に，まったく

1491 **extreme** ア
[ɪkstrí:m] イクストリーム
形 ①極度の　②**過酷な**　③**過激な**　名 **極端(な状態)**
➡ □ extremely 副 極端に，とても

1492 **likely**
[láɪkli] らイクり
形 ありそうな(⇔ □ unlikely ありそうもない)
➡ □ be likely to do …しそうである

□ A college education costs a lot.	大学教育はお金がとてもかかる。
□ What's the purpose of this experiment?	この実験の目的は何ですか。
□ Dr. Yamamoto works in a laboratory.	山本先生は研究室で働いている。
□ It's against my principles.	それは私の主義に反する。

➕ principal「校長」(p.312) と間違えやすいので注意しよう。

□ Her theory was correct.	彼女の理論は正しかった。
□ He received a scholarship to Harvard.	彼はハーバード大学への奨学金を受け取った。

□ She felt truly happy.	彼女は本当に幸せだと思った。
□ They are fully aware of it.	彼らはそれを十分に認識している。
□ My test scores rose slightly.	私のテストの成績はわずかに上昇した。
□ We simply want to meet him.	私たちは単に彼に会いたいだけだ。
□ The population has gradually increased.	人口はだんだんと増加してきた。
□ She finished reading the entire book.	彼女は本の全部のページを読み終わった。
□ Extreme heat killed many people.	極度の暑さで多くの人が亡くなった。
□ It is likely to rain tomorrow.	明日は雨が降りそうだ。

判断基準

1493	**direction** ア [dərékʃən] ディレクション	名 ①方向，方角　②指揮　③《通常(複)で》指示
1494	**period** 発 [píəriəd] ピアリオド	名 ①期間　②《the ～で》時代　③授業時間 ④終止符
1495	**sort** [sɔ́:rt] ソート	名 種類　➡ □ a sort of ... 一種の… 動 を分類する
1496	**variety** ア [vəráɪəti] ヴァライエティ	名 変化(に富むこと)，多様性 ➡ □a variety of ... さまざまな…　□vary 動 変わる，を変える，異なる　□ various 形 さまざまな
1497	**grade** [gréɪd] グレイド	名 ①成績 注 ((米)) (= □ mark ((英)))　②等級，程度 ③学年　動 に等級をつける
1498	**rate** [réɪt] レイト	名 ①率，割合　②(サービスなどの)料金，相場
1499	**balance** ア [bǽləns] バぁらンス	名 つり合い，バランス 動 をつり合わせる，つり合う
1500	**ingredient** [ɪngrí:diənt] イングリーディエント	名 ①成分，要素，内容物　②原料，材料
1501	**image** 発 ア [ímɪdʒ] イミッヂ	名 像，イメージ，映像 ➡ □ imagine 動 (を)想像する
1502	**impression** ア [ɪmpréʃən] イムプレション	名 印象，感銘 ➡ □ impress 動 に感銘を与える，に印象を与える
1503	**appearance** [əpíərəns] アピアランス	名 ①見かけ，外観　②現れること ➡ □ appear 動 現れる，…のように見える
1504	**attitude** ア [ǽtət(j)ù:d] あティテュ[トゥ]ード	名 態度
1505	**possibility** [pà:səbíləti] パーシビリティ	名 可能性，実現性 ➡ □ possibly 副 もしかすると
1506	**absolutely** [ǽbsəlù:tli] あブソるートリ	副 ①完全に，まったく　②絶対的に

□ Which direction are you taking?	どちらの方向に行くのですか。
□ We camped over a two-week period.	我々は 2 週間にわたってキャンプした。
□ What sort of music excites you?	どんな種類の音楽にわくわくしますか。
□ They sell a variety of cheeses.	彼らはさまざまなチーズを売っています。
□ She got a good grade.	彼女はよい成績をとった。
□ I read about Japan's birth rate.	日本の出生率について読んだ。
□ Things are out of balance.	物事のつり合いがとれていない。
□ This cake has many ingredients.	このケーキは多くの成分を含んでいる。

➕ たとえば食品のパッケージで，日本では「原材料名」とあるところが，英語ではingredientsになっている。

□ Please email me a digital image.	デジタル画像を送ってください。
□ He gave us a good impression.	彼は我々によい印象を与えた。
□ Her appearance had changed.	彼女の見かけが変わっていた。
□ His attitude towards work is good.	彼の仕事に対する態度がよい。
□ There is the possibility of cancer.	がんの可能性がある。
□ You are absolutely right about that.	あなたはそれについて完全に正しい。

人に関する語

	単語	意味
1507	**adult** [ədʌ́lt] アダるト	名 成人，おとな 形 成人の
1508	**kid** [kíd] キッド	名 子ども 動 (を)からかう
1509	**ancestor** ア [ǽnsestər] あンセスタ	名 先祖，祖先
1510	**crowd** 発 [kráud] クラウド	名 群衆　動 (に)群がる ➡ □ be crowded with ... …で混雑している
1511	**owner** [óunər] オウナ	名 所有者，持ち主 ➡ □ own 動 を所有する
1512	**speaker** [spí:kər] スピーカ	名 ①話す人，話者，演説者　②スピーカー
1513	**captain** [kǽptən] キぁプテン	名 ①キャプテン　②船長，機長
1514	**author** 発 [ɔ́:θər] オーさ	名 著者，作者
1515	**director** [dəréktər] ディレクタ	名 ①指導者，重役　②(映画などの)監督　③指揮者 (＝□ conductor) ➡□ direct 動(を)監督・指揮する
1516	**immigrant** [ímɪgrənt] イミグラント	名 (外国からの)移民　➡ □ migration 名 移住 □ immigration 名 移住，入国管理
1517	**talent** [tǽlənt] タぁれント	名 ①才能　②才能ある人々

厳しい・残酷な

	単語	意味
1518	**strict** [stríkt] ストリクト	形 ①(人が)厳しい　②厳密な ➡ □ strictly 副 厳しく，厳密に
1519	**severe** 発 [sɪvíər] スィヴィア	形 ①(人・規律が)厳しい　②(天候が)厳しい ③(痛みが)ひどい　➡ □ severely 副 厳しく，ひどく
1520	**cruel** 発 [krú:əl] クルーアる	形 残酷な

□ Only **adults** can go inside.	**成人**だけが中に入れる。
□ Some **kids** were playing there.	そこで何人かの**子ども**が遊んでいた。
□ My **ancestors** are from Sweden.	私の**先祖**はスウェーデン出身です。
□ I found her in the **crowd**.	**群衆**の中に彼女を見つけた。
□ I asked the **owner** the price.	私は**所有者**にその価格を尋ねた。
□ There are many French **speakers** here.	ここにはフランス語を**話す人**がたくさんいる。
□ He is our team's **captain**.	彼は私たちのチームの**キャプテン**だ。
□ The **author** talked about his book.	**著者**が自分の本について語った。
□ The **director** is respected by everyone.	その**指導者**はみんなに尊敬されている。
□ Brazil is a nation of **immigrants**.	ブラジルは**移民**の国だ。
□ She has a **talent** for cooking.	彼女は料理の**才能**がある。

➕「才能ある人々」の意味で使用されることもあるが，いわゆる日本語の「テレビタレント」の意味では使わない。

□ He followed a very **strict** diet.	彼はとても**厳しい**ダイエットに従った。
□ The country has **severe** economic problems.	その国は**厳しい**経済問題を抱えている。
□ How can he be so **cruel**?	彼はどうしてあんなに**残酷**になれるのか。

場所・部分を表す語

1521	**position** ㋐ [pəzíʃən] ポズィション	名 ①位置，場所　②地位　③立場
1522	**spot** [spɑ́ːt] スパート	名 ①場所，地点　②はん点，しみ ➡ □ on the spot その場で，ただちに
1523	**suburb** ㋐ [sʌ́bəːrb] サバ～ブ	名 ①《the suburbs で》郊外 ②《a ～で》郊外の一地区
1524	**region** [ríːdʒən] リーヂョン	名 ①地方，地域　②領域　③(体などの)部分 ➡ □ regional 形 地方の
1525	**base** [béɪs] ベイス	名 ①土台　②基地　動 の基礎を置く ➡ □ be based on ... …に基づいている，…に基礎が置かれている
1526	**locate** [lóʊkeɪt] ろウケイト	動 ①(…の)場所・位置を示す ②《be located in ... で》…に位置する ➡ □ location 名 場所，位置
1527	**upstairs** [ʌ́pstéərz] アプステアズ	副 階上へ，2 階へ(⇔ □ downstairs 階下へ)
1528	**downtown** [dáʊntáʊn] ダウンタウン	副 繁華街・商業地区へ(で)　形 繁華街・商業地区の 名 (都市の)中心街，商業地区
1529	**frame** [fréɪm] フレイム	名 ①骨組み　②(窓などの)わく
1530	**edge** [édʒ] エヂ	名 ①ふち，端　②(刃物の)刃
1531	**surface** ㋐ [sə́ːrfəs] サ～ふィス	名 表面 形 表面の
1532	**section** [sékʃən] セクション	名 ①区域，部分　②(新聞などの)欄
1533	**elsewhere** [élsweər] エるスウェア	副 どこかほかのところで
1534	**everywhere** [évriwèər] エヴリウェア	副 ①どこでも，いたるところに ②どこで…しても

☐ It looks good from my position. 私の位置からはよく見える。

☐ We found a quite spot. 私たちは静かな場所を見つけた。

☐ I enjoy living in the suburbs. 私は郊外での生活を楽しんでいる。

☐ Meg lives in the Kansai region. メグは関西地方に住んでいる。

☐ I sat at the statue's base. 私はその像の土台に座った。

☐ Please locate it on this map. この地図上でそれの場所を示してください。

☐ Mom went upstairs. 母が階上へ行った。

☐ Steve works downtown. スティーヴは繁華街で働いている。

➕ 逆に, uptownというと, 繁華街・商業地区から離れた住宅地区のことを指す。

☐ You have to build the frame. あなたは骨組みを組み立てなくてはならない。

☐ I touched the table's edge. 私はテーブルのふちに触れた。

☐ The road's surface was wet. 道の表面が濡れていた。

☐ The restaurant had a smoking section. そのレストランには喫煙区域があった。

☐ He is seeking a job elsewhere. 彼はほかのところで仕事を探している。

☐ There were cats everywhere. どこにでもネコがいた。

命じる／従う

1535	**command** [kəmǽnd] コマぁンド	動 ①(に)命令する　②(言語)を自由にあやつる 名 ①命令, (軍の)指揮　②(言語を)自由にあやつる力
1536	**obey** ア [oubéɪ] オウベイ	動 (に)従う

事故・事件などに関する語

1537	**gun** [gʌ́n] ガン	名 銃
1538	**weapon** 発 [wépən] ウェポン	名 武器
1539	**crime** [kráɪm] クライム	名 罪, 犯罪 ➡ □ commit a crime 犯罪を犯す
1540	**poison** [pɔ́ɪzən] ポイズン	名 毒, 毒薬 動 を毒する, を害する
1541	**alarm** [əlɑ́ːrm] アらーム	名 ①警報(器), 目覚まし時計(＝ □ alarm clock) ②驚き, 恐怖　動 に警報を発する
1542	**shock** [ʃɑ́ːk] シャク	名 衝撃的なこと, (精神的な)ショック 動 に衝撃・ショックを与える
1543	**thief** [θíːf] すィーふ	名 どろぼう, 空き巣　注 (複) thieves
1544	**harm** [hɑ́ːrm] ハーム	名 害, 損害　動 に害を与える ➡ □ harmful 形 有害な □ do ... harm / do harm to ... …に害を与える
1545	**risk** [rísk] リスク	名 (自ら冒す)危険 ➡ □ risky 形 危険な
1546	**steal** [stíːl] スティーる	動 (こっそりと)(を)盗む 〈steal-stole-stolen〉
1547	**rob** [rɑ́ːb] ラブ	動 を奪う, を強奪する 〈rob-robbed-robbed〉 ➡ □ rob ... of ～ …から～を奪う　□ robber 名 強盗
1548	**assure** 発 [əʃúər] アシュア	動 を保証する ➡ □ assurance 名 保証

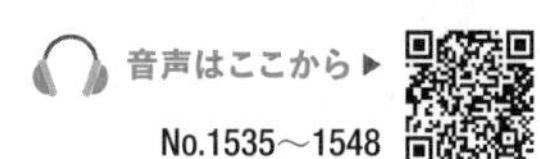

□ The police commanded him to stop. 警察は彼に止まるように命令した。

□ You must obey the school rules. あなたは学校の規則に従わなければならない。

□ I don't have a gun. 私は銃を所有していません。

□ He hid the weapon. 彼は武器を隠した。

□ She committed the crime. 彼女は罪を犯した。

□ Romeo drank a bottle of poison. ロミオはびんに入った毒を飲んだ。

□ Suddenly, an alarm went off. 突然, 警報器が鳴った。

□ She somehow recovered from the shock. 彼女は何とかその衝撃から立ち直った。

□ A thief broke into the house. どろぼうがその家に侵入した。

➕「こっそりと盗む者」を指す。暴力などで金品を奪うような「どろぼう」はrobber(日本語の「強盗」のイメージ)。

□ Smoking does harm to your health. 喫煙は健康に害を与える。

□ You are taking a big risk. あなたは大きな危険を背負っている。

□ I had my watch stolen. 私は腕時計を盗まれた。

□ He was robbed of his money. 彼はお金を奪われた。

➕ 力ずくや, 恐喝して奪ったりすることを指す。

□ I assure you I'm right. 私が正しいことを保証します。

事故・事件などに関する語

No.	見出し語	意味
1549	**explode** ㋐ [ɪksplóʊd] イクスプろウド	動 爆発する，**を爆発させる** ➡ □ explosion 名 爆発
1550	**pollute** ㋐ [pəlúːt] ポるート	動 を汚染する ➡ □ pollute ... with ～ …を～で汚染する □ pollution 名 汚染，公害
1551	**ruin** [rúːɪn] ルーイン	動 を台なしにする，**を破壊する** 名 **①破滅** ②《通常(複)で》**廃墟**
1552	**crash** [kræʃ] クラぁシュ	動 **①(自動車が)**衝突する，**(飛行機が)墜落する** **② (激しい音を立てて)壊れる** 名 **衝突，墜落**
1553	**arrest** [ərést] アレスト	動 逮捕する 名 **逮捕**
1554	**grab** [græb] グラぁブ	動 をつかむ，**をつかみ取る** 名 **つかむこと**

交通に関する語

No.	見出し語	意味
1555	**traffic** [træfɪk] トラぁふィク	名 交通(量) ➡ □ traffic jam 交通渋滞 □ traffic accident 交通事故
1556	**transportation** ㋐ [trænspərtéɪʃən] トラぁンスポテイション	名 輸送(機関)，**交通機関** ➡ □ transport 動 を輸送する，を運ぶ 名 輸送，輸送機関 注 ((英))
1557	**avenue** 発 [ævən(j)ùː] あヴェニュ[ヌ]ー	名 大通り ➡ □ street 名 通り
1558	**path** [pæθ] パぁす	名 小道，**細道**
1559	**license** [láɪsəns] らイセンス	名 免許(証)，**許可** 注 ((英)) licence ➡ □ driver's license 名 運転免許(証)
1560	**signal** [sígnəl] スィグヌる	名 信号(機)，**合図** 動 **(に)信号を送る，(に)合図する**
1561	**fuel** 発 [fjúːəl] ふューエる	名 燃料
1562	**baggage** 発 [bægɪdʒ] バぁギッヂ	名 **(旅行の)**手荷物 ((米)) (= □ luggage ((英))) 注 「手荷物類」という意味なので数えることができない。

□ The bomb exploded. 爆弾が爆発した。

□ The river is polluted. 川が汚染されている。

□ The rain ruined our picnic. 雨でピクニックが台なしになった。

□ The car crashed into a store. 車が店に衝突した。

□ He was arrested for the crime. 彼はその罪で逮捕された。

□ He grabbed her bag and left. 彼は彼女のバッグをつかんで立ち去った。

□ The traffic was heavy this morning. 今朝の交通量は激しかった。

□ Our city has good public transportation. 私たちの街は公共の輸送機関が充実している。

□ There were trees along the avenue. 大通りに沿って木々があった。

□ The path leads to the lake. その小道は湖に通じている。

□ John got a driver's license. ジョンは運転免許を取った。

➕ イギリス英語で「運転免許」は，driving licence と表現する。

□ The signal turned green. 信号が青になった。

□ Fuel costs are rising. 燃料費が上がっている。

□ We brought too much baggage. 私たちは手荷物を持ち込みすぎた。

➕ baggage[luggage] を数えるには，a piece of baggage, two pieces of baggage のようにする。

意見などを述べる

1563 **advise** 発 ア
[ədváɪz] アドヴァイズ
動 (に)忠告する，(に)助言する
➡ □ advice 名 忠告，助言

1564 **suggest** 発
[səgdʒést] サヂェスト
動 ①を提案する　②をそれとなく言う
➡ □ suggestion 名 ①提案　②ほのめかし

1565 **recommend** ア
[rèkəménd] レコメンド
動 を推薦する，を勧める
➡ □ recommendation 名 推薦(状)

1566 **reply** 発 ア
[rɪpláɪ] リプライ
動 返事をする，答える　名 返事，答え
➡ □ reply to ... …に返事をする・答える

1567 **describe**
[dɪskráɪb] ディスクライブ
動 を描写する，の特徴を述べる
➡ □ describe ... as ～ …を～だと言う・評する
□ description 名 記述，描写

1568 **announce** 発
[ənáuns] アナウンス
動 を発表する，を知らせる ➡ □ announcer 名 アナウンサー　□ announcement 名 発表，アナウンス

1569 **publish**
[pʌ́blɪʃ] パブリッシュ
動 (を)出版する
➡ □ publisher 名 出版社

1570 **debate**
[dɪbéɪt] ディベイト
名 討論，議論
動 を討論する，議論する

1571 **statement**
[stéɪtmənt] ステイトメント
名 声明(書)
➡ □ state 動 を(はっきり)述べる

集団・社会に関する語

1572 **association** ア
[əsòusiéɪʃən] アソウスィエイション
名 協会，連合，連想
➡ □ associate 動 交際する，を連想する 名 仲間

1573 **committee** ア
[kəmíti] カミティ
名 委員会，(全)委員

1574 **independence** ア
[ìndɪpéndəns] インディペンデンス
名 独立，自立(⇔ □ dependence 依存)
➡ □ independent 形 独立した，自主的な

1575 **duty**
[d(j)úːti] デュ[ドゥ]ーティ
名 ①義務　②職務　③関税
➡ □ on duty 勤務中で　□ off duty 非番で

1576 **structure**
[strʌ́ktʃər] ストラクチャ
名 ①構造(物)　②構成

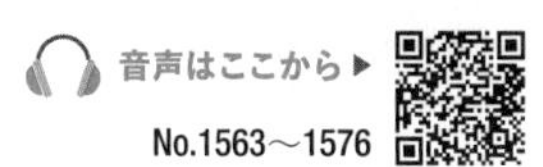

☐ The doctor advised him to rest. 医者は彼に休息するよう忠告した。

☐ She suggested a different plan. 彼女は異なる計画を提案した。

☐ What do you recommend for dessert? あなたは何をデザートに推薦しますか。

☐ He didn't reply to my question. 彼は私の質問に返事をしなかった。

☐ Words cannot describe its beauty. 言葉ではその美しさを描写することはできない。

☐ She announced a new goal. 彼女は新しい目標を発表した。

☐ The book was published in 1851. その本は1851年に出版された。

☐ Our team won the class debate. 私たちのチームはクラス討論で勝利した。

☐ The President made a short statement. 大統領は短い声明を出した。

☐ The association held its meeting yesterday. 昨日，協会は会合を開いた。

☐ The committee has about fifty members. その委員会には約50人の会員がいる。

☐ The country wanted independence. その国は独立を望んでいた。

☐ She carried out her official duties. 彼女は公務を遂行した。

➕ ③の意味では，よく空港などでDUTY FREE SHOPという表示を見かける。「免税店」である。

☐ They discovered the structure of DNA. 彼らはDNAの構造を発見した。

身につけておきたい熟語⑪時を表す熟語

1577	the day before yesterday	おととい
1578	the day after tomorrow	あさって
1579	the other day	先日，このあいだ
1580	these days	このごろ(は)
1581	in those days	当時は，そのころは
1582	at that time	そのころは，当時は

頻度を表す熟語

1583	each time ...	…するたびに(≒ □ whenever, every time ...)
1584	all the time	①いつも　②そのあいだずっと
1585	day after day	毎日毎日
1586	day by day	日ごとに
1587	every other day	1日おきに
1588	over and over again	何度も何度も(＝ □ again and again)
1589	as usual	いつものように
1590	by chance	偶然に(⇔ □ on purpose 故意に)

□ I cooked the day before yesterday. — おととい私は料理をした。

□ They'll leave the day after tomorrow. — あさって彼らは出発するでしょう。

□ I went shopping the other day. — 私は先日買い物に行った。

□ I don't use cash these days. — このごろ私は現金を使わない。

□ In those days, I bought magazines. — 当時は，雑誌を買っていた。

□ At that time, she wasn't here. — そのころ，彼女はここにいなかった。

□ The house shakes each time a train passes. — 電車が通り過ぎるたびに家が揺れる。

□ I want to be happy all the time. — 私はいつも幸せでいたい。

□ We waited there day after day. — 我々は毎日毎日そこで待っていた。

□ It's getting warmer day by day. — 日ごとに暖かくなってきている。

➕ 同じ語を組み合わせた他の例:sit side by side「並んで座る」, walk hand in hand「手をつないで歩く」, talk face to face「面と向かって話す」, read a magazine from cover to cover「雑誌を隅から隅まで読む」など。

□ I play tennis every other day. — 私は１日おきにテニスをする。

➕「3日ごとに」なら, every third day / every three days と表現する。

□ I practiced over and over again. — 私は何度も何度も練習した。

□ Let's meet there as usual. — いつものようにあそこで会おう。

□ He found the ring by chance. — 彼は偶然にその指輪を見つけた。

身につけておきたい熟語⑫基本動詞句

1591	**pull out (～)**	① を引き抜く ②(列車・船などが)出発する ➡ □ pull(～) out of ... …から(～を)引き抜く □ pull out of ... …を出発する
1592	**point out ～**	を指摘する
1593	**wear out (～)**	①をすり減らす，すり減る，を使い古す，使い古される ②(人)を疲れさせる
1594	**see off ～**	を見送る(⇔ □ meet を出迎える)
1595	**pay[give] attention to ...**	…に注意を払う
1596	**pay[make] a visit to ...**	(場所)を訪れる，(人)を訪問する (= □ pay[make] ... a visit)

場所などを表す群前置詞

1597	**in front of ...**	…の前に，…の正面に(⇔ □ at the back of ...) ➡ □ in the front of ... …の(中の)前部に
1598	**in back of ...**	…の後ろに(≒ □ behind ...)
1599	**in the middle of ...**	…の真ん中に，…の中央に，…の最中に ➡ □ in the middle of -ing …している最中に
1600	**at the top of ...**	…の頂上に，…の(一番)上に (≒ □ on (the) top of ... …の上に)
1601	**at the bottom of ...**	…の底に，…の(一番)下に ➡ □at the foot of ... …のふもとに，…の(一番)下に
1602	**next to ...**	①…のとなりに ②《順番・程度などが》…の次に
1603	**across from ...**	…の向かいに(≒ □ opposite ...)
1604	**out of ...**	①…の中から，…から外に ②…の範囲を越えて ③…がなくなって

☐ Don't pull out your gray hairs. 白髪を抜くな。

☐ He pointed out a problem. 彼は問題点を指摘した。

☐ Children wear out their shoes quickly. 子どもたちは靴をすぐにすり減らす。

☐ She came to see him off. 彼を見送るために彼女はやって来た。

☐ They didn't pay attention to me. 彼らは私に注意を払わなかった。

☐ She paid a visit to Kyoto. 彼女は京都を訪れた。

☐ He stood in front of me. 彼は私の前に立った。

☐ I put my bag in back of me. 私はカバンを自分の後ろに置いた。

☐ He lives in the middle of the city. 彼は都会の真ん中に住んでいる。

☐ We put a flag at the top of the mountain. 我々はその山の頂上に旗を立てた。

☐ There were strange creatures at the bottom of the sea. その海の底に奇妙な生き物がいた。

☐ I sat next to him. 私は彼のとなりに座った。

☐ There's a bank across from the library. 図書館の向かいに銀行がある。

☐ Amber came out of the house. アンバーが家の中から出てきた。

身につけておきたい熟語⑬ as を含む熟語

1605	as ... as one can/as ... as possible	できるだけ…
1606	... as well	同様に…，…もまた
1607	the same ... as ～	～と同じ…
1608	...(,) such as ～	(たとえば)～のような… (= □ such ... as ～ ～のような…)
1609	such ... as to do	～するような… ➡ □ so ... as to do ～するほど…

不定詞を含む熟語

1610	be about to do	(まさに)～しようとしている，～するところである
1611	in order to do	～するために (= □ so as to do)
1612	too ... to do	～するには…すぎる，あまりに…なので～できない
1613	... enough to do	～するのに十分…，とても…なので～する

基本動詞句

1614	go along[down] ...	…をまっすぐ行く
1615	catch up (with ...)	(…に)追いつく
1616	feel sorry for ...	…のことを気の毒に思う
1617	remind〈人〉of ...	〈人〉に…を思い出させる ➡ □ remind〈人〉to do 〈人〉に…することを思い出させる
1618	owe ... to ～	①…は～のおかげである，～に…のことで恩を受けている ②～に…(金など)を借りている

□ Run as fast as you can.	できるだけ速く走りなさい。
□ He bought shoes and socks as well.	彼は靴と靴下も同様に買った。
□ I ordered the same thing as David did.	私はデイビッドと同じものを注文した。
□ I like sweets, such as cookies and cakes.	私はたとえばクッキーやケーキのような甘いものが好きだ。
□ She was such a fool as to believe him.	彼女は彼を信じるような愚か者だった。

□ They were about to go out.	彼らはまさに出かけようとしていた。
□ People work in order to live.	生きるために人々は働く。
□ You're too young to drive a car.	君は車を運転するには若すぎる。
□ The weather was warm enough to go swimming.	天気は泳ぎに行くのに十分暖かかった。

□ They kept going along this street.	彼らはこの通りをまっすぐ行き続けた。
□ I'll catch up with you later.	あとで君に追いつくよ。
□ She felt sorry for the man.	彼女はその人のことを気の毒に思った。
□ Bob reminds me of my father.	ボブは私に父親を思い出させる。
□ We owe our success to Mike.	私たちの成功はマイクのおかげである。

身につけておきたい熟語⑭否定の熟語

1619	**no longer ...**	もはや…でない, もはや…しない(= □ not ... any longer □ not ... anymore [any more])
1620	**not ... at all**	少しも…ない, 全然…ない
1621	**not always ...**	いつも…とは限らない, 必ずしも…とは限らない ➡ □ not quite [completely] ... まったく(完全に)…というわけではない
1622	**anything but ...**	①《**do anything but ...** で》…以外なら何でもする ②決して…ではない
1623	**nothing but ...**	①ただ…だけ, …にすぎない ②《**do nothing but ...** で》…してばかりいる
1624	**far from ...**	…からはほど遠い, 少しも…でない
1625	**by no means ...**	決して…ない, まったく…ない (= □ not ... by any means)

基本動詞句

1626	**get rid of ...**	…を取り除く, …を駆除する
1627	**look into ...**	…を調査する, …を研究する
1628	**pick up ～**	①を拾いあげる ②(車で)を迎える, を迎えに行く
1629	**set up ～**	を立てる, を設置する
1630	**take up ～**	(趣味など)を始める
1631	**turn up**	現れる, 見つかる
1632	**take ... for granted**	…を当然のことと思う

□ You are no longer a child. 君はもはや子どもではない。

□ I didn't understand him at all. 私は彼の言っていることが少しもわからなかった。

□ These things are not always free. これらのものはいつも無料とは限りません。

□ I'll do anything but this job. この仕事以外なら何でもします。

□ There was nothing but salad to eat. 食べるものがサラダだけだった。

□ The musical was far from being a hit. そのミュージカルはヒットからはほど遠かった。

□ The course is by no means difficult. そのコースは決して難しくない。

□ Let's get rid of this garbage. このごみを取り除きましょう。

□ They are looking into the matter. 彼らはその件を調査している。

□ She picked up the trash. 彼女はそのごみを拾った。

②の意味では, I'll pick you up at the station at five.（5時にあなたを駅まで迎えに行くよ）のように使う。

□ They will set up their tents. 彼らはテントを立てるだろう。

□ I have taken up golf recently. 私は最近ゴルフを始めた。

□ He turned up late as usual. 彼はいつも通り遅れて現れた。

□ People take the internet for granted. 人々はインターネットを当然のものと思っている。

Level 5 (207 words)

Mike was driving with Emi to a store. They wanted to buy some ① **furniture** 1413. On the way, however, they were surprised by the ② **appearance** 1503 of a police car behind them. It was ③ **chasing** 1399 a black car.

The two cars were ④ **flowing** 1437 through the traffic at a fast speed. Mike ⑤ **immediately** 1360 understood the ⑥ **situation** 1347. He wanted to see what would happen. Emi ⑦ **scolded** 1363 him and said, “I insist that you drive to the store. Who knows what ⑧ **harm** 1544 will come to us?” Mike ⑨ **refused** 1451 because he wanted to take pictures of the incident with his new camera.

Then, a strange thing happened. The two cars stopped near the furniture store. ⑩ **Gradually** 1489 a ⑪ **crowd** 1510 of people appeared around the two cars. The man driving the black car came out with a knife. The policeman pulled out his ⑫ **gun** 1537 and said, “Drop your ⑬ **weapon** 1538 now!” The man ⑭ **hesitated** 1443 at first, but he finally did so. He knew that he was ⑮ **likely** 1492 to get shot if he did not. The policeman ⑯ **arrested** 1553 the man and made a ⑰ **statement** 1571 to the crowd: “OK, everybody, it’s all over.”

Mike was ⑱ **slightly** 1487 ⑲ **disappointed** 1444. He had made a mistake. He wanted to take a picture with his camera, but he had ⑳ **pressed** 1308 the wrong button.

>>> 赤字の語句の意味を確認しよう

マイクはエミと運転してある店に行くところだった。彼らは①家具をいくらか買いたかった。しかし途中，彼らは後方のパトカーの②出現に驚いた。それは黒い車を③追いかけていた。

2台の車は速いスピードで渋滞を抜けて④流れていた。マイクは⑤ただちに⑥状況を理解した。彼は何が起きるのか見たかった。エミは彼を⑦しかって言った，「あなたは店に運転して行くべきだと，私は主張するわ。ひょっとすると私たちに何か⑧害があるかもしれないから」。マイクは⑨拒んだ，なぜなら彼は新しいカメラでその出来事の写真を撮りたかったからだ。

そのとき，奇妙なことが起こった。その2台の車は家具店の近くに止まったのだ。⑩しだいに⑪群衆が2台の車の周りに現れた。その黒い車を運転していた男がナイフを持って出てきた。警官は⑫拳銃を取り出して言った，「今すぐ⑬武器を捨てなさい」。男は最初⑭ためらったが，最終的にはそうした。彼は，もしそうしなかったら撃たれ⑮そうなことがわかっていた。警官は男を⑯逮捕し，群衆に向かって⑰声明を出した，「いいですか，みなさん。すべて終わりました」。

マイクは⑱少し⑲がっかりした。彼は間違いを犯していた。カメラで写真を撮りたかったのに，違うボタンを⑳押してしまっていたのだ。

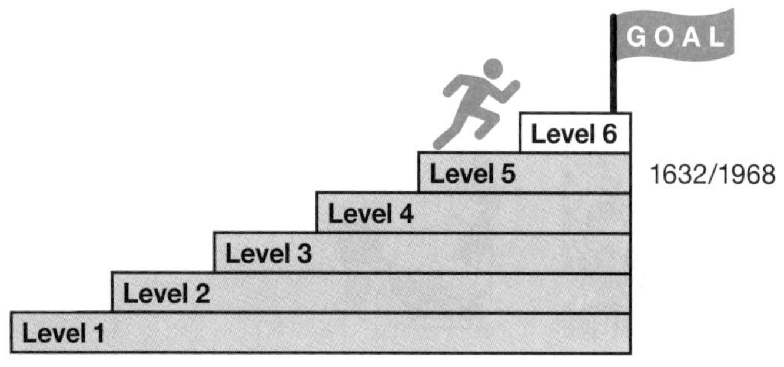

学生生活：Student life [st(j)ú:dnt láɪf] ステューデント らイふ

□① **semester** [səméstər] セメスタ （2学期制の）学期
➡ □ term （3学期制の）学期（＝ □ trimester《米》）
□ quarter （4学期制の）学期《米》

□② **orientation** [ɔ̀:riəntéɪʃən] オーリエンテイション （新入生などに対する）説明会，オリエンテーション
➡ □ orient 方向づける，適応させる

□③ **timetable** [táɪmtèɪbəl] タイムテイブる 時間割，時刻表，予定表

□④ **presentation** [prì:zentéɪʃən] プリーゼンテイション プレゼンテーション，発表

□⑤ **workshop** [wə́:rkʃɑ̀:p] ワ～クシャープ ワークショップ，研修会

□⑥ **session** [séʃən] セション 活動，講習会

□⑦ **assignment** [əsáɪnmənt] アサインメント 宿題，研究課題，割り当て

□⑧ **recess** [rí:ses] リーセス 休み（時間），休憩（時間）

□⑨ **transfer** [trænsfə́:r] トラぁンスふァ～ 転校（転勤）する，乗り換える
[trǽnsfə:r] トラぁンスふァ～ 転校（転勤），移動，乗り換え

□⑩ **dormitory** [dɔ́:rmətɔ̀:ri] ドーミトーリ 寮，寄宿舎

□⑪ **tutor** [t(j)ú:tər] テュータ 家庭教師

□⑫ **mentor** [méntɔ:r] メントー よき指導者

□⑬ **fellow** [félou] ふェろウ 同期生，仲間，特別研究員

□⑭ **uniform** [jú:nəfɔ̀:rm] ユーニふォーム 制服，ユニフォーム

□⑮ **chorus** [kɔ́:rəs] コーラス 合唱，コーラス

□⑯ **gymnastics** [dʒɪmnǽstɪks] ヂムナぁスティクス （器械）体操

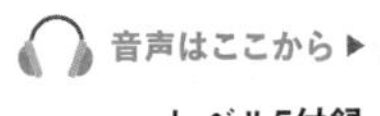

インターネット：Internet [íntərnèt] インタネット

□① **online** [ɑ́:nlàɪn] アーンらイン　オンラインの，インターネット上の
[ɑ̀:nláɪn] アーンらイン　オンラインで，インターネットで

□② **virtual** [və́:rtʃuəl] ヴァ～チュアる　仮想の，バーチャルな

□③ **laptop** [lǽptɑ̀:p] らップタープ　ノートパソコン

□④ **email** [í:mèɪl] イーメイる　電子メール，に電子メールを送る

□⑤ **attached file** [ətǽtʃt fàɪl] アタぁチト ふァイる　添付ファイル
(＝□ **attachment**)

□⑥ **download** [dáʊnlòʊd] ダウンろウド　ダウンロードする

□⑦ **website** [wébsàɪt] ウェブサイト　ホームページ，ウェブサイト

□⑧ **blog** [blɑ́:g] ブらーグ　ブログ

□⑨ **social media** [sóʊʃəl mí:diə] ソウシャる ミーディア　ソーシャルメディア，SNS

□⑩ **post** [póʊst] ポウスト　(インターネットに情報を)投稿する，掲載する

□⑪ **password** [pǽswə̀:rd] パぁスワ～ド　パスワード

□⑫ **log on[in]**　(ネットワークに)接続する

□⑬ **click** [klík] クリック　クリック(コンピュータのマウスのボタンを押す操作)

□⑭ **access** [ǽkses] あクセス　(情報などへの)アクセス(権)，
(データなど)にアクセスする

□⑮ **link** [líŋk] リンク　(ウェブ上の)リンク，関連(性)，を関連づける

□⑯ **security** [sɪkjʊ́ərɪti] シキュリティ　(コンピュータの)セキュリティー，
機密保持，安全保障

□⑰ **function** [fʌ́ŋkʃən] ふァンクション　(コンピュータの)機能，ファンクション

□⑱ **option** [ɑ́:pʃən] アープション　(コンピュータの操作上の)オプション，選択(肢)

□⑲ **text** [tékst] テクスト　(コンピュータの)テキスト，文章

□⑳ **delete** [dɪlí:t] ディリート　を消去する

健康：Health [hélθ] へるす

□① **allergic** [əlɚ́ːrdʒɪk] アら〜ヂック アレルギーの
➡ □hay fever 花粉症

□② **sneeze** [sníːz] スニーズ くしゃみ(をする)

□③ **runny nose** [rʌ́ni nóuz] ラニ ノウズ 鼻水

□④ **sore throat** [sɔ́ːr θróut] ソー すロウト のどの痛み

□⑤ **chill** [tʃíl] チィる 冷たさ，冷気，(風邪などによる）寒け

□⑥ **flu** [flúː] ふるー インフルエンザ

□⑦ **virus** [váɪrəs] ヴァイラス ウイルス ➡ □vaccine ワクチン

□⑧ **infection** [ɪnfékʃən] インふェクション 感染(症)，伝染(病)

□⑨ **depress** [dɪprés] ディプレス を憂うつにさせる

□⑩ **pill** [píl] ピる 錠剤，丸薬

□⑪ **tablet** [tǽblət] タぁブれット 錠剤

□⑫ **syrup** [sírəp] シラップ 液薬，シロップ

□⑬ **powder** [páudər] パウダ 粉薬，パウダー

□⑭ **capsule** [kǽpsl] カぁプスる カプセル

□⑮ **supplement** [sʌ́pləmənt] サプリメント 補足，栄養補助食品

□⑯ **nutrition** [n(j)u(ː)tríʃən] ニュートリション 栄養摂取，栄養学

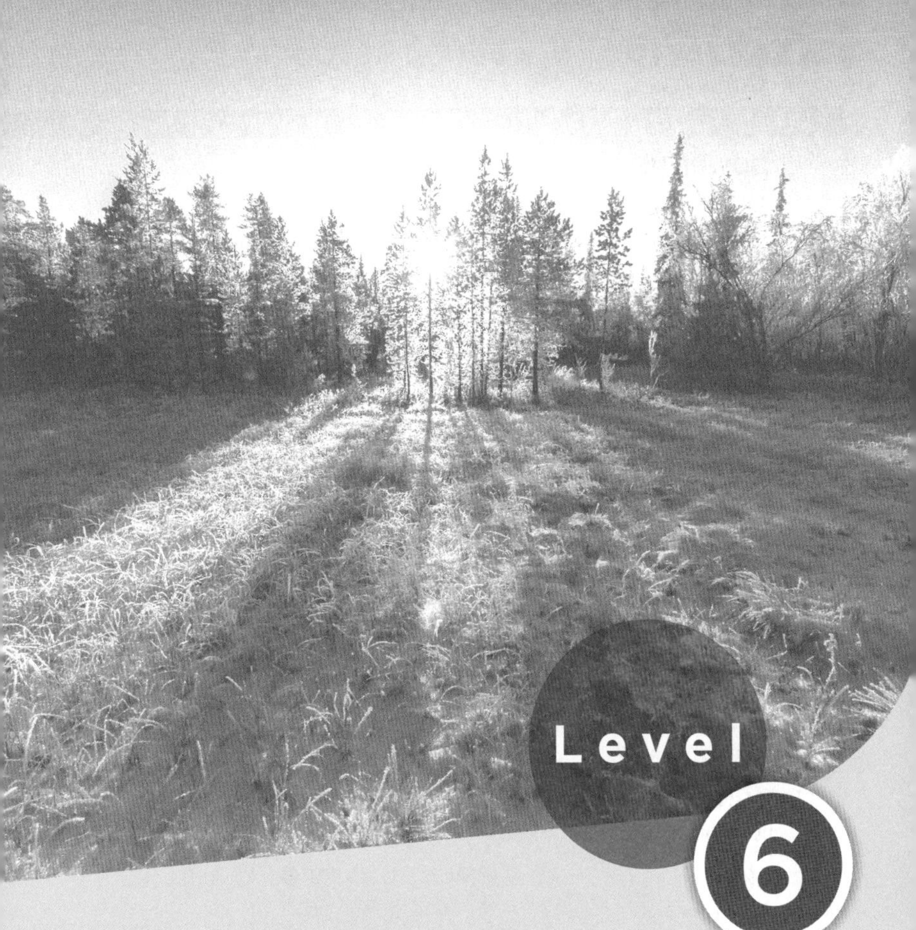

Level 6

Level 6までくると，共通テストで必要とされる約3,000 ～ 4,000語レベルの語彙力まで，あともうひと息です。ラストスパート，がんばってください。

Level 6の最後には，過去の共通テストや入試問題を分析して
意味を押さえておきたい語句や表現を集めました。
頻出のイギリス英語も確認しておきましょう。

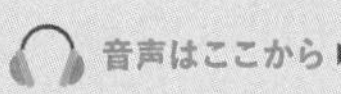

よい状態・性質を表す語

□□□ 1633 **powerful** [páuərfəl] パウアふる
形 強力な, **力強い**
➡□ power 名 力, 権力

□□□ 1634 **capable** 発 ア [kéɪpəbəl] ケイパブる
形 ①有能な ②《**be capable of ...[-ing]**で》…できる
➡□ capacity 名 収容力, (潜在的な)能力

□□□ 1635 **clever** [klévər] クれヴァ
形 りこうな

□□□ 1636 **wealthy** 発 [wélθi] ウェるすィ
形 裕福な(⇔ □ poor 貧しい)
➡□ wealth 名 富, 財産

□□□ 1637 **positive** [pá:zətɪv] パズィティヴ
形 ①積極的な ②**確実な** ③**肯定的な** ④**陽性の**
(⇔ □ negative 否定的な, 陰性の)

□□□ 1638 **efficient** ア [ɪfíʃənt] イふィシェント
形 有能な, **能率的な**

□□□ 1639 **suitable** [sú:təbəl] スータブる
形 適した, **ふさわしい**
➡□ suit 動 に適する, に似合う

□□□ 1640 **essential** ア [ɪsénʃəl] イセンシャる
形 不可欠の, **本質的な** 名 **不可欠のもの**
➡□ essence 名 本質

□□□ 1641 **pure** [pjúər] ピュア
形 純粋な, **清らかな**

□□□ 1642 **skillful** [skílfəl] スキるふる
形 熟練した, **じょうずな** 注 ((英)) skilful
➡□ skill 名 熟練, 技能

□□□ 1643 **superior** ア [su(:)píəriər] ス(ー)ピアリア
形 優れている, **上位の**(⇔ □ inferior 下位の, 劣った)
➡□ be superior to ... …より優れている

概念に関する語

□□□ 1644 **concept** ア [ká:nsept] カンセプト
名 概念

□□□ 1645 **process** ア [prá:ses] プラセス
名 過程, **製法**

□□□ 1646 **definition** ア [dèfəníʃən] デふィニション
名 定義, **語義** ➡□ define 動 定義する
□ definite 形 明確な □ definitely 副 はっきりと

□ This engine is very powerful. このエンジンはとても強力だ。

□ She is a very capable researcher. 彼女はとても有能な研究者だ。

□ Jimmy is a clever little boy. ジミーはりこうな少年だ。

➕「ずるがしこい」というニュアンスを含むこともある。

□ Peter comes from a wealthy family. ピーターは裕福な家の出である。

□ Be positive, and you will succeed. 積極的でいなさい，そうすれば君は成功するだろう。

□ Natalie is an efficient worker. ナタリーは有能な働き手だ。

□ That's a suitable place to study. そこは勉強するのに適した場所だ。

□ Exercise is essential for good health. 運動はよい健康状態に不可欠だ。

□ It is made of pure gold. それは純金でできている。

□ She is a skillful ice skater. 彼女は熟練したアイススケーターだ。

□ Its superior taste is well known. その優れた味は有名だ。

□ It's difficult to understand the concept. その概念を理解することは難しい。

□ The process has three different stages. その過程には３つの異なる段階がある。

□ What's the definition of this word? この単語の定義は何ですか。

知的活動をする

□□□ 1647 **research**
[risə́ːrtʃ] リサ～チ
動 (を)研究する, (を)調査する　名 研究, 調査
➡□ researcher 名 研究者

□□□ 1648 **observe** ア
[əbzə́ːrv] オブザ～ヴ
動 (を)観察する　➡□ observation 名 観察
□ observer 名 観察者

□□□ 1649 **measure** 発
[méʒər] メヂャ
動 (を)測る
名 ①寸法　②(ものさしなどの)測定器具

□□□ 1650 **estimate**
動 [éstəmèɪt] エスティメイト
動 ①(を)見積もる　②を評価する
名 ①見積もり(額)　②評価　注 発音は [éstəmət]

□□□ 1651 **memorize** ア
[méməràɪz] メモライズ
動 を記憶する, を暗記する　注 ((英)) memorise
➡□ memory 名 記憶, 記憶力

□□□ 1652 **refer** ア
[rɪfə́ːr] リふァ～
動《refer to ... で》①…に言及する　②…を参照する
〈refer-referred-referred〉　➡□ reference 名 言及

□□□ 1653 **arrange**
[əréɪndʒ] アレインヂ
動 ①を整える, を並べる　②(を)取り決める, (を)手配する　➡□ arrangement 名 配列, 整頓, 取り決め

□□□ 1654 **adjust** 発
[ədʒʌ́st] アヂャスト
動 を調節する, を調整する, を適合させる
➡□ adjust ... to ～ ～に合わせて…を調節する・調整する　□ adjust (oneself) to ... …に順応する

□□□ 1655 **imitate**
[ímətèɪt] イミテイト
動 ①をまねる, 模倣する　②を見習う
➡□ imitation 名 まね, にせ物

□□□ 1656 **explore**
[ɪksplɔ́ːr] イクスプろーア
動 を探検する　➡□ exploration 名 探検
□ explorer 名 探検家

□□□ 1657 **translate**
[trǽnsleɪt] トラぁンスれイト
動 (を)翻訳する　➡□ translate A (from ...) into ～ A を(…から)～に翻訳する　□ translation 名 翻訳

□□□ 1658 **comprehend** ア
[kɑ̀ːmprɪhénd] カムプリヘンド
動 ①を理解する　②を包む
➡□ comprehension 名 理解(力), 包括

□□□ 1659 **consult** ア
[kənsʌ́lt] カンサるト
動 ①(専門家)に相談する, に意見を求める　②(辞書・地図など)を調べる　➡□ consultant 名 相談役

□□□ 1660 **manage** ア
[mǽnɪdʒ] マぁニッヂ
動 ①を管理する, を経営する　②《manage to do で》なんとか…する　➡□ management 名 経営, 管理
□ manager 名 経営者, 支配人, 監督

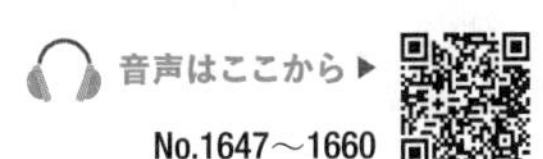

□ He researched ancient civilizations in college.	彼は大学で古代文明を研究した。
□ I observed the moon last night.	私は昨夜，月を観察した。
□ Measure the desk carefully.	注意してその机の寸法を測りなさい。
□ Can you estimate the rock's age?	その岩石の年代を見積もることができますか。
□ I had to memorize the speech.	私はそのスピーチを記憶しなければならなかった。
□ I won't refer to it again.	もう二度とそれに言及しません。
□ She arranged chairs in the room.	彼女はその部屋の椅子を整えた。

⊕ 日本では「アレンジ」を「手を加える」のような意味で使うことが多いが，違いをおさえておこう。

□ Can you adjust my necktie?	私のネクタイを調節してもらえますか。
□ I can imitate the actor's voice.	私はその役者の声をまねすることができる。
□ We explored the cave last year.	私たちは昨年，そのほら穴を探検した。
□ The book was translated into French.	その本はフランス語に翻訳された。
□ I can't comprehend what happened.	何が起こったのか理解することができない。
□ You should consult a doctor.	あなたは医師に相談すべきだ。
□ The company manages the parking lot.	その会社が駐車場を管理している。

形態・状態を表す語

□□□ 1661	**rough** 発 [rʌ́f] ラふ	形 ①(表面が)でこぼこした, ざらざらした ②荒っぽい ③おおよその ➡□ roughly 副 乱暴に，おおよそ
□□□ 1662	**flat** [flǽt] ふらぁト	形 平らな，平たい，(時間が)きっかり 名 アパート(の１室) 注 ((英))
□□□ 1663	**smooth** 発 [smúːð] スムーず	形 (表面・動作が)なめらかな ➡□ smoothly 副 なめらかに
□□□ 1664	**broad** 発 [brɔ́ːd] ブロード	形 (幅が)広い，広々した (⇔ □ narrow)
□□□ 1665	**narrow** [nérou] ネロウ	形 (幅が)狭い，細い (⇔ □ wide)
□□□ 1666	**specific** [spəsífɪk] スペシふィク	形 明確な, 特定の, 具体的な 名 仕様(書), 明細(書) ➡□ specify 動 を明記する

理論展開に使う語

□□□ 1667	**fortunately** ア [fɔ́ːrtʃənətli] ふォーチュネトり	副 幸運にも (⇔ □ unfortunately 不幸にも) ➡□ fortunate 形 幸運な □ fortune 名 運，財産
□□□ 1668	**frankly** [frǽŋkli] ふラぁンクり	副 率直に ➡□ frankly speaking 率直に言って □ frank 形 率直な
□□□ 1669	**anyway** [éniwèɪ] エニウェイ	副 とにかく，いずれにせよ(＝ □ anyhow)
□□□ 1670	**therefore** [ðéərfɔ̀ːr] ぜアふォー	副 それゆえに，それで
□□□ 1671	**eventually** [ɪvéntʃuəli] イヴェンチュアり	副 最後には，ついに
□□□ 1672	**furthermore** [fə́ːrðərmɔ̀ːr] ふァ～ざモー	副 さらに，その上
□□□ 1673	**moreover** [mɔːróuvər] モーロウヴァ	副 その上，さらに
□□□ 1674	**thus** [ðʌ́s] ざス	副 ①したがって，それゆえ ②このように

□ The road was rough. 道はでこぼこしていた。

□ The table's surface is flat. そのテーブルの表面は平らだ。

□ The plane's landing was very smooth. その飛行機の着陸はとてもなめらかだった。

□ John has broad shoulders. ジョンは広い肩をしている。

□ The road is very narrow here. ここは道がとても狭い。

□ Be more specific in your explanation. 説明はもっと明確にしてください。

□ Fortunately, no one was hurt. 幸運にも，けが人は出なかった。

□ She expressed her opinion frankly. 彼女は自分の意見を率直に述べた。

□ I'll call her anyway. とにかく彼女に電話してみよう。

□ Therefore, we must go on. それゆえに，我々は進み続けなくてはならない。

□ Eventually there will be peace. 最後には平和になるだろう。

□ Furthermore, the prices were too high. さらに，値段が高すぎた。

□ Moreover, it is the best camera. その上，それは最高のカメラだ。

➕ 何かを主張していて，その根拠などを追加で示すようなときに使われる。

□ It poured. Thus we stayed home. 大雨が降った。したがって私たちは家にとどまった。

調査・分析に関する語

1675	**survey** 発 ア 名 [sə́rveɪ] サ～ヴェイ 動 [sərvéɪ] サ～ヴェイ	名 ①調査　②ざっと見渡すこと 動 ①を調査する　②をざっと見渡す
1676	**object** ア 名 [ɑ́:bdʒɪkt] アブヂクト 動 [ə:bdʒékt] アブヂェクト	名 ①物体　②対象(物)　③目的 動《object to ... で》…に反対する ➡□ objective 形 客観的な　名 目標
1677	**mission** [míʃən] ミション	名 ①使命，任務　②使節団　③伝道，布教
1678	**frequency** ア [frí:kwənsi] ふリークウェンスィ	名 ①しばしば起こること，頻発　②頻度 ➡□ frequent 形 たびたびの　□ frequently 副 頻繁に
1679	**average** ア [ǽvərɪdʒ] あヴェリヂ	名 平均，標準 形 平均の，普通の
1680	**standard** [stǽndərd] スタぁンダド	名 基準，標準，水準 形 標準の，標準的な
1681	**relation** [rɪléɪʃən] リれイション	名 関係，関連(＝□ relationship) ➡□ relate 動 を関係づける，関係する
1682	**combination** [kɑ̀:mbənéɪʃən] カムビネイション	名 組み合わせ，結合 ➡□ combine 動 を結合させる，結合する
1683	**evidence** ア [évədəns] エヴィデンス	名 証拠 ➡□ evident 形 明白な　□ evidently 副 明らかに
1684	**demonstrate** ア [démənstrèɪt] デモンストレイト	動 ①を実演する　②を明確に示す ➡□ demonstration 名 実演，説明，デモ
1685	**conclusion** ア [kənklú:ʒən] コンクるーヂョン	名 結論，結末 ➡□ conclude 動 を終える，と結論をくだす
1686	**phenomenon** [fɪnɑ́:mənɑ̀:n] ふィナメナン	名 ①現象，事象　注 (複) phenomena ②天才　注 (複) phenomenons
1687	**trend** [trénd] トレンド	名 傾向，動向
1688	**predict** [prɪdíkt] プリディクト	動 を予測する，を予言する(＝□ forecast) ➡□ prediction 名 予測，予言

No.1675～1688

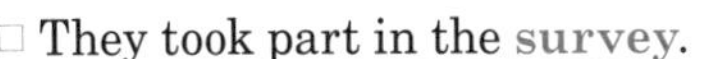

□ They took part in the survey.	彼らはその調査に参加した。
□ The ship hit a solid object.	その船は固い物体にぶつかった。
□ We must complete our mission.	我々の使命を果たさなければならない。
□ The frequency of earthquakes is scary.	地震がしばしば起こることが恐ろしい。
□ Average earnings rose by 2 percent.	平均収入は 2 パーセント上がった。
□ That doesn't meet safety standards.	それは安全基準を満たしていない。
□ Relations between them have improved recently.	彼らの関係は最近改善されてきている。
□ That's a good combination of colors.	よい色の組み合わせです。
□ At present we have no evidence.	現在のところ，証拠がない。
□ They will demonstrate the new product.	彼らは新製品の実演を行う。
□ The book's conclusion was surprising.	その本の結論はびっくりするものだった。
□ Can you explain that phenomenon?	その現象を説明することができますか。
□ I don't follow fashion trends.	私はファッションの傾向に強い関心がない。
□ I predict she will win.	私は彼女が勝つと予測する。

➕ 日本で「調査」のような意味で使われている「アンケート」はフランス語（enquete）由来で英語ではない。（1675の注）

状態・性質を表す語

□□□ 1689 **crowded** 発
[kráudɪd] クラウディド
形 混みあった，満員の
➡□ crowd 名 群衆　動(に)群がる

□□□ 1690 **rapid**
[rǽpɪd] ラぁピッド
形 速い，すばやい
➡□ rapidly 副 速く

□□□ 1691 **complex** ア
[kὰ:mpléks] コムプれクス
形 複雑な
➡□ complicated 形 複雑な，込み入った

□□□ 1692 **alike** ア
[əláɪk] アらイク
形 (互いに)似ている　副 同じように
➡□ ... and ～ are alike　…と～は似ている

□□□ 1693 **artificial** ア
[ὰ:rtəfíʃəl] アーティふィシャる
形 人工の，人造の
(⇔ □ natural 自然の)

□□□ 1694 **electric**
[ɪléktrɪk] イれクトリク
形 電気の，電気で動く
➡□ electricity 名 電気

□□□ 1695 **humid**
[hjú:mɪd] ヒューミッド
形 湿気の多い，湿った
(⇔ □ dry 乾燥した，乾いた)

□□□ 1696 **chemical**
[kémɪkəl] ケミクる
形 化学的な，化学の　名 化学物質
➡□ chemistry 名 化学

認める・許す／思考する

□□□ 1697 **admit** ア
[ədmít] アドミット
動 ①(入学・入場・入会など)を許可する　②(事実・過失として)を認める〈admit-admitted-admitted〉
➡□ admission 名 入学・入場・入会(許可)

□□□ 1698 **permit** ア
[pərmít] パミット
動 を許す，を許可する　➡□ permission 名 許可
〈permit-permitted-permitted〉

□□□ 1699 **consider** ア
[kənsídər] カンスィダ
動 ①(を)よく考える　②《consider ... (to be[as]) ～で》…を～とみなす　➡□ consideration 名 考慮

□□□ 1700 **regard**
[rɪgá:rd] リガード
動《regard ... as ～で》…を～とみなす
名 ①配慮　②尊敬

□□□ 1701 **identify** ア
[aɪdéntəfàɪ] アイデンティふァイ
動 が何(だれ)だかわかる，を見分ける

□□□ 1702 **determine** 発 ア
[dɪtə́:rmən] ディタ～ミン
動 (～すること)を決心する，を決定する，《determine 〈人〉 to do で》〈人〉に…することを決心させる

□ The streets were very **crowded**. | その通りはとても**混みあっていた**。

□ Let's take the **rapid** train. | **快速(急行)**列車に乗りましょう。

□ The world is becoming more **complex**. | 世界はますます**複雑に**なってきている。

□ The two sisters were **alike**. | その2人の姉妹は**似ていた**。

□ It's made of **artificial** wood. | それは**人工の**木材でできている。

➕ AI(人工知能)は, artificial intelligenceの略。

□ My mother drives an **electric** car. | 私の母は**電気**自動車を運転している。

□ It's really **humid** this morning. | 今朝は本当に**湿気が多い**。

□ Plastic consists of various **chemical** substances. | プラスチックはさまざまな**化学**物質から構成されている。

□ The school **admitted** 200 new students. | その学校は200人の新入生**の入学を許可した**。

□ Eating is not **permitted** in class. | 授業中ものを食べることは**許可されていない**。

□ Please **consider** the idea carefully. | 注意深くそのアイデア**を考えて**ください。

□ We **regard** it as the best. | 私たちはそれ**を**最善のものだ**とみなしている**。

□ I couldn't **identify** the flying object. | 私にはその飛行物体**が何なのかわから**なかった。

□ He **determined** to buy a house. | 彼は家を買うこと**を決心した**。

Level 1 Level 2 Level 3 Level 4 Level 5 Level 6

知らせる・意見を述べる

1703 **inform** [ɪnfɔ́:rm] インふォーム
動 に知らせる ➡□ information 名 情報
□ inform〈人〉of ... 〈人〉に…を知らせる

1704 **mention** [ménʃən] メンション
動 について言及する，に触れて言う 名 言及
➡□ Don't mention it. どういたしまして。

1705 **stress** [strés] ストレス
動 を強調する
名 ①(精神的)ストレス ②強調

1706 **argue** ア [ɑ́:rgju:] アーギュー
動 議論する，を論じる
➡□ argument 名 議論

1707 **chat** [tʃǽt] チャット
動 雑談する〈chat-chatted-chatted〉
名 雑談，おしゃべり

1708 **broadcast** [brɔ́:dkæ̀st] ブロードキャスト
動 放送する〈broadcast-broadcast(ed)-broadcast(ed)〉
名 放送

1709 **review** ア [rɪvjú:] リヴュー
動 ①を再検討する，(を)復習する 注 ((米))
②(を)批評する 名 ①批評，評論 ②復習

得る／与える

1710 **gain** [géɪn] ゲイン
動 ①(利益など)を獲得する(⇔□ lose) ②(を)増す
名 ①利益(⇔□ loss 損失，損害) ②増加

1711 **provide** ア [prəváɪd] プロヴァイド
動 (足りないもの)を供給する
➡□ provide A with B / B for A AにBを供給する

1712 **supply** ア [səplάɪ] サプライ
動 を供給する 名 供給(⇔□ demand 需要)
➡□ supply A with B / B to[for] A AにBを供給する

1713 **contribute** ア [kəntríbju:t] コントリビュート
動 貢献する，を寄付する
➡□ contribution 名 貢献，寄付

語根 tain（保つ）で覚える語

1714 **obtain** ア [əbtéɪn] オブテイン
動 (努力や計画により)を手に入れる，を獲得する

1715 **contain** ア [kəntéɪn] コンテイン
動 を含む，が入っている
➡□ container 名 容器

1716 **sustainable** [səstéɪnəbəl] サステイナブる
形 持続可能な
➡□ sustain 動 を持続させる，を維持する

□ Please **inform** me of the result.	その結果を私に**知らせて**ください。
□ They didn't **mention** the problem.	彼らはその問題**について言及し**なかった。
□ She **stressed** the importance of peace.	彼女は平和の大切さ**を強調した**。
□ Don't **argue** about the matter anymore.	もうその件について**議論する**のはやめなさい。
□ I **chatted** with my friend.	私は友人と**雑談した**。
□ The soccer game was **broadcast** live.	そのサッカーの試合は生で**放送された**。
□ We should **review** the plan.	我々はその計画**を再検討する**べきだ。

□ Japan **gained** a gold medal.	日本は金メダル**を獲得した**。
□ They **provide** food to hungry children.	彼らは飢えた子どもたちに食料**を供給する**。
□ The company **supplies** us with towels.	その会社は私たちにタオル**を供給している**。
□ He **contributed** greatly to our success.	彼は私たちの成功に大いに**貢献した**。

□ We **obtained** more information.	我々はさらに多くの情報**を手に入れた**。

➕ 接頭辞 ob（前に）＋語根 tain（保つ）で「つかむ」→「手に入れる」。

□ The candy **contains** lots of sugar.	そのアメは大量の砂糖**を含んでいる**。

➕ 接頭辞 con（ともに）＋語根 tain で「ともに保つ」→「含む」。

□ This energy is not **sustainable**.	このエネルギー源は**持続可能**ではない。

➕ 接頭辞 sus（下で）＋語根 tain＋接尾辞 able（できる）で「下で（支え）保つことができる」→「持続可能な」。

Level 1 Level 2 Level 3 Level 4 Level 5 Level 6

よくない状態・性質を表す語

No.	単語	意味
□□□ 1717	**scared** 発 [skéərd] スケアド	形 おびえた，びっくりした
□□□ 1718	**scary** [skéəri] スケアリ	形 ①恐ろしい，怖い ②臆病な，気の小さい
□□□ 1719	**ashamed** [əʃéɪmd] アシェイムド	形 恥じて ➡□ be ashamed of ... …を恥じている □ shame 名 恥ずかしさ，不名誉
□□□ 1720	**miserable** ア [mízərəbəl] ミゼラブる	形 みじめな，不幸な
□□□ 1721	**guilty** 発 [gílti] ギるティ	形 有罪の，罪を犯した（⇔ □ innocent 無罪の，潔白な，無邪気な） ➡□ feel guilty 気がとがめる
□□□ 1722	**violent** [váɪələnt] ヴァイオれント	形 激しい，乱暴な ➡□ violence 名 激しさ，暴力
□□□ 1723	**evil** [í:vəl] イーヴる	形 邪悪な 名 悪，害悪

さまたげる／否定的な態度をとる

No.	単語	意味
□□□ 1724	**disturb** ア [dɪstə́:rb] ディスタ～ブ	動 ①（睡眠・仕事など）を妨害する ②（秩序・平和など）を混乱させる
□□□ 1725	**bother** 発 ア [bɑ́:ðər] バざ	動 を悩ませる，を困らせる，思い悩む
□□□ 1726	**upset** ア [ʌpsét] アプセット	動 を動揺させる〈upset-upset-upset〉 形 気が動転した
□□□ 1727	**deny** ア [dɪnáɪ] ディナイ	動 ①を否定する ②（要求など）を拒否する ➡□ denial 名 否定
□□□ 1728	**blame** [bléɪm] ブれイム	動 ①を非難する（⇔ □ praise） ②の責任にする 名 非難 ➡□ blame〈人〉for ... …のことで〈人〉を非難する
□□□ 1729	**ignore** ア [ɪgnɔ́:r] イグノーア	動 を無視する ➡□ ignorance 名 無知 □ ignorant 形 無知の，知らない
□□□ 1730	**reject** [rɪdʒékt] リヂェクト	動（計画・提案など）を拒絶する，を否定する ➡□ rejection 名 拒否，排除

□ At first, I was really **scared**.	最初，私は本当に**おびえて**いた。
□ I watched a **scary** movie yesterday.	私は昨日**恐ろしい**映画を見た。
□ I am **ashamed** of my words.	私は自分の言ったことを**恥じて**いる。
□ The cold weather makes me **miserable**.	寒い天気のせいで私は**みじめな**気分になる。
□ He was found **guilty** of lying.	彼はうそをついたことで**有罪**となった。
□ The **violent** storm damaged our house.	**激しい**嵐が私たちの家を壊した。
□ The king killed the **evil** prince.	その王は**邪悪な**王子を殺害した。

□ She's studying, so don't **disturb** her.	彼女は勉強中だから，**邪魔をして**はいけない。
□ A severe toothache **bothered** him.	ひどい歯痛が彼**を悩ませた**。

⊕「悩み事があるの?」と聞く場合は，What's bothering you ? / Is something bothering you ?

□ The news **upset** all of us.	その知らせは私たち全員**を動揺させた**。
□ He **denied** stealing the money.	彼はそのお金を盗んだこと**を否定した**。
□ She **blamed** me for that error.	彼女はその間違いのことで私**を非難した**。
□ She **ignored** the phone's ringing.	彼女は電話が鳴っているの**を無視した**。
□ He **rejected** the offer.	彼はその申し出**を拒絶した**。

感情を表す語

□□□ 1731 **content** ア
形動[kəntént] コンテント
形 満足して 動 を満足させる 名 内容 注 発音[kɑ́ntent]
➡□ be content with ... …に満足している

□□□ 1732 **grateful**
[gréɪtfəl] グレイトふる
形 感謝している ➡□ be grateful(to 〈人〉) for ... …について(〈人〉に)感謝している

□□□ 1733 **curious** 発
[kjúəriəs] キュアリアス
形 ①好奇心が強い ②好奇心をそそる
➡□ curiosity 名 好奇心

□□□ 1734 **anxious** 発
[æŋkʃəs] あンクシャス
形 ①《be anxious about[for] ... で》…を心配している ②《be anxious for ... で》…を切望している
➡□ anxiety 名 心配，切望

身体・健康／学校に関する語

□□□ 1735 **stomach** 発
[stʌ́mək] スタマク
名 胃，腹
➡□ stomachache 名 胃痛，腹痛

□□□ 1736 **sickness**
[síknɪs] スィクネス
名 病気，吐き気
➡□ sick 形 病気の(で)

□□□ 1737 **illness**
[ílnɪs] イるネス
名 病気
➡□ ill 形 病気で

□□□ 1738 **fever**
[fí:vər] ふィーヴァ
名 ①(病気の)熱 ②熱狂
➡□ have a fever 熱がある

□□□ 1739 **cough** 発
[kɔ́(:)f] コ(ー)ふ
名 せき
動 せきをする

□□□ 1740 **principal**
[prínsəpəl] プリンスィプる
名 校長
形 主要な

□□□ 1741 **professor**
[prəfésər] プロふェサ
名 教授

□□□ 1742 **pupil** 発
[pjú:pəl] ピューピる
名 生徒，教え子，弟子

□□□ 1743 **instruction**
[ɪnstrʌ́kʃən] インストラクション
名 ①《通常(複)で》指示，説明 ②指導
➡□ instruct 動 に指示する □ instructor 名 指導員

□□□ 1744 **exercise**
[éksərsàɪz] エクササイズ
名 ①運動 ②練習，練習問題
動 運動・練習する，に運動・練習させる

□ Carrie seems **content** with her life. キャリーは自分の生活に満足しているように見える。

□ I am **grateful** for the advice. 私はその助言に感謝している。

□ He's as **curious** as a cat. 彼はネコのように好奇心が強い。

□ I am **anxious** about my future. 私は自分の将来を心配している。

□ I feel sick to my **stomach**. 胃の調子が悪いです。

□ He was absent because of **sickness**. 彼は病気で休んでいた。

□ She has a serious **illness**. 彼女は重い病気だ。

□ He has a high **fever**. 彼は高熱がある。

□ She has a bad **cough**. 彼女はひどいせきをしている。

□ He talked to the school **principal**. 彼は学校長と話をした。

□ I want to be a **professor**. 私は教授になりたい。

□ The piano teacher has ten **pupils**. そのピアノ教師には 10 人の生徒がいる。

□ We should follow the coach's **instructions**. 私たちはコーチの指示に従うべきだ。

□ Swimming is good **exercise**. 水泳はよい運動だ。

➕ exercise は主に，健康維持や体力増強目的の「運動」のことを言う。

人に関する語

No.	単語	発音	意味
1745	**citizen** ア	[sítəzən] スィティズン	名 国民，市民
1746	**foreigner** 発	[fɑ́(:)rənər] ふォーリナ	名 外国人
1747	**refugee**	[rèfjudʒíː] レふュヂー	名 難民，避難者
1748	**expert** ア	[ékspəːrt] エクスパ～ト	名 専門家，熟練者 形 熟練した
1749	**assistant**	[əsístənt] アスィスタント	名 助手　形 補助の　➡□ assist 動(を)手伝う □ assistance 名 助力，援助
1750	**keeper**	[kíːpər] キーパ	名 ①番人，管理人 ②ゴールキーパー(= □ goalkeeper)
1751	**teenager**	[tíːnèɪdʒər] ティーネイヂャ	名 十代の人

文学に関する語

No.	単語	発音	意味
1752	**literature** ア	[lítərətʃər] リタラチャ	名 文学(作品)
1753	**novel**	[nɑ́ːvəl] ナヴる	名 (長編)小説
1754	**passage**	[pǽsɪdʒ] パぁスィヂ	名 ①(文章の)一節 ②通行　③通路
1755	**series**	[síəri(:)z] スィアリ(ー)ズ	名 シリーズ，連作
1756	**edition**	[ɪdíʃən] イディション	名 (刊行物などの)版，刊，号
1757	**classical**	[klǽsɪkəl] クらぁシクる	形 ①古典の ②クラシック(音楽)の
1758	**fantastic**	[fæntǽstɪk] ふぁンタぁスティク	形 ①すばらしい，すてきな ②空想的な，奇妙な，気まぐれな

- ☐ He is an American citizen. 彼はアメリカ国民だ。

- ☐ I spoke to a foreigner. 私は外国人に話しかけた。

  ➕ foreigner は「ガイジン」のような差別的なニュアンスをもつ。具体的にCanadianなどと言うほうがよい。

- ☐ Many refugees entered our country. 多くの難民が私たちの国に入った。

- ☐ I'm an expert in Roman history. 私はローマの歴史の専門家だ。

- ☐ We need some assistants. 私たちは助手が数名必要だ。

- ☐ The keeper opened the door. 番人が扉を開けた。

- ☐ This game is designed for teenagers. このゲームは十代の人を対象に作られている。

- ☐ She studied English literature in college. 彼女は大学で英文学を勉強した。

- ☐ I started to write a novel. 私は小説を書き始めた。

- ☐ We studied a Bible passage. 私たちは聖書の一節を研究した。

- ☐ I love the new TV series. 私はその新しいテレビシリーズが大好きだ。

- ☐ They published the new edition. 彼らは新しい版を出版した。

- ☐ My father loves classical music. 私の父は古典音楽が大好きだ。

- ☐ The rock concert yesterday was fantastic! 昨日のロックコンサートはすばらしかった。

目的・手段などに関する語

1759 **attempt** [ətémpt] アテムプト
名 試み，企て
動 を試みる，を企てる

1760 **affair** [əféər] アふェア
名 ①《通常(複)で》業務　②事件，出来事
③(個人的な)事柄

1761 **request** ア [rɪkwést] リクウェスト
名 要請，頼み，願い
動 を頼む，を要請する

1762 **appointment** ア [əpɔ́ɪntmənt] アポイントメント
名 ①(人と会う)約束，予約　②任命
➡□ appoint 動 を任命する，(場所や時)を指定する

1763 **method** [méθəd] メそッド
名 方法，手順

1764 **means** [mí:nz] ミーンズ
名《(単)(複)同じ形で》①手段，方法
②財産

1765 **manner** [mǽnər] マぁナ
名 ①やり方，方法　②態度
③《(複)で》行儀，マナー

感情を含んだ動詞

1766 **attract** [ətrǽkt] アトラぁクト
動 (人・注意など)を引きつける，を魅惑する
➡□ attractive 形 魅力的な　□ attraction 名 魅力

1767 **dislike** ア [dɪsláɪk] ディスらイク
動 を嫌う
名 嫌うこと，反感

1768 **envy** [énvi] エンヴィ
動 をうらやむ，をねたむ
名 うらやみ，ねたみ

1769 **apologize** ア [əpɑ́:lədʒàɪz] アパろヂャイズ
動 あやまる，わびる　➡□ apology 名 謝罪
□ apologize to〈人〉for ... …のことで〈人〉にあやまる

-ever の形の語

1770 **whoever** [hu(:)évər] フ(ー)エヴァ
代 ①～する人はだれでも　②だれが～しようとも

1771 **whichever** [wɪtʃévər] ウィッチエヴァ
代 ～するものはどちらでも，どちらを～しようとも
形 ～するものはどちらの…でも，どちらの…を～しようとも

1772 **whatever** [wʌtévər] ワッテヴァ
代 ～するものは何でも，何が～しようとも
形 ～するものはどんな…でも，どんな…が～しようとも

□ Her attempt was successful. 彼女の試みは成功した。

□ I'm busy with my daily affairs. 私は日々の業務で忙しい。

□ He refused our request. 彼は我々の要請を断った。

□ I have an appointment with her. 私は彼女と会う約束をしている。

make an appointment (with ...)「(…と会う) 約束をする」という表現も覚えておこう。

□ We use a new teaching method. 私たちは新しい教授法を採用している。

□ Email is a means of communication. 電子メールは１つのコミュニケーション手段である。

□ Treat everyone in the same manner. だれでも同じやり方で扱いなさい。

□ She was attracted to his voice. 彼女は彼の声に引きつけられた。

□ She disliked living in the city. 彼女は都会で暮らすことを嫌った。

□ He envied Hercules his strength. 彼はヘラクレスの力をうらやんだ。

□ You should apologize to him. 君は彼にあやまるべきだ。

□ Please invite whoever you like. だれでも好きな人を招待してください。

□ You can take whichever you like. 好きなものはどちらでも取っていいですよ。

□ My sister likes whatever I like. 妹(姉)は私が好きなものは何でも好きだ。

Level 1 Level 2 Level 3 Level 4 Level 5 Level 6

程度・頻度・時を表す語

1773	**seldom** [séldəm] セるダム	副 めったに〜ない(= □ rarely)
1774	**scarcely** [skéərsli] スケアスり	副 ①ほとんど〜ない (= □ hardly) ②かろうじて
1775	**occasionally** [əkéɪʒənəli] オケイジョナり	副 ときおり ➡□ occasional 形 ときおりの □ occasion 名 時，機会
1776	**constant** ア [kɑ́:nstənt] カンスタント	形 一定の，絶え間のない ➡□ constantly 副 絶えず
1777	**current** 発 [kə́:rənt] カ〜レント	形 今の，現在の 名 ①流れ ②電流 ③風潮 ➡□ currently 副 現在のところ □ currency 名 貨幣，通貨
1778	**decade** ア [dékeɪd] デケイド	名 10 年(間) ➡□ century 名 100 年(間)

物質

1779	**material** 発 ア [mətíəriəl] マティアリアる	名 ①材料，原料 ②資料 形 物質の，物質的な
1780	**metal** [métəl] メトる	名 金属 ➡□ metallic 形 金属の
1781	**iron** 発 [áɪərən] アイアン	名 ①鉄 ②アイロン
1782	**coal** 発 [kóʊl] コウる	名 石炭 ➡□ coal mine 炭坑
1783	**plate** [pléɪt] プれイト	名 ①(金属・ガラスなどの)板 ②(浅い)皿
1784	**resource** [rí:sɔ̀:rs] リーソース	名《通常(複)で》資源 ➡□ natural resources 天然資源
1785	**steel** [stí:l] スティーる	名 鋼鉄，はがね ➡□ steal 動(を)盗む 注 同音語
1786	**oxygen** 発 [ɑ́:ksɪdʒən] アクスィヂェン	名 酸素 ➡□ carbon dioxide(= CO_2) 二酸化炭素

□ She seldom eats meat.	彼女はめったに肉を食べない。
□ The city had scarcely changed.	その都市はほとんど変わっていなかった。
□ I still see him occasionally.	今でもときおり彼に会います。
□ He drove at a constant speed.	彼は一定の速度で運転した。
□ The current fashions look strange.	今のファッションは奇妙に見える。
□ She lived there for a decade.	彼女は 10 年の間そこに住んでいた。

□ He prefers to use natural materials.	彼は自然の材料を使うのを好む。
□ The gate is made of metal.	その門は金属製だ。
□ Iron is attracted to a magnet.	鉄は磁石に引き寄せられる。
□ Put some coal on the fire.	火に石炭を少しくべてください。
□ The iron plate is for cooking.	その鉄板は調理用です。

➕ plate (②) は，dish (大皿) に盛って出された料理を各自が分けるために使う「取り分け皿」を表す。

□ Canada has many natural resources.	カナダにはたくさんの天然資源がある。
□ The main industry here is steel.	ここのおもな産業は鉄鋼です。
□ Plants give us oxygen.	植物は我々に酸素を与えてくれる。

宗教・精神に関する語

□□□ 1787 **religion** ア
[rɪlídʒən] リリヂョン
名 宗教
➡□ religious 形 宗教の，信心深い

□□□ 1788 **soul** 発
[sóʊl] ソウる
名 魂，**精神**
➡□ sole 形 唯一の 名 足の裏，靴底 注 同音語

□□□ 1789 **miracle**
[mírəkəl] ミラクる
名 奇跡，**奇跡的な出来事**

□□□ 1790 **shrine**
[ʃráɪn] シュライン
名 神社，**聖堂**

□□□ 1791 **temple**
[témpəl] テムプる
名 寺，**寺院**

要求する・働きかける

□□□ 1792 **demand** ア
[dɪmǽnd] ディマぁンド
動 **(命令的に・権利として)**を要求する
名 **①要求　②需要**(⇔ □ supply 供給)

□□□ 1793 **claim**
[kléɪm] クれイム
動 **(当然の権利として)**を要求する，**を主張する**
名 **要求，主張**

□□□ 1794 **desire**
[dɪzáɪər] ディザイア
動 を(強く)望む　名 **願望，要望，欲望**
➡□ desire to do …することを望む

□□□ 1795 **seek**
[síːk] スィーク
動 (を)捜す，**(を)捜し求める** 〈seek-sought-sought〉

□□□ 1796 **persuade** ア
[pərswéɪd] パスウェイド
動 を説得する
➡□ persuade 〈人〉 to do 〈人〉を説得して…させる

□□□ 1797 **inspire**
[ɪnspáɪər] インスパイア
動 ①を奮起させる，**を刺激する　②を抱かせる**
➡□ inspiration 名 ひらめき，インスピレーション

語根 pose（置く）で覚える語

□□□ 1798 **oppose**
[əpóʊz] オポウズ
動 ①に反対する　**②《通常受け身形で》対抗する**
➡□ opposite 形 反対側の，逆の

□□□ 1799 **suppose**
[səpóʊz] サポウズ
動 ①と思う　**②《Suppose (that) ... で》もし…としたら**
➡□ be supposed to do …することになっている

□□□ 1800 **propose**
[prəpóʊz] プロポウズ
動 ①を提案する　**②結婚を申し込む** ➡□ proposal 名 提案，申し込み，プロポーズ　□ proposition 名 提案

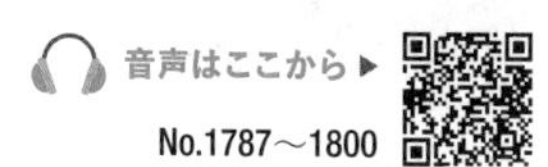

□ Don't ask people their **religion**. 人に**宗教**を尋ねてはいけない。

□ We prayed for their **souls**. 私たちは彼らの**魂**のために祈った。

□ Do you believe in **miracles**? あなたは**奇跡**を信じますか。

□ I visited the **shrine** in January. 私は１月にその**神社**を訪れた。

□ We visited several old **temples**. 私たちはいくつかの古い**寺**を訪ねた。

□ She **demanded** an explanation. 彼女は説明**を要求した**。

demandは「必要なものとして要求する」という意味をもち，命令的なニュアンスがある。

□ The customer **claimed** a refund. そのお客は返金**を要求した**。

claimは「自分の正当な権利として要求する」という意味をもち，命令的な含みはない。

□ He **desires** to work in Sydney. 彼はシドニーで働くこと**を望んでいる**。

□ Please **seek** my son **out**. 私の息子**を捜し**出してください。

「真実」や「情報」といった物理的に形のないもの，見えないものをさがすときにも使われる。

□ We **persuaded** her to visit us. 彼女**を説得して**我々を訪ねてもらった。

□ His speech **inspired** his followers. 彼のスピーチは彼の支持者**を奮起させた**。

□ They **opposed** our plan. 彼らは私たちの計画**に反対した**。

接頭辞op（反対の）＋語根pose（置く）で「反対に置く」→「反対する」。

□ I **suppose** you're right. 私はあなたが正しい**と思う**。

接頭辞sup（下に）＋語根poseで「下（心の底）に置く」→「思う」。

□ She **proposed** making a movie. 彼女は映画を作ること**を提案した**。

接頭辞pro（前に）＋語根poseで「（目の）前に置く」→「提案する」。

減少／遅延に関する動詞

□□□ 1801 **decrease** 発 ア
[dìːkríːs] ディクリース

動 減る，を減らす　名 減少 注 発音は [díkriːs]
(⇔ □ increase 動 増える，を増やす 名 増加)

□□□ 1802 **remove** ア
[rɪmúːv] リムーヴ

動 ①を取り除く　②を移動する
➡□ removal 名 移動，除去

□□□ 1803 **delay** ア
[dɪléɪ] ディれイ

動 を遅らせる，を延期する
名 (到着・出発の)遅れ，延期

□□□ 1804 **restrict** ア
[rɪstríkt] リストリクト

動 を制限する，を規制する
➡□ restriction 名 制限，規制

発生／終局に関する動詞

□□□ 1805 **occur** 発 ア
[əkə́ːr] オカ〜

動 (予期せず)起こる〈occur-occurred-occurred〉
➡□〈事柄〉occur to〈人〉〈事柄〉がふと〈人〉の心に浮かぶ

□□□ 1806 **emerge**
[ɪmə́ːrdʒ] イマ〜ヂ

動 ①現れる，出て来る　②明らかになる
➡□ emergence 名 出現

□□□ 1807 **involve**
[ɪnvɑ́ːlv] インヴァるヴ

動 (事件などに)を巻き込む
➡□ be involved in ... …に巻き込まれる

□□□ 1808 **achieve**
[ətʃíːv] アチーヴ

動 ①を達成する，を成し遂げる　②(名声など)を勝ち取る　➡□ achievement 名 達成

□□□ 1809 **settle**
[sétəl] セトる

動 ①定住する，を定住させる　②(紛争・問題など)を解決する　➡□ settle down 落ち着く

□□□ 1810 **replace**
[rɪpléɪs] リプれイス

動 ①に取って代わる　②《**replace ... with[by] 〜で**》…を〜と取り替える　③(元の場所へ)を戻す

□□□ 1811 **retire**
[rɪtáɪər] リタイア

動 ①引退する，退職する
②(場所から)退く

申し込む／取り消す

□□□ 1812 **apply**
[əpláɪ] アプらイ

動 ①申し込む
②(規則など)を適用する，(規則などが)当てはまる

□□□ 1813 **reserve**
[rɪzə́ːrv] リザ〜ヴ

動 を予約する　名 たくわえ
➡□ reservation 名 予約

□□□ 1814 **cancel**
[kǽnsəl] キァンスる

動 を取り消す，をキャンセルする
➡□ cancellation 名 取り消し，キャンセル

- □ The number of bookstores has **decreased**. — 書店の数が**減ってきている**。
- □ It's hard to **remove** this stain. — この染み**を取り除く**のは難しい。
- □ Our train was **delayed**. — 私たちの列車は**遅れていた**。
- □ They **restricted** us from going out. — 彼らは私たちが外出するの**を制限した**。

- □ An accident **occurred** at the intersection. — その交差点で事故が**起こった**。
- □ A city **emerged** in the desert. — 1つの都市が砂漠の中に**現れた**。

➕ appear は「突然現れる」イメージだが，emerge は隠れていたものが出てくる，徐々に現れるイメージ。

- □ John was **involved** in an accident. — ジョンは事故に**巻き込まれた**。
- □ He finally **achieved** his goal. — 彼はついに目標**を達成した**。
- □ They decided to **settle** in Boston. — 彼らはボストンに**定住する**ことに決めた。
- □ Smartphones have **replaced** computers. — スマートフォンがコンピュータ**に取って代わっている**。
- □ My grandfather **retired** last year. — 私の祖父は去年**引退した**。

- □ Anna **applied** for a job. — アンナは仕事を**申し込んだ**。
- □ I'd like to **reserve** a table. — テーブル**を予約し**たいのですが。
- □ Our flight was **canceled**. — 我々のフライトが**取り消された**。

方向・位置などを表す語

1815 **direct** [dərékt] ディレクト
形 まっすぐな，**直行の，直接の**
副 **(目的地に)まっすぐに，直接に**(＝ □ directly)

1816 **distant** [dístənt] ディスタント
形 遠い，**離れた**(⇔ □ near 近い，近くの)
➡□ distance 名 距離，隔たり

1817 **opposite** 発 ア [ɑ́:pəzɪt] アポズィト [ɑ́:pəsɪt] アポスィト
形 ①向かい側の，**反対側の**　②(性質・立場などが)**正反対の**　名 反対のもの　前 **～に向かいあって**
➡□ opposite to ... …の向かい側・反対側の

1818 **upper** [ʌ́pər] アパ
形 上部の，**上の方の，上位の**
(⇔ □ lower 下部の，下の方の，下位の)

生命・福祉に関する語

1819 **vital** [váɪtəl] ヴァイトる
形 ①不可欠な　②**生命の**　③**活気のある**
➡□ vitality 名 生命力

1820 **cell** [sél] せる
名 ①細胞　②**電池**

1821 **gene** 発 [dʒí:n] ヂーン
名 遺伝子

1822 **donor** [dóʊnər] ドウナ
名 ドナー，**(血液・臓器などの)提供者**　➡□ donate 動 を寄付する，を提供する　□ donation 名 寄付

1823 **species** [spí:ʃi:z] スピーシーズ
名 **(生物の)**種

1824 **seed** [sí:d] スィード
名 **(植物の)**種，**種子**

1825 **grave** [gréɪv] グレイヴ
名 墓，**墓穴**
形 ①**重大な，ゆゆしい**　②**重々しい，厳粛な**

1826 **welfare** ア [wélfèər] ウェるふェア
名 福祉

1827 **wheelchair** [wí:ltʃèər] ウィーるチェア
名 車いす

1828 **volunteer** ア [vɑ̀:ləntíər] ヴァらンティア
名 ボランティア

- [ ] We took a **direct** route home. 私たちは家へ**まっすぐ**帰る道をとった。
- [ ] I have **distant** relatives in Europe. 私にはヨーロッパに**遠い**親せきがいる。
- [ ] What is the **opposite** of "poor"? 「貧しい」の**反対**は何ですか。

形容詞の例：Answers are given on the opposite page.（答えは反対側のページにある）

- [ ] She lives on the **upper** floor. 彼女は**上の**階に住んでいる。

- [ ] Exercise is **vital** for good health. 運動はよい健康状態のためには**不可欠**だ。
- [ ] We learned about the body's **cells**. 私たちは人体の**細胞**について学んだ。
- [ ] Our **genes** come from our parents. 我々の**遺伝子**は両親から受け継いだものである。
- [ ] He became a blood **donor**. 彼は血液の**ドナー**になった。
- [ ] There are many **species** on earth. 地球には数多くの**生物種**がいる。
- [ ] The farmers planted **seeds**. 農家の人たちは**種**をまいた。
- [ ] We visited our grandparents' **grave**. 私たちは祖父母の**墓**を訪れた。
- [ ] It is for the people's **welfare**. それは国民の**福祉**のためである。
- [ ] I moved around in a **wheelchair**. 私は**車いす**で動き回った。
- [ ] They are looking for some **volunteers**. 彼らは何人かの**ボランティア**を求めている。

産業・経済に関する語

□□□ 1829 **product** ㋐
[prάːdəkt] プラダクト
名 製品，産物 ➡□ production 名 生産，製造
□ produce 動 を生産する，を製造する

□□□ 1830 **customer**
[kʌ́stəmər] カスタマ
名（商店などの）客，得意先

□□□ 1831 **consumer**
[kəns(j)úːmər] コンシュ[ス]ーマ
名 消費者 ➡□ consume 動 を消費する
□ consumption 名 消費

□□□ 1832 **manufacture** ㋐
[mæ̀njəfǽktʃər] マぁニュふぁクチャ
動 を製造する
名 ①製造 ②《通常(複)で》製品

□□□ 1833 **import** ㋐
動 [ɪmpɔ́ːrt] イムポート
名 [ímpɔ̀ːrt] イムポート
動 を輸入する
名 輸入，《通常(複)で》輸入品

□□□ 1834 **export** ㋐
動 [ɪkspɔ́ːrt] イクスポート
名 [ékspɔ̀ːrt] エクスポート
動 を輸出する
名 輸出，《通常(複)で》輸出品

□□□ 1835 **advertise** 発
[ǽdvərtàɪz] あドヴァタイズ
動（を）宣伝する，（の）広告を出す
➡□ advertisement 名 宣伝，広告 注 ad は省略形。

□□□ 1836 **promote**
[prəmóʊt] プロモウト
動 ①を促進する，を宣伝する ②を昇進させる
➡□ promotion 名 昇進，販売促進

□□□ 1837 **deal**
[díːl] ディーる
動《deal with ... で》…を扱う 〈deal-dealt-dealt〉
➡□ deal in ... …を商う

□□□ 1838 **available** ㋐
[əvéɪləbəl] アヴェイらブる
形 ①利用できる，入手できる ②《... available で》購入可能な… 注 名詞の後ろに置かれる場合がある。

□□□ 1839 **commercial**
[kəmə́ːrʃəl] コマ～シャる
形 商業の，貿易の 名 コマーシャル
➡□ commerce 名 商業，貿易

□□□ 1840 **fair**
[féər] ふェア
名 見本市，フェア
形 公平な

□□□ 1841 **lecture**
[léktʃər] れクチャ
名 講義，講演
動 講義する

□□□ 1842 **client**
[kláɪənt] クらイエント
名（弁護士など専門職の）依頼人，クライアント

□ This is a very good **product**.	これはとてもよい**製品**だ。
□ We have many **customers** today.	今日は**客**が多い。
□ We should think of the **consumers**.	私たちは**消費者**のことを考えるべきだ。
□ The car is **manufactured** in Japan.	その車は日本で**製造**されている。

➕ 接頭辞 manu（手）＋語根 fact（作る）＋ 接尾辞 ure で「手で作る」→「製造する」。

□ The cheese was **imported** from France.	そのチーズはフランスから**輸入**された。
□ Many cars are **exported** to America.	多くの自動車がアメリカに**輸出**される。
□ Their car is **advertised** on TV.	彼らの自動車はテレビで**宣伝**されている。
□ He worked to **promote** world peace.	彼は世界平和**を促進する**ために働いた。
□ How should we **deal** with him?	私たちはどう彼**を扱う**べきだろうか。
□ The games are **available** to everyone.	そのゲームは誰でも**利用できる**。
□ She studied **commercial** art in school.	彼女は在学中に**商業**美術を学んだ。
□ She attended the international trade **fair**.	彼女はその国際**見本市**に出席した。
□ The history **lecture** was interesting.	その歴史の**講義**はおもしろかった。
□ I'm seeing a **client** at 3:00.	私は 3 時に**依頼人**と会うことになっている。

Level 1 Level 2 Level 3 Level 4 Level 5 Level 6

生活に関する動詞

1843	**lock** [lá:k] らック	動 にかぎをかける，かぎがかかる 名 錠，錠前 ➡□ key 名 かぎ
1844	**attach** [ətǽtʃ] アタぁチ	動 を取り付ける，を貼り付ける ➡□ attachment 名 ①取り付け ②付属品
1845	**fasten** 発 [fǽsən] ふぁスン	動 を固定する，を留める，を締める ➡□ fasten one's seatbelt シートベルトを締める
1846	**knit** [nít] ニット	動（セーター・手袋など）を編む，編み物をする 〈knit-knitted-knitted〉〈knit-knit-knit〉
1847	**polish** [pá:lɪʃ] パリッシュ	動 を磨く，のつやを出す 名 つや出し
1848	**surround** 発 ア [səráund] サラウンド	動 を囲む，を包囲する ➡□ surrounding 名《(複)で》環境，周囲の状況
1849	**bow** 発 [báu] バウ	動 おじぎをする，(頭)を下げる 名 ①おじぎ ②弓 注 発音 [bóu] ➡□ arrow 名 矢
1850	**vote** [vóut] ヴォウト	動 投票する,を投票で決める 名 ①投票，票 ②投票権 ➡□ vote for / against ... …に賛成／反対の投票をする
1851	**hike** [háɪk] ハイク	動 ハイキングをする 名 ハイキング ➡□ go on a hike / go hiking ハイキングに行く

仕事に関する語

1852	**occupation** [à:kjəpéɪʃən] アキュペイション	名 ①職業 ②占領 ➡□ occupy 動 を占有する，を占領する
1853	**career** ア [kəríər] カリア	名 経歴，(一生の仕事となる)職業
1854	**labor** [léɪbər] れイバ	名 労働 動 労働する 注 ((英)) labour
1855	**employ** ア [ɪmplɔ́ɪ] イムプろイ	動 を雇う ➡□ employment 名 雇用 □ employer 名 雇い主 □ employee 名 従業員
1856	**wage** [wéɪdʒ] ウェイヂ	名 賃金，給料

□ Don't forget to lock the door. ドアにかぎをかけるのを忘れるな。

□ She attached the pin there. 彼女はそこにピンを取り付けた。

□ Fasten the tent to the ground. テントを地面に固定しなさい。

□ She is knitting a sweater. 彼女はセーターを編んでいる。

□ He was polishing his car. 彼は車を磨いていた。

□ A high fence surrounds the building. 高いフェンスが建物を囲んでいる。

□ The dancers bowed on the stage. ダンサーたちは舞台でおじぎをした。

□ Who did you vote for? あなたはだれに投票しましたか。

□ We hiked in the mountains. 私たちは山でハイキングをした。

□ What's your occupation? あなたの職業は何ですか。

□ The singer had a long career. その歌手には長い経歴があった。

➕ 携帯電話のキャリア（通信事業者）はcarrier（carry+er）という別の語。

□ You'll be paid for your labor. あなたの労働に対して報酬が支払われるでしょう。

□ The factory employs over 2,000 people. その工場は2,000人以上の人を雇っている。

□ She earns a good wage. 彼女は十分な賃金を稼いでいる。

➕ 毎月・年の固定（定額）の給料はsalary。ただし，「サラリーマン」は和製英語である。

Level 1 Level 2 Level 3 Level 4 Level 5 Level 6

自然に関する語

No.	単語	意味
1857	**climate** 発 [kláɪmət] クらイメット	名 (年間を通しての)気候 ➡□ weather 名(特定の日の)天気，天候
1858	**fog** [fáːg,fɔ́ːg] ふァ(ふォ)グ	名 霧，もや ➡□ foggy 形 霧・もやのたちこめた
1859	**shower** [ʃáuər] シャウア	名 ①にわか雨 ②シャワー ➡□ be caught in a shower にわか雨にあう
1860	**flood** 発 [flʌ́d] ふらッド	名 洪水 動 ①(川のはんらんなどが)を水浸しにする ②(川などが)あふれる ③(人などが)(に)殺到する
1861	**volcano** ア [vɑːlkéɪnou] ヴォるケイノウ	名 火山
1862	**disaster** 発 ア [dɪzǽstər] ディザぁスタ	名 ①災害，惨事 ②失敗作，ひどいもの
1863	**telescope** [téləskòup] テれスコウプ	名 望遠鏡

よい概念を表す語

No.	単語	意味
1864	**advantage** ア [ədvǽntɪdʒ] アドヴぁンティヂ	名 利点，利益(⇔ □ disadvantage 不利，不利益) ➡□ take advantage of ...(機会など)を利用する
1865	**permission** [pərmíʃən] パミッション	名 許可 ➡□ permit 動 を許す，を許可する
1866	**wealth** 発 [wélθ] ウェるす	名 富，財産 ➡□ wealthy 形 裕福な
1867	**treasure** 発 [tréʒər] トレヂャ	名 宝物，貴重品
1868	**pride** [práɪd] プライド	名 誇り，自尊心 ➡□ proud 形 誇りをもっている □ take pride in ... …を誇りにする
1869	**honor** [áːnər] アナ	名 ①名誉 ②賞 ③敬意 注 ((英)) honour 動 の栄誉をたたえる，を尊敬する
1870	**award** [əwɔ́ːrd] アウォード	名 賞 動 (賞など)を贈る

□ Los Angeles has a warm **climate**.	ロサンゼルスは暖かい**気候**だ。
□ **Fog** came in from the river.	**霧**が川の方からたちこめた。
□ I was caught in a **shower**.	私は**にわか雨**にあった。

➕「夕立」も showerだが，その季節や時間帯から summer や evening を付けて表すこともある。

□ The heavy rain caused the **flood**.	大雨が**洪水**を引き起こした。
□ Mount Fuji is a **volcano**.	富士山は**火山**である。
□ The **disaster** affected thousands of people.	**災害**は何千もの人々に影響を与えた。
□ Look at Jupiter through the **telescope**.	**望遠鏡**で木星を見てごらん。

□ The player's **advantage** is his speed.	その選手の**利点**は速さだ。
□ We have official **permission** to enter.	私たちは入場するための公式の**許可**をもっている。
□ The country's **wealth** comes from oil.	その国の**富**は石油によってもたらされている。
□ He knew where the **treasure** was.	彼は**宝**がどこにあるのかを知っていた。
□ I take **pride** in my work.	私は自分の仕事を**誇り**にしている。
□ It's an **honor** to meet you.	あなたにお会いできて**光栄**です。
□ She won an **award** at school.	彼女は学校で**賞**を獲得した。

金銭・会計に関する語

No.	単語	意味
1871	**reward** [rɪwɔ́ːrd] リウォード	名 ほうび，報酬，礼金，お礼 動 に報いる
1872	**cash** [kǽʃ] キぁシュ	名 現金 ➡□ pay in[by] cash 現金で払う
1873	**fare** [féər] ふェア	名 (交通機関の)運賃
1874	**tax** [tǽks] タぁクス	名 税金 動 に税金をかける
1875	**bill** [bíl] ビる	名 ①請求書，勘定書　②紙幣 注((米))　③ビラ ➡□ note 名 紙幣 注((英))
1876	**account** 発 [əkáunt] アカウント	名 ①勘定(書)　②(銀行の)口座　③説明 動《account for ... で》…を説明する ➡□ on account of ... …の理由で
1877	**sum** [sʌ́m] サム	名《the ～で》合計，総計 動《sum up で》を合計する
1878	**income** ア [ínkʌm] インカム	名 収入，所得
1879	**profit** ア [prɑ́ːfət] プラふィト	名 利益 動 利益を得る
1880	**loan** [lóun] ろウン	名 貸し付け，貸し付け金，ローン 動 (物・金を人)に貸す 注((米))
1881	**charge** [tʃɑ́ːrdʒ] チャーヂ	動 ①(料金など)を請求する　②を非難する 名 ①料金，手数料　②非難 ➡□ charge 〈人〉 with ... …のことで〈人〉を非難する
1882	**owe** 発 [óu] オウ	動 ①(金)を借りている　②の恩を受けている ➡□ owe A to B　A は B のおかげである
1883	**afford** ア [əfɔ́ːrd] アふォード	動《can afford (to do) で》(…する)余裕がある，(…することが)できる
1884	**due** 発 [d(j)úː] デュ[ドゥ]ー	形 ①(当然)払われるべき　②支払・提出期限の来た　③(乗り物・人が)到着する予定で

□ He received a reward.	彼はほうびを受け取った。
□ He had 150 dollars in cash.	彼は現金で150ドル持っていた。
□ How much is the fare?	運賃はいくらですか。

✚ bus fare, train fareのように使う。

□ Does the price include tax?	その価格は税金を含んでいますか。
□ I'll send you the bill.	請求書を送ります。
□ Send me the account immediately.	すぐに私に勘定書を送ってください。
□ What's the sum of these numbers?	これらの数字の合計はどれくらいになりますか。
□ Their income is from internet sales.	彼らの収入はネットでの売り上げからのものだ。
□ The company's profits were low.	会社の利益は低かった。
□ I applied for a loan.	私は貸し付けを申し込んだ。
□ The hotel charged 125 dollars.	そのホテルは125ドルを請求した。
□ I owe her 3,000 yen.	私は彼女に3,000円借りている。
□ I can't afford another car.	私にはもう1台車を買う余裕はない。

✚ affordは金銭・時間的余裕があることを指し，通常は疑問文か否定文で用いられる。

□ This bill is due next month.	この請求書は来月支払われるべきである。

戦争・戦いなどに関する語

1885 **challenge** ア
[tʃǽlɪndʒ] チャリンヂ
動 に挑戦する，に挑む
名 挑戦

1886 **warn** 発
[wɔ́ːrn] ウォーン
動 (に)警告する，(に)注意する
➡□ warning 名 警告，警報

1887 **rush**
[rʌ́ʃ] ラシュ
動 ①突進する，を突進させる　②急ぐ，急がせる
名 突進，ラッシュ

1888 **strike**
[stráɪk] ストライク
動 ①(を)打つ，(を)なぐる　②にぶつかる
〈strike-struck-struck〉　名 ①打撃　②ストライキ

1889 **struggle**
[strʌ́gəl] ストラグる
動 もがく，奮闘する
名 もがき，奮闘

1890 **conflict**
[kɑ́ːnflɪkt] カンふリクト
名 ①紛争　②衝突
動 (人・意見などが)衝突する

1891 **nuclear**
[n(j)úːkliər] ニュ[ヌ]ークリア
形 ①原子力の　②(兵器などが)核の

1892 **emergency**
[ɪmə́ːrdʒənsi] イマ〜ヂェンスィ
名 ①緊急時，非常事態　②急患
➡□ emerge 動 現れる

現代社会に関する語

1893 **network** ア
[nétwə̀ːrk] ネットワ〜ク
名 (放送・コンピュータの)ネットワーク，放送網

1894 **digital**
[dídʒətəl] ディヂィトる
形 デジタル(方式)の

1895 **device**
[dɪváɪs] ディヴァイス
名 ①機器，装置　②手段，工夫

1896 **ecology**
[ɪkɑ́ːlədʒi] イカろヂ
名 生態(学)，エコロジー，自然環境
➡□ ecology movement 環境保護運動

1897 **alternative**
[ɔːltə́ːrnətɪv] オーるタ〜ナティヴ
形 代替の，代わりの
名 選択肢，代案

1898 **gender**
[dʒéndər] ヂェンダ
名 (社会的・文化的役割としての)性(別)，ジェンダー

□ He challenged me to prove it. 彼はそれを証明しろと私に挑戦してきた。

□ I warned you that it's dangerous. 私はあなたにそれは危険だと警告しました。

□ People rushed to see the parade. 人々はそのパレードを見ようとして突進した。

□ Strike while the iron is hot. 鉄は熱いうちに打て。

上の文は「手遅れになる前にやっておけ」「チャンスは逃すな」という意味のことわざ。

□ The thief struggled to escape. そのどろぼうは逃げようとしてもがいた。

□ The two countries entered the conflict. その両国は紛争に突入した。

□ That country uses nuclear power. その国は原子力発電を利用している。

□ Call in case of an emergency. 緊急時の場合，呼んでください。

□ They're all part of a network. それらはみなネットワークの一部だ。

□ I want a new digital camera. 私は新しいデジタルカメラがほしい。

□ Turn off all electronic devices. すべての電子機器の電源を切りなさい。

□ She studied ecology in college. 彼女は大学で生態学を勉強した。

□ We have alternative energy sources. 我々には代替エネルギー源がある。

□ They talked about gender in class. 彼らは授業で性別について話した。

旅行・観光に関する語

1899 **destination** [dèstənéɪʃən] デスティネイション
名 目的地，行き先
➡□ destiny 名 運命

1900 **via** [váɪə, víə] ヴァイア, ヴィア
前…経由で

1901 **portable** [pɔ́:rtəbəl] ポータブる
形 持ち運び可能な，携帯用の

1902 **convey** ア [kənvéɪ] コンヴェイ
動 ①を輸送する ②(思想・意味など)を伝える
➡□ conveyer 名 コンベヤー，運搬装置

1903 **priority** [praɪɔ́:rɪti] プライオーリティ
名 優先(権)，《形容詞的に》優先的な
➡□ prior 形 優先する，前の(≒ □ previous)

1904 **lane** [léɪn] れイン
名 ①車線 ②小道 ③航路

1905 **crew** [krú:] クルー
名《集合的に》乗組員，乗務員

1906 **declare** [dɪkléər] ディクれア
動 ①を申告する ②を宣言する，と断言する
➡□ declaration 名 宣言

1907 **wander** 発 [wá:ndər] ワンダ
動 歩き回る，さまよう，放浪する

1908 **hop** [há:p] ハップ
動 ①跳び回る，ぴょんと跳ぶ，をとび越える ②短い旅をする

1909 **encounter** [ɪnkáuntər] インカウンタ
動 (思いがけず)と出会う，と遭遇する
名 出会い，遭遇

1910 **historical** [hɪstɔ́(:)rɪkəl] ヒスト(ー)リクる
形 歴史に関する，歴史学的な，歴史上の
➡□ historical research 歴史に関する調査

1911 **heritage** [hérətɪdʒ] へリティヂ
名 遺産，継承物
➡□ World Heritage 世界遺産

1912 **legend** ア [lédʒənd] れぢェンド
名 伝説，言い伝え
➡□ legendary 形 伝説上の

□ San Francisco is our final destination.	サンフランシスコが我々の最終目的地だ。
□ She flew to London via Frankfurt.	彼女はフランクフルト経由でロンドンに飛んだ。
□ A mikoshi is a portable shrine.	おみこしは持ち運び可能な神社である。
□ Buses convey passengers to the airport.	バスが乗客を空港へと運ぶ。
□ Eating good food is a priority.	きちんとした食事をすることが優先事項だ。
□ He drove in the slow lane.	彼は低速車線で運転した。
□ She was a crew member.	彼女は乗組員の１人だった。
□ Do you have anything to declare?	何か申告すべきものを持っていますか。

➕「緊急事態宣言」を英語で言うと，declaration of a state of emergency である。

□ We wandered in the shopping mall.	私たちはショッピングモールの中を歩き回った。
□ The children were hopping.	子どもたちは跳び回っていた。
□ I encountered interesting people while traveling.	私は旅行中におもしろい人たちと出会った。
□ This is a historical building.	これは歴史的な建物だ。
□ Language is our heritage.	言語は我々の遺産だ。
□ There are many legends in Hawaii.	ハワイには数多くの伝説がある。

身につけておきたい熟語⑮ out / at / in を含む熟語

1913	out of date	時代遅れの (⇔ □ up to date 最新の，最新式の)
1914	out of order	故障して
1915	at work	仕事中で
1916	at a loss	途方にくれて，困って
1917	in a hurry	急いで，あわてて
1918	in public	①人前で　②公然と (⇔ □ in private こっそりと，非公式に)
1919	in common (with ...)	(…と)共通に，同様に ➡□ have a lot / nothing in common (with ...) (…と) 共通点が多い／ない
1920	in contrast (to ...)	(…と)対照的に
1921	in place of ...	…の代わりに
1922	in turn	順番に，入れかわりに

不定詞を含む熟語

1923	happen to do	たまたま～する (= □ It (so) happens that ...)
1924	to tell (you) the truth	実を言うと
1925	so to speak	いわば
1926	needless to say	言うまでもなく

□ My computer is out of date.	私のコンピュータは時代遅れだ。
□ This elevator is out of order.	このエレベーターは故障している。
□ She is at work now.	彼女は今，仕事中だ。
□ I'm at a loss for words.	私は何と言えばいいのか途方にくれている。
□ Sorry, I'm in a hurry.	すみませんが，急いでいます。
□ He's good at speaking in public.	彼は人前で話をするのが得意だ。
□ I have nothing in common with her.	私は彼女と共通点が何もない。
□ He is, in contrast, very active.	対照的に，彼はとても活動的だ。
□ Use honey in place of sugar.	砂糖の代わりにはちみつを使いなさい。
□ Each student talked in turn.	それぞれの生徒が順番に発言した。

□ I happened to see Jim.	私はたまたまジムに会った。
□ To tell the truth, it's impossible.	実を言うと，それは無理なんだ。
□ It is, so to speak, a mystery.	それは，いわば 1 つの謎だ。
□ Needless to say, you're right.	言うまでもなく，あなたは正しい。

身につけておきたい熟語⑯判断・意図・限定などを表す熟語

1927	at (the) least	少なくとも
1928	more or less	多かれ少なかれ
1929	as a (general) rule	一般に，ふつうは，概して（＝□ usually）
1930	after all	①《通常は文末で》結局 ②《文頭で》やはり，何といっても
1931	in other words	言い換えれば ➡□ in a word ひとことで言えば
1932	on the other hand	他方では，これに対して ➡□ on (the) one hand 一方では
1933	as a matter of fact	実のところ，実際は ➡□ as a matter of course 当然，もちろん
1934	in a way	ある意味・点では（＝□ in a sense）
1935	in one's opinion	…の意見では
1936	by oneself	①ひとりで（＝□ alone） ②独力で
1937	for oneself	①（自分のためになるよう）独力で ②自分のために
1938	on one's own	ひとりで，独力で
1939	on purpose	わざと，故意に （⇔□ by chance 偶然に）
1940	on earth	《疑問詞のあとで》いったい全体

□ I've visited Kyoto at least twice. 私は少なくとも2回は京都を訪れたことがある。

□ They were more or less surprised. 彼らは多かれ少なかれ驚いた。

□ As a rule, it is hottest in August. 一般に，8月が一番暑い。

□ They couldn't find it after all. 彼らは結局，それを見つけられなかった。

□ In other words, it's the best. 言い換えれば，それが最善だ。

□ Paris is beautiful. On the other hand, it's expensive. パリは美しい。他方では，物価が高い。

➕ on (the) one hand は普通on the other hand と対で使われ，on the other ... は単独で使われることも多い。

□ As a matter of fact, I'm bored. 実のところ，私は退屈している。

□ In a way, it is true. ある意味では，それは本当です。

□ In my opinion, you shouldn't go. 私の意見では，君は行くべきでない。

□ I can do it by myself. 私はひとりでそれができます。

□ Go and see for yourself. 自分で行って見てごらん。

➕ by oneself と for oneself の両方に共通する意味は「独力で，他人の助けを借りないで」。

□ He likes working on his own. 彼はひとりで働くことが好きだ。

➕ on one's own は特に会話ではよく使われる。

□ I came late on purpose. 私はわざと遅く来た。

□ Where on earth were you? いったい全体どこにいたの。

身につけておきたい熟語⑰動名詞を含む熟語

1941	**look forward to -ing**	…するのを楽しみに待つ・楽しみにする
1942	**feel like -ing**	…したい気分だ，…**したいと思う**
1943	**cannot help -ing**	…せずにはいられない (= □ cannot help but do)

論理を表す群前置詞

1944	**because of ...**	…のために，…**のせいで** (= □ owing to ...)
1945	**thanks to ...**	…のおかげで，…**のせいで** (=□ owing to ...)
1946	**due to ...**	…のために，…**の原因で** (=□ owing to ...)
1947	**according to ...**	①…によると ②…**に従って**，…**に応じて**
1948	**in[with] relation to ...**	…に関して (= □ about ...)
1949	**in addition to ...**	…に加えて，…**のほかに** ➡□ addition 名 追加，足し算 □ in addition さらに，そのうえ
1950	**instead of ...**	①…の代わりに ②…**しないで**
1951	**in spite of ...**	…にもかかわらず (= □ despite ...)
1952	**except for ...**	…を除いては，…**以外の点では**
1953	**but for ...**	**《仮定法のみで用いて》**もし…がなければ (= □ without ...)
1954	**along with ...**	…といっしょに，…**のほかに**

□ I'm looking forward to seeing you.	あなたにお会いするのを楽しみにしています。
□ I feel like staying at home.	私は家にいたい気分だ。
□ We could not help laughing.	私たちは笑わずにはいられなかった。

□ We stayed home because of the rain.	私たちは雨のために家にとどまった。
□ Thanks to you, I passed the test.	あなたのおかげで，私は試験に合格しました。
□ They were late due to traffic.	交通渋滞のために彼らは遅れた。
□ According to her, they got married.	彼女によると，彼らは結婚した。

according to the newspaper「新聞によると」, according to the weather forecast「天気予報によると」。

□ They work in relation to the weather.	彼らは天気に関する仕事をしている。
□ I use jam in addition to butter.	私はバターに加えてジャムも使う。
□ I'll go there instead of you.	私が君の代わりにそこに行くよ。

②の例：Why don't you study instead of listening to music?（音楽を聞いていないで勉強したらどう?）

□ We went swimming in spite of the cold.	私たちは寒さにもかかわらず泳ぎにいった。
□ I like seafood, except for shrimp.	私はシーフードが好きだ，エビを除いては。
□ But for him, we would fail.	彼がいなければ，我々は失敗するだろう。
□ Along with apples, she bought strawberries.	リンゴといっしょに，彼女はイチゴも買った。

Level 1 Level 2 Level 3 Level 4 Level 5 Level 6

身につけておきたい熟語⑱期間を表す熟語

1955	**for a moment**	ちょっとのあいだ (= □ for a minute / for a second)
1956	**for a while**	しばらくのあいだ
1957	**for a long time**	長いあいだ
1958	**all day (long)**	一日中 ➡□ all night (long) 一晩中
1959	**all the way**	①(途中)ずっと　②はるばる ➡□ all the way from ... …からはるばる
1960	**as soon as ...**	…するとすぐに (= □ the moment[instant] ...)

接続詞句

1961	**as far as ...**	《範囲・程度》…する限り(では) ➡□ as far as I know 私の知る限り □ as far as I'm concerned 私に関する限り
1962	**as long as ...**	①《時間》…しているあいだは ②《条件》…しさえすれば，…する限りは
1963	**by the time ...**	…する時までに
1964	**as if[though] ...**	まるで…であるかのように
1965	**even if ...**	たとえ…でも
1966	**in case ...**	①…の場合は 注((米))　②…するといけないから，…の場合に備えて 注((英))
1967	**so that ... may[can, will] ～**	…が～する[できる]ように，…が～するために ➡□ so ... that ～ とても…なので～
1968	**not only A but (also) B**	A だけでなく B も (= □ B as well as A)

□ She waited for a moment.	彼女はちょっとのあいだ待った。
□ You should rest for a while.	あなたはしばらくのあいだ休むべきだ。
□ He talked for a long time.	彼は長いあいだ話をした。
□ I've been working all day long.	私は一日中働きどおしだ。
□ She drove all the way here.	彼女はここまでずっと運転してきた。
□ He smiled as soon as she entered.	彼は彼女が入ってくるとすぐにほほ笑んだ。

□ As far as I know, he is not married.	私が知る限り，彼は結婚していない。
□ You can stay as long as you like.	好きなだけずっと滞在していいですよ。
□ Get dressed by the time she comes.	彼女が来るまでにきちんとした服に着替えなさい。
□ He looks as if he just woke up.	彼はまるでたった今目覚めたかのように見える。
□ We'll go even if it rains.	たとえ雨が降っても私たちは行く。
□ Please remind me in case I should forget.	私が忘れてしまった場合は思い出させてください。
□ Open the window so that our cat can enter.	ネコが入れるように窓を開けてください。
□ Not only Mike but (also) Ann came.	マイクだけでなくアンも来た。

Level 6 ～入試英文から～ (196 words)

The high-tech world in which we live is rapidly becoming busier, more ①**efficient** 1638, and more ②**complex** 1691. ③**Due to** 1946 the ④**rapid** 1690 ⑤**advance** 1395 of information technology, we have grown accustomed to a worldwide ⑥**flow** 1437 of information taking place in real-time. An increasing number of text messages, for instance, are sent and received every day, and ⑦**global** 1372 computer networks allow data to be accessed by millions of people around the world.

It is difficult to ⑧**imagine** 618 a world without modern communications technology. As this becomes more widely available, more people come to realize that it can be applied in many ways. ⑨**In other words** 1931, access to information ⑩**increases** 667 its use, which in turn ⑪**creates** 962 fresh needs and ⑫**demands** 1792 for information.

People may feel that ⑬**success** 1029 today depends heavily on their ⑭**ability** 1206 to access information quickly and easily. They may ⑮**fear** 820 that being ⑯**unable** 829 to do so will put them at a disadvantage. What we have to bear in mind, though, is that collecting and storing information is not the same as acquiring ⑰**knowledge** 799, understanding, or wisdom. The ⑱**challenge** 1885 we face now is how to put the information to the best possible use for the ⑲**benefit** 1387 of everyone in ⑳**society** 676.

>>> 赤字の語句の意味を確認しよう

私たちの生きているハイテク世界は急速に，より多忙に，より①能率的に，そしてより②複雑になってきている。情報技術の④急速な⑤進歩③のために，リアルタイムで起こる世界規模の情報の⑥流れに私たちは慣れてきた。たとえば，ますます多くのメッセージが毎日送受信され，⑦世界的なコンピュータ・ネットワークによって，データが世界中の何百万もの人々にアクセスされることができる。

現代の情報伝達技術がない世界を⑧想像することは難しい。これがより広く利用できるようになるにつれて，より多くの人々が，多くの方面にそれを応用できることに気づくようになる。⑨言い換えれば，情報へのアクセスがその使い道を⑩増やし，今度は情報に対する新たな必要性や⑫需要を⑪創造するのである。

今日(こんにち)における⑬成功は，情報にすばやく容易にアクセスする⑭能力に負うところが大きい，と人々は感じるかもしれない。そうすることが⑯できないと自分たちが不利な立場に追いやられる，と⑮恐れるかもしれない。けれども，私たちが心の中に留めておかなければならないのは，情報を集め保存することが，⑰知識や理解や知恵を身につけることと同じではないということだ。今日，私たちが直面する⑱挑戦は，⑳社会のすべての人の⑲利益のために情報をどのようにして最大限に利用するかということなのである。

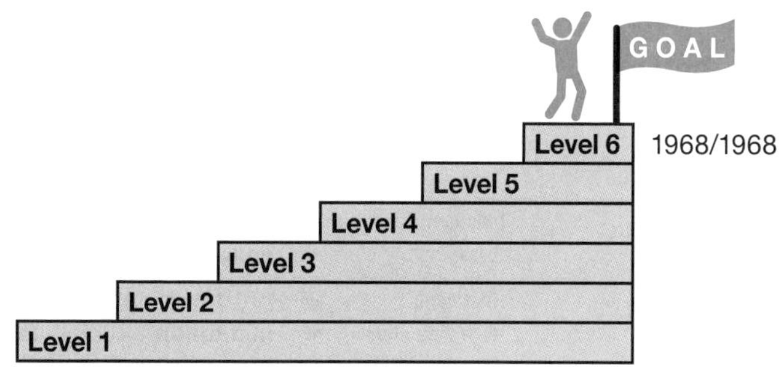

 音声はここから ▶ 
No.001～013

◆ 科学・技術に関する語

No.	語	発音	意味
001 □	**code**	[kóud] **コ**ウド	名 ①コード，記号，暗号　②法，おきて ➡□ **dress code** 服装の規定
002 □	**utility**	[juːtíləti] ユー**ティ**リティ	名 ①有用(性)，実用(性)　②役に立つもの　③公共料金，(電気・水道などの)公益サービス
003 □	**remote**	[rɪmóut] リ**モ**ウト	形 ①人里離れた　②遠く離れた
004 □	**facility**	[fəsíləti] ふァ**シ**リティ	名 ①施設　②《(複) **facilities** で》設備
005 □	**satellite**	[sǽtəlàɪt] **サぁ**トらイト	名 (人工)衛星
006 □	**element**	[éləmənt] **エ**れメント	名 ①元素　②要素，要因 ➡□ **elementary** 形 基礎的な，初歩の
007 □	**assume**	[əs(j)úːm] ア**ス**(ュ)ーム	動 と想定する，と仮定する ➡□ **assumption** 名 仮定，想定
008 □	**forecast**	[fɔ́ːrkæ̀st] **ふォ**ーキぁスト	名 予想，予測 動 を予想する，を予測する
009 □	**psychology**	[saɪkɑ́ːlədʒi] サイ**カ**ーれヂ	名 心理学，心理(状態) ➡□ **psychologist** 名 心理学者
010 □	**breakthrough**	[bréɪkθrùː] **ブ**レイクすルー	名 ①(科学技術などの)大発見　②(交渉などの)進展
011 □	**pioneer**	[pàɪəníər] パイア**ニ**ア	名 開拓者，先駆者
012 □	**innovation**	[ɪ̀nəvéɪʃən] イナ**ヴェ**イション	名 ①(技術)革新，刷新　②新機軸，新考案 ➡□ **innovate** 動 (を)革新する
013 □	**substance**	[sʌ́bstəns] **サ**ブストンス	名 ①物質，実質　②(ばくぜんと)もの ➡□ **substantial** 形 実質的な，かなりの

音声はここから ▶
No.014～025

◆ 教育・学問に関する語

No.	語	発音	意味
014 □	**academic**	[æ̀kədémɪk] あカ**デ**ミック	形 ①学業の，教育の　②学問の ➡□ **academy** 名 学校，学士院
015 □	**institute**	[ínstət(j)ùːt] **イ**ンステテュ[トゥ]ート	動 を設立する，を制定する　名 学会，研究所 ➡□ **institution** 名 ①施設，機関，学会，協会　②慣習，制度

No.	単語	発音	意味
016 □	**document**	[dá:kjəmənt] ダキュメント	名 文書，書類
017 □	**summary**	[sʌ́məri] サマリ	名 要約 ➡□ **summarize** 動 を要約する
018 □	**submit**	[səbmít] サブミット	動 を提出する ➡□ **submission** 名 提出
019 □	**outline**	[áʊtlàɪn] アウトらイン	名 概要，輪郭，下書き
020 □	**draft**	[dræft] ドラぁふト	名 草案，草稿，下書き 動 起草する
021 □	**solution**	[səlú:ʃən] サるーション	名 ①解決策，解決法　②解答，正答 ➡□ **solve** 動 を解決する
022 □	**detail**	[dí:teɪl] ディーテイる	名 ①細部　②詳細 ➡□ **in detail** 詳しく 動 を列挙する，を詳しく述べる
023 □	**category**	[kǽtəgɔ̀:ri] キぁテゴーリ	名 ①範ちゅう，カテゴリー ②部門，分類
024 □	**domain**	[doʊméɪn] ドウメイン	名 ①領域　②領土 ③《コンピュータ用語で》ドメイン
025 □	**intelligent**	[ɪntélɪdʒənt] インテりヂェント	形 頭のよい，知能の高い，知的な ➡□ **intelligence** 名 ①知能　②情報(機関)

◆ 文化・芸術に関する語

音声はここから▶ No.026～034

No.	単語	発音	意味
026 □	**firework**	[fáɪərwə̀:rk] ふァイアワ～ク	名《(複)で》花火
027 □	**portrait**	[pɔ́:rtrət] ポートレット	名 (特に顔の)肖像(画) ➡□ **portray** 動 ①を描写する ②(絵画で)を表現する
028 □	**calligraphy**	[kəlígrəfi] カりグラふィ	名 書道
029 □	**sculpture**	[skʌ́lptʃər] スカるプチャ	名 彫刻(作品)，彫像
030 □	**contemporary**	[kəntémpərèri] コンテムパラリ	形 ①現代の　②同時代の　名 同時代の人 ➡□ **temporary** 一時的な，間に合わせの
031 □	**compose**	[kəmpóuz] カムポウズ	動 ①を構成する　②(を)作曲する ➡□ **be composed of ...** …で構成されている　□ **composition** 名 構成，作品，作文

No.	単語	発音	意味
032 □	**contrast**	[kəntrǽst] カントラぁスト	動 を対比する 名 対比，対照 ➡□ **in contrast (to[with] ...)** (…と)対照的に
033 □	**worldwide**	[wə̀ːrldwáɪd] ワ～るドワイド	形 世界的な 副 世界的に，世界中で
034 □	**framework**	[fréɪmwə̀ːrk] ふレイムワ～ク	名 ①(建築などの)骨組み，枠組み ②(社会の)構造 ➡□ **frame** 名 ①骨組み ②(窓などの)枠

音声はここから▶ No.035～046

◆ 言語・コミュニケーションに関する語

No.	単語	発音	意味
035 □	**literacy**	[lítərəsi] りトラスィ	名 読み書きの能力 ➡□ **literate** 形(人が)読み書きができる
036 □	**accurate**	[ǽkjərət] あキュレト	形 正確な，事実に基づいた (⇔ □ **inaccurate** 不正確な)
037 □	**fluent**	[flúːənt] ふるーエント	形 ①流ちょうに(ぺらぺら)話す ②流ちょうな，ぺらぺらな ➡□ **fluently** 副 流ちょうに
038 □	**dialogue**	[dáɪəlɔ̀(ː)g] ダイアろ(ー)グ	名 ①対話，ダイアログ ②(映画などの)会話(部分)《米》**dialog**
039 □	**interact**	[ìntərǽkt] インタラぁクト	動 交流する，コミュニケーションを取る ➡□ **interaction** 名 交流 □ **interactive** 形 双方向の，インタラクティブな
040 □	**bilingual**	[baɪlíŋgwəl] バイりングウる	形 2 言語を使用する，2 か国語を話せる ➡□ **monolingual** 形 単一言語の
041 □	**journal**	[dʒə́ːrnəl] ヂァ～ヌる	名 (専門の)雑誌，定期刊行物 ➡□ **journalist** 名 ジャーナリスト
042 □	**article**	[áːrtɪkəl] あーティクる	名 記事，論説
043 □	**comment**	[káːment] カーメント	名 ①コメント，意見 ②論議，論評 動 意見を述べる，コメントする
044 □	**flexible**	[fléksəbəl] ふれクシブる	形 柔軟な，曲げやすい ➡□ **flexibility** 名 柔軟性
045 □	**imply**	[ɪmpláɪ] イムプらイ	動 を示唆する，をほのめかす ➡□ **implication** 名 示唆，《通常(複)で》影響

046 □	**superstition**	[sùːpərstíʃən] スーパス**ティ**ション	名 迷信

◆ 社会・福祉に関する語

音声はここから▶ No.047～060

047 □	**diversity**	[dəvə́ːrsɪti] ディ**ヴァ**～シティ	名 多様性
048 □	**task**	[tǽsk] **タぁ**スク	名 課題，任務，タスク
049 □	**overseas**	[óuvərsíːz] **オ**ウヴァ**シ**ーズ [òuvərsíːz] オウヴァ**シ**ーズ	副 海外に(へ) 形 海外にある，海外の
050 □	**ethnic**	[éθnɪk] **エ**すニック	形 民族の，民族的な
051 □	**impact**	[ímpækt] **イ**ムパぁクト	名 ①強い影響(力)，インパクト ②衝撃
052 □	**target**	[táːrgət] **タ**ーゲット	名 ①達成目標，ターゲット ②標的 動 を目標に定める
053 □	**outcome**	[áutkʌ̀m] **ア**ウトカム	名 結果，(具体的な)成果
054 □	**potential**	[pəténʃəl] パ**テ**ンシャる	形 潜在的な(= □ possible) 名 ①可能性 ②潜在能力
055 □	**formal**	[fɔ́ːrməl] **ふぉ**ームる	形 ①正式の，公式の ②フォーマルな，改まった(⇔ □ informal 非公式の)
056 □	**reception**	[rɪsépʃən] リ**セ**プション	名 ①歓迎(会)，宴会 ②(会社などの)受付
057 □	**bias**	[báɪəs] **バ**イアス	名 先入観，偏見，傾向 ➡□ bias against ... …に対する偏見
058 □	**discrimination**	[dɪskrɪ̀mənéɪʃən] ディスクリミ**ネ**イション	名 差別 ➡□ racial discrimination 人種差別
059 □	**sanitation**	[sæ̀nɪtéɪʃən] サぁニ**テ**イション	名 公衆衛生，下水設備 ➡□ sanitary 形 (公衆)衛生の，衛生的な
060 □	**hygiene**	[háɪdʒiːn] **ハ**イヂィーン	名 清潔，衛生

◆ 法・政治に関する語

音声はここから▶ No.061～074

061 □	**prison**	[prízən] プ**リ**ズン	名 ①刑務所 ②拘置 ➡□ prisoner 名 囚人

No.	単語	発音	意味
062 □	**release**	[rɪlíːs] リリース	動 ①を開放する，を釈放する ②を公表する，を公開する 名 ①解放 ②公表
063 □	**ensure**	[ɪnʃʊ́ər] インシュア	動 を保証する，を確保する
064 □	**guarantee**	[gèrəntíː] ゲルンティー	動 を保証する，を約束する 名 保証，保証書
065 □	**convention**	[kənvénʃən] カンヴェンション	名 ①協定，合意，社会のしきたり，因習 ②(政治や宗教の)代表者会議，大会，総会
066 □	**federation**	[fèdəréɪʃən] ふェデレイション	名 ①同盟，連合 ②連邦政府
067 □	**summit**	[sʌ́mɪt] サミット	名 ①首脳会議 ②頂上，頂点
068 □	**legal**	[líːgəl] リーグる	形 ①合法的な(⇔ □ **illegal** 違法な) ②法律上の ➡□ **legal matter** 法律問題
069 □	**administration**	[ədmìnəstréɪʃən] アドミニストレイション	名 ①政権，政府 ②管理，運営
070 □	**candidate**	[kǽndədèɪt] キャンディデイト	名 ①候補者 ②志願者，受験者 ➡□ **applicant** 名 出願者，応募者
071 □	**procedure**	[prəsíːdʒər] プロシーヂア	名 手続き，手順
072 □	**versus**	[vəːrsəs] ヴァーサス	前 ①(訴訟・試合などで)～対… ②～に対して
073 □	**issue**	[íʃuː] イシュー	名 ①(社会的・政治的な)問題(点)，争点 ②(雑誌などの)～号
074 □	**suspect**	[səspékt] サスペクト [sʌ́spekt] サスペクト	動 ①を疑う ②に感づく 名 容疑者 ➡□ **suspicion** 名 疑惑 □ **suspicious** 形 疑わしい

音声はここから▶ No.075～087

◆経済活動に関する語

No.	単語	発音	意味
075 □	**purchase**	[pəːrtʃəs] パ～チェス	名 購入，買い入れ 動 を購入する(＝ □ **buy**)
076 □	**launch**	[lɔ́ːntʃ] ろーンチ	動 ①(新製品など)を発売する，(事業など)を起こす ②(人工衛星など)を発射する 名 ①(新製品などの)発売 ②(人工衛星などの)発射

No.	単語	発音	意味
077 □	**expand**	[ɪkspǽnd] イクスパぁンド	動 (事業などが)拡大する，発展する，を拡大させる ➡□ **expansion** 名(事業などの)拡大，発展
078 □	**property**	[prάːpərti] プラパティ	名 ①財産，所有物　②不動産　③《通常(複)で》特性 ➡□ **private property** 私有財産，私有地
079 □	**financial**	[fənǽnʃəl] ふィナぁンシャる	形 財政上の　➡□ **financially** 副 財政的に □ **finance** 名 ①財政　②《(複)で》財源
080 □	**fund**	[fʌ́nd] ふァンド	名 ①基金，資金　②(知識などの)蓄え　③《(複)で》財源
081 □	**budget**	[bʌ́dʒət] バヂェット	名 予算，経費 動 予算を立てる
082 □	**debt**	[dét] デット	名 ①借金，負債　②恩義 ➡□ **be in debt** 借金がある
083 □	**calculate**	[kǽlkjəlèɪt] キぁるキュれイト	動 (を)計算する，を見積もる ➡□ **calculation** 名 計算，見積もり
084 □	**stock**	[stάːk] スタック	名 ①在庫(品)，貯蔵品，蓄え　②株(式) 動 (店に品物)を置く，を仕入れる
085 □	**register**	[rédʒɪstər] レヂスタ	動 (を)登録する ➡□ **registration** 名 登録，登録証明書
086 □	**decline**	[dɪkláɪn] ディクらイん	動 ①低下する　②(申し出・誘いなど)を断る 名 低下，衰え，減少
087 □	**renew**	[rɪn(j)úː] リニュー	動 ①更新する　②再び新しくする　③復活させる ➡□ **renewable** 形 再生可能な

音声はここから▶ No.088〜100

◆ 生活・人生に関する語

No.	単語	発音	意味
088 □	**resident**	[rézədənt] レズドント	名 住民，居住者 ➡□ **residence** 名 住宅
089 □	**apart**	[əpάːrt] アパ〜ト	副 ①(距離的に)離れて　②(時間的に)〜違いで ➡□ **apart from ...** ①…を除いては(＝□ **except**)　②…と離れて
090 □	**household**	[háʊshòʊld] ハウスホウるド	名 家族，世帯

Level 1　Level 2　Level 3　Level 4　Level 5　Level 6

091 □	**minimum**	[mínɪməm] ミニマム	形 最小限の，最低限の 名 最低限，最小限(⇔ □ **maximum**)
092 □	**routine**	[ruːtíːn] ルーティーン	名 (日常の)決まりきった仕事，習慣的手順 ➡□ **daily routine** 日課
093 □	**arise**	[əráɪz] アライズ	動 (問題などが)生まれる，発生する，起こる〈**arise-arose-arisen**〉
094 □	**bury**	[béri] ベリ	動 を埋葬する，を埋める，を隠す ➡□ **burial** 名 埋葬
095 □	**life cycle**	[láɪf sàɪkəl] らイふ サイクる	ライフサイクル，生活周期
096 □	**obstacle**	[ɑ́ːbstəkəl] アーブスタクる	名 障害(物)
097 □	**barrier**	[bérɪər] ベリア	名 障壁，障害・妨げとなるもの
098 □	**crisis**	[kráɪsɪs] クライシス	名 危機，重大局面 (複) **crises** ➡□ **critical** 形 危機的な，批判的な，重要な
099 □	**urban**	[ə́ːrbən] ア～ブン	形 都市の，都会の(⇔ □ **rural** いなかの) ➡□ **urbane** 形 洗練された □ **urbanization** 名 都市化
100 □	**tension**	[ténʃən] テンション	名 ①緊張(状態) ②張力

音声はここから▶ No.101～108

◆ 自然・環境に関する語

101 □	**mammal**	[mǽməl] マぁムる	名 ほ乳動物，ほ乳類
102 □	**geographic**	[dʒìːəgrǽfɪk] ヂーオグラぁふィック	形 地理(学)上の ➡□ **geography** 名 地理(学)，地勢，地形
103 □	**moisture**	[mɔ́ɪstʃər] モイスチア	名 湿気，水分
104 □	**peak**	[píːk] ピーク	名 ①山頂，峰 ②頂点，絶頂 ③最盛期，ピーク
105 □	**emission**	[ɪmíʃən] イミッション	名 排出，放出 ➡□ **emit** 動 を排出する，を放出する
106 □	**ecosystem**	[ékoʊsìstəm] エコウシステム	名 生態系

No.	単語	発音	意味
107 □	**eco-friendly**	[èkou fréndli] エコウ ふレンドり	形 環境にやさしい，生態系にやさしい
108 □	**extinct**	[ɪkstíŋkt] イクスティンクト	形 絶滅した，消滅した ➡□ **extinction** 名 絶滅，消滅

🎧 音声はここから ▶ No.109〜120

◆ その他

No.	単語	発音	意味
109 □	**shift**	[ʃíft] シふト	動 ①少し動く，を少し動かす ②移る，を移す 名 ①転換 ②勤務時間
110 □	**transform**	[trænsfɔ́ːrm] トラぁンスふォーム	動 を変形させる，を一変させる ➡□ **transformation** 名 変ぼう
111 □	**gap**	[gǽp] ギぁップ	名 ①すき間，隔たり ②(意見の)相違
112 □	**frighten**	[fráɪtən] ふライトン	動 を怖がらせる，をおどかす ➡□ **be frightened of ...** …を怖がる
113 □	**incredible**	[ɪnkrédəbəl] インクレダブる	形 信じられない(ほどすごい)
114 □	**appropriate**	[əpróupriət] アプロウプリエト	形 適切な，妥当な，ふさわしい ➡□ **appropriately** 副 ふさわしく，適切に
115 □	**precise**	[prɪsáɪs] プリサイス	形 ①正確な，精密な ②まさにその ➡□ **precision** 名 精密，精度
116 □	**regardless**	[rɪgáːrdlɪs] リガードリス	副 それでも ➡□ **regardless of ...** …に関係なく
117 □	**range**	[réɪndʒ] レインヂ	名 ①範囲 ②山脈 ③列 動 ①を並べる ②及ぶ
118 □	**approximately**	[əpráːksəmətli] アプラークスメトり	副 およそ，約
119 □	**nevertheless**	[nèvərðəlés] ネヴァざれス	副 それにもかかわらず (= □ **nonetheless**)
120 □	**otherwise**	[ʌ́ðərwàɪz] アざワイズ	副 ①別の方法で ②さもなければ，もしそうでなければ ③そのほかの点では

共通テスト対策② リスニング— 覚えておきたい表現 120 —

※ ▶ の例文は無料学習アプリ「きりはらの森」の解説ムービー（オリジナル動画）対応です ▶ 

001 □	You must not sleep in class.	授業中寝てはいけない。
002 □	I go to school five days a week.	私は週に 5 日学校に行きます。
003 □	I want to be an Olympic athlete in the future.	将来はオリンピック選手になりたい。
004 □	Here's your change.	おつりをどうぞ。
005 □	I played the electric guitar at the school festival.	文化祭でエレキギターを演奏した。
006 □	My brother works for a bank.	私の兄は銀行に勤めています。
007 □	His new book is more interesting than I thought.	彼の新しい本は思っていたよりおもしろい。
008 □	I will be more careful from now on.	これからはもっと気をつけます。
009 □	Let's see ... I'll have an avocado burger.	ええと…ぼくはアボカドバーガーにするよ。
010 □	This flower looks like a butterfly.	この花はチョウのように見える。
011 □	Watch your step.	足元に気をつけて。
012 □	The trouble is that my smartphone doesn't work.	困ったことにスマートフォンが動かない。
013 □	We often talk on the phone at night.	私たちはよく夜に電話で話をします。
014 □	You will like it for sure.	きっとそれを気に入りますよ。
015 □	Don't stay up late.	夜更かしをするな。
016 □	Can I leave a message?	伝言をお願いできますか。
017 □	Hurry up, and you'll catch the last train.	急げば最終電車に間に合うよ。

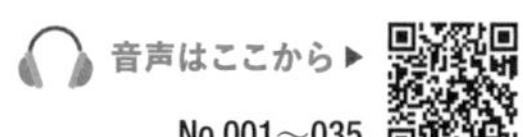

018 □	I'm leaving for Osaka next week.	私は来週，大阪に出発します。
019 □	Halloween is at the end of October.	ハロウィーンは 10 月の終わりにある。
020 □	We have to change trains at Sendai Station.	私たちは仙台駅で電車を乗り換えなくてはならない。
021 □	What does it mean?	それはどういう意味ですか。
022 □	She is known to people around the world.	彼女は世界中の人々に知られています。
023 □	I'm sorry. Can you ask someone else?	すみません。だれかほかの人に頼んでもらえますか。
024 □	Sorry, something came up.	ごめん，急用ができたんだ。
025 □	Oh, no! All the box lunches are sold out ...	ああ！お弁当がすべて売り切れている…
026 □	Hokkaido is in the north of Japan. Hokkaido is to the north of Honshu.	北海道は日本の北部にある。 北海道は本州の北（の方向）にある。
027 □	I think you have the wrong number.	間違い電話だと思いますよ。
028 □	What's the matter with you?	どうしたの？
029 □	I wash our clothes every other day.	私は 1 日おきに洗濯をします。
030 □	That's kind of you.	ご親切にありがとう。
031 □	She won the gold medal in the school marathon (race).	彼女は学校のマラソン大会で金メダルを取った。
032 □	Oh, I missed the bus.	ああ，バスに乗り遅れた。
033 □	Before I get a job, I want to travel to India.	就職する前に，インド旅行がしたい。
034 □	If you buy one, you can get another one for free.	1 つ買えば，もう 1 つ無料でもらえます。
035 □	On my way to the station, I saw a traffic accident.	駅に向かう途中，私は交通事故を見た。

036 □	I went on a school trip to Okinawa by air.	私は飛行機で沖縄へ修学旅行に行った。
037 □	Guess what, Ken? I bought a new guitar!	ねえ，聞いてよ，ケン。新しいギターを買ったんだ！
038 □	I'll be back in an hour.	私は 1 時間後に戻ります。
039 □	Go down this street and you'll find the post office.	この通りをまっすぐ行けば，郵便局が見つかりますよ。
040 □	I want to study abroad after high school.	私は高校卒業後に留学したい。
041 □	Please leave me alone.	どうか，ひとりにしておいて。
042 □	He set a new high school record in the 800-meter run.	彼は 800 メートル走で高校新記録を打ち立てた。
043 □	In my opinion, this is the best restaurant around here.	私の意見では，ここがこの辺りで最高のレストランです。
044 □	She gave me a lot of advice.	彼女は私に多くの助言をくれた。
045v	My goal is to make my debut as a singer.	私の目標は歌手としてデビューすることです。
046 □	I was born and raised in Fukuoka.	私は福岡生まれの福岡育ちです。
047 □	There are a lot of Chinese characters.	とても多くの漢字がある。
048 □	What's wrong? Do you feel sick?	どうしたの？　気分が悪いの？
049 □	If you have a fever, you should see a doctor.	熱があるなら，医者に診てもらうべきだよ。
050 □	I exercise every day, so I'm in good shape.	毎日運動しているので，体の調子がいい。
051 □	I passed the audition! I'm about to cry.	オーディションに合格したの！　泣いちゃいそう。
052 □	The math problem is kind of difficult.	数学の問題はちょっと難しい。
053 □	Oh, no. I'm out of butter.	ああ，バターがない。

No.036～065

054 □	John is out now but will be back soon.	今，ジョンは外出していますが，すぐに戻ってきます。
055 □	I was off yesterday and went shopping.	昨日は休んで，買い物に出かけました。
056 □	I watched her cat while she was away.	彼女が留守にしているあいだ，私がネコを見ていた。
057 □	This train is bound for Tokyo.	この電車は東京行きです。
058 □	There is one aisle seat available in the front.	前方に購入可能な通路側の席が 1 つあります。
059 □	The concert will begin in about half an hour.	コンサートはあと 30 分ほどで始まります。
060 □	Let's have lunch at (a) quarter past eleven.	11 時 15 分過ぎに昼食にしましょう。
061 □	I'll pick you up at (a) quarter to seven	7 時 15 分前に迎えにいきます。
062 □	I went to bed at half past eleven last night.	昨夜は 11 時半に寝た。
063 □	He said he can't make it.	彼は間に合わ（都合がつか）ないと言っていた。
064 □	It took a while, but I got it.	時間はかかったが，理解した。
065 □	Good work, way to go!	いいぞ，その調子！

066 ☐	Go for it, Kaori.	がんばれ，カオリ。
067 ☐	My cat died yesterday. — I'm sorry to hear that.	うちのネコが昨日死んじゃったの。 ――それはお気の毒に。
068 ☐	Never mind. We all make mistakes.	気にするな。だれにでも間違いはある。
069 ☐	Sorry to bother you. — No problem.	お忙しい中すみません。 ――問題ないよ。
070 ☐	Can you come here at seven? — Sure, no worries.	7時にここに来られますか。 ――もちろん，心配ないよ。
071 ☐	Thanks for your help. — Not at all.	ご協力ありがとうございます。 ――とんでもない(どういたしまして)。
072 ☐	Thank you for sending this email. — That's OK/all right.	メールを送ってくれてありがとう。 ――大丈夫ですよ(どういたしまして)。
073 ☐	May I see your passport? — Here you are.	パスポートを拝見してもよろしいですか。 ――どうぞ。
074 ☐	Here you go. Enjoy your meal.	どうぞ。お食事をお楽しみください。
075 ☐	Please go in first. — No, please, after you.	先にお入りください。 ――いいえ，お先にどうぞ。
076 ☐	May I have another piece of pie? — Sure. Go ahead.	もう1切れパイを食べてもいいですか。 ――もちろん。どうぞ。
077 ☐	May I say something? — Yes, by all means.	一言申し上げてよろしいでしょうか。 ――はい，ぜひ。
078 ☐	Could you carry this to my room? — Certainly.	これを私の部屋まで運んでもらえますか。 ――もちろんです(かしこまりました)。
079 ☐	Are you going to the party tonight? — Definitely.	今夜のパーティーには行くの？ ――もちろん。
080 ☐	Are you saying you're leaving tomorrow? — Exactly.	明日出発ということですか。 ――その通り。
081 ☐	I'm going to buy a house. — Seriously?	家を買うつもりなんだ。 ――本気で？
082 ☐	Do you think I'm rich? No way!	私がお金持ちだと思っているの？ ありえない！
083 ☐	Do you like tennis? — Not quite.	テニスは好き？ ――そうでもないよ。

No.	English	日本語
084 □	**Have you been busy?** — Not really.	忙しい？ ――そうでもないよ。
085 □	**It's** not often **that she gets angry.**	彼女が怒ることはめったにない。
086 □	**Hi, Jim,** what's up? **— Not much.**	やあ，ジム，元気(最近どう)？ ――特に何も。
087 □	**I want another smartphone.** — What for? **You have one.**	もう１台スマートフォンがほしいんだ。 ――どうして？　１台持っているのに。
088 □	In what way **did you know about it?**	どのような方法でそれを知ったのですか。
089 □	**Cold or hot, I like udon noodles** either way.	冷たくても温かくても，どちらにしてもうどんが好きです。
090 □	**I'm afraid I can't help you** right now.	残念ながら今すぐあなたを助けることはできません。
091 □	Speaking of birthdays, **when's yours?**	誕生日と言えば，君のはいつですか。
092 □	Let's all get together **next weekend.**	来週末みんなで集まろう。
093 □	It's on me **tonight.**	今夜は私がおごります。
094 □	It looks good[great] on you!	よく似合うよ。
095 □	I've got to run!	走らなきゃ。

096 □	Just press the button on the left/right.	左側／右側にあるボタンを押すだけだ。
097 □	There was a really good-looking guy right behind me.	私のちょうど後ろにとてもルックスのよい男性がいました。
098 □	I put the microwave on the top of the refrigerator.	私は冷蔵庫の上に電子レンジを置いた。
099 □	Write your name at the top right/left of the paper.	その用紙の右上／左上に自分の名前を記入してください。
100 □	Sign at the bottom right/left of the form.	そのフォームの右下／左下に署名してください。
101 □	I thought I left it in front of the keyboard.	私はそれをキーボードの前に置き忘れたと思った。
102 □	My folder is in back of that one.	私のフォルダはそれの後ろにあります。
103 □	Who's the young guy next to you?	あなたのとなりにいる若い男性はだれですか。
104 □	Doesn't Ken live across from a school and a bank?	ケンは学校と銀行の向かいに住んでいるのではないですか。
105 □	I wonder if I can finish my report by the deadline.	私は期日までにレポートを終えられるかどうか疑問だ。
106 □	No, sorry, I'd rather have bacon.	いや，すみませんが，私はむしろベーコンのほうがいいです。
107 □	I think it'd be better if we had free Wi-Fi everywhere in the school.	私は学校のあらゆる場所に無料のワイファイがあったほうがよいだろうと思います。
108 □	I think it'd be better to buy solar panels instead.	私は代わりに太陽光パネルを買ったほうがよいだろうと思います。
109 □	What would you do if we had five million yen to improve our school?	学校を改善するために，もし500万円あったらどうしますか。
110 □	What[How] about painting it a bright color?	それを明るい色に塗るのはどうですか。
111 □	Why not do[Why don't you do] something new?	何か新しいことをやってみてはどうですか。
112 □	Let's eat out tonight. — Why not?	今夜は外食しよう。 ——いいよ。
113 □	What's wrong with your computer?	あなたのコンピュータはどこか調子が悪いのですか。

114 □	It doesn't matter who finishes first.	だれが最初にゴールするかはどうでもよいことだ。
115 □	Please fill out an application form.	申込用紙に記入してください。
116 □	Do you have your report to hand in?	あなたは提出するべきレポートがありますか。
117 □	I got lost and ended up in the rose garden.	迷子になって，最後にバラ園に行き着いた。
118 □	Can you buy eggs on your way home?	帰宅途中に卵を買うことができますか。
119 □	My coat is the blue one ... yes, that's it.	私のコートは青いのです…そう，それだ。
120 □	Okay, that's all for today.	では，本日はここまで。

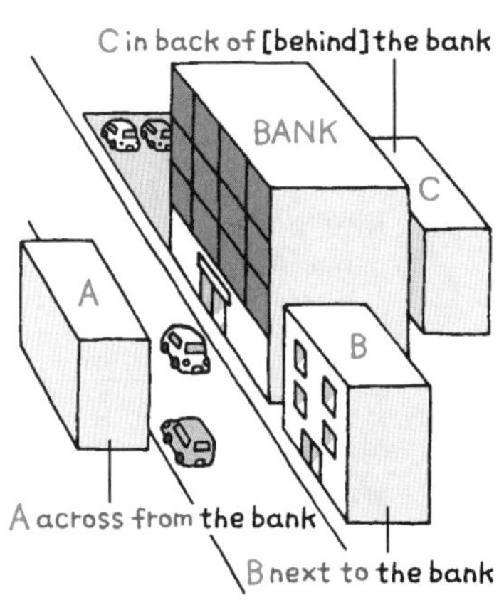

Level 1 Level 2 Level 3 Level 4 Level 5 Level 6

◆ つづりの一部が異なるもの

	イギリス	意味	アメリカ
001 □	centre	中心(地), 中央	center
002 □	metre	メートル	meter
003 □	litre	リットル	liter
004 □	theatre	劇場	theater
005 □	colour	色	color
006 □	favourite	お気に入りの	favorite
007 □	flavour	風味, 味わい	flavor
008 □	neighbour	となりの人, 近所の人	neighbor
009 □	behaviour	ふるまい, 行動	behavior
010 □	humour	ユーモア	humor
011 □	honour	名誉	honor
012 □	labour	労働	labor
013 □	analyse	を分析する	analyze
014 □	realise	をさとる, に気づく	realize
015 □	organise	を組織する, を手配する	organize
016 □	memorise	を記憶する, を暗記する	memorize
017 □	criticise	を批評する, を批判する	criticize
018 □	recognise	が(だれ・何であるか)わかる	recognize
019 □	apologise	あやまる, わびる	apologize
020 □	licence	許可, 免許(証)	license
021 □	defence	防御, 防衛	defense
022 □	travelled	travel の過去・過去分詞形	traveled
023 □	cancelled	cancel の過去・過去分詞形	canceled
024 □	quitted	quit の過去・過去分詞形	quit
025 □	learnt	learn の過去・過去分詞形	learned
026 □	programme	プログラム, 番組	program
027 □	judgement	判断, 判決, 裁判	judgment
028 □	skilful	熟練した, じょうずな	skillful

◆ 単語が異なるもの

	イギリス	意味	アメリカ
029 □	autumn	秋	fall
030 □	railway	鉄道	railroad

	イギリス	意味	アメリカ
031 □	underground	地下鉄	subway
032 □	single	片道(切符)	one-way
033 □	return	往復(切符)	round trip
034 □	taxi	タクシー	cab
035 □	car park	駐車場	parking lot
036 □	petrol	ガソリン	gasoline
037 □	pavement	歩道	sidewalk
038 □	chemist	薬局	drugstore
039 □	film	映画	movie
040 □	cinema	映画館	movie theater
041 □	ground floor ※first floor (2階), second floor (3階)	1階	first floor ※second floor (2階), third floor (3階)
042 □	lift	エレベーター	elevator
043 □	flat	アパート(の1室)	apartment
044 □	toilet / lavatory	トイレ	restroom
045 □	rubbish	ゴミ	garbage
046 □	tin	缶詰	can
047 □	torch	懐中電灯	flashlight
048 □	jumper	セーター	sweater
049 □	trousers	ズボン	pants / slacks
050 □	trainers	運動靴	sneakers
051 □	football	サッカー	soccer
052 □	primary school	小学校	elementary school
053 □	mark	成績	grade
054 □	rubber	消しゴム	eraser
055 □	holiday	休暇	vacation
056 □	luggage	(旅行の)手荷物	baggage
057 □	ring	(に)電話をかける	call
058 □	post	郵送する	mail
059 □	check	請求書	bill
060 □	note	紙幣	bill

単語さくいん

数字は**見出し語の通し番号**です（付録ページ掲載語を除く）。斜体は派生語･関連語として掲載されているものです。

C

N

O

P

Q

R

熟語さくいん

数字は見出し語の通し番号です（付録ページ掲載語を除く）。斜体は関連熟語として掲載されている熟語などです。

C

D

E

P

Q

R

S

T

U

V

W

Y

●**執筆協力**　萩原 一郎・細道 政祥・笹部 宣雅
●**英文執筆・英文校閲**　Karl Matsumoto

桐原書店のデジタル学習サービス

データベース 3300 基本英単語・熟語

2022年10月10日　初　版第1刷発行　2024年1月10日　初版新版第1刷発行
2023年4月10日　初　版第3刷発行　2024年8月10日　初版新版第3刷発行

編　者　桐原書店編集部
発行人　門間 正哉
発行所　株式会社 桐原書店
〒114-0001　東京都北区東十条3-10-36
TEL：03-5302-7010（販売）
www.kirihara.co.jp
装　丁　山田幸廣＋津嶋亜紀（primary inc.,）
本文レイアウト　大滝奈緒子（blanc graph）
DTP　有限会社マーリンクレイン
イラスト　荒井佐和子
印刷・製本　図書印刷株式会社

ISBN978-4-342-26489-4
Printed in Japan

不規則動詞の活用

原形	過去形	過去分詞形	- ing 形
AAA 型：原形・過去形・過去分詞形が同じ形			
burst	burst	burst	bursting
cost	cost	cost	costing
cut	cut	cut	cutting
hit	hit	hit	hitting
hurt	hurt	hurt	hurting
let	let	let	letting
put	put	put	putting
set	set	set	setting
shut	shut	shut	shutting
ABA 型：原形・過去分詞形が同じ形			
become	became	become	becoming
come	came	come	coming
run	ran	run	running
AAB 型：原形・過去形が同じ形			
beat	beat	beaten / beat	beating

※次ページも参照

不規則動詞の活用

原形	過去形	過去分詞形	- ing 形
ABB 型：過去形・過去分詞形が同じ形			
bring	brought	brought	bringing
build	built	built	building
buy	bought	bought	buying
catch	caught	caught	catching
feed	fed	fed	feeding
feel	felt	felt	feeling
find	found	found	finding
hear	heard	heard	hearing
hold	held	held	holding
keep	kept	kept	keeping
lay	laid	laid	laying
leave	left	left	leaving
lend	lent	lent	lending
lose	lost	lost	losing
make	made	made	making
mean	meant	meant	meaning
meet	met	met	meeting
pay	paid	paid	paying
read	read [red]	read [red]	reading
say	said	said	saying
sell	sold	sold	selling
send	sent	sent	sending
sit	sat	sat	sitting
sleep	slept	slept	sleeping
spend	spent	spent	spending
stand	stood	stood	standing
teach	taught	taught	teaching
tell	told	told	telling
think	thought	thought	thinking
understand	understood	understood	understanding
win	won	won	winning